KB119141

우리는 왜
친절한
사람들에게
당하는가

"존경하는 아버지,
인내와 사랑으로 키워주신 어머니께 바칩니다"

황규경 변호사가 알려주는 완벽한 사기 예방법

우리는 왜 친절한 사람들에게 당하는가

• 황규경 지음 •

위즈덤하우스

그들은
당신의 전부를 노린다

우리나라에서는 사기, 위증, 무고 등 소위 '거짓말'과 관련한 범죄가 숱하게 일어난다. 이웃 일본과 비교하면 수십 배에 이르고, 인구 대비하여 정확히 따지면 수백 배라고도 말할 수 있다. 양국 통계상으로는 그러한데, 이것만 가지고는 일본이 적은 것인지 우리나라가 유독 많은 것인지 이야기하기가 모호한 점이 있다. 그 점을 알려면 두 나라 외의 나라들과도 비교를 해봐야 할 것이다. 그렇지만 한 가지, 확실히 말할 수 있는 것은 있다. '사기' 범죄가 정말 많이 발생하고 사기꾼이 너무나 많다는 것이다.

거짓말로 속여서 돈을 투자받고는 나 몰라라 하는 사람, 빌릴 때는 간이라도 빼줄 것처럼 굴다가 돈을 건네받고 나면 연락 딱 끊는 사람, 청와대 누구 또는 국정원 누구랑 잘 아는 사이라며 뒤 봐주겠다고 돈 뜯어가는 사람, 재력가 행세하면서 이성을 홀려 단물 빨아먹는 사람 등

수법도 가지각색일뿐더러 사기꾼에는 남녀노소가 따로 없다. '눈 감으면 코 베어 간다'는 말이 있는데, 사기는 '눈 빤히 뜨고도 코 베이는' 일인지라 더 기가 막힌다.

이렇게 사기가 많이 발생하는 현실에서 사기에 대해 무지하다는 것은 자기 자신뿐만 아니라 온 가족이 큰 위험을 겪을 가능성이 그만큼 높다는 뜻이다. 본문에서 자세히 얘기하겠지만, 한 20대 여성은 2,000만 원을 빌려 쓰고 수십억 원짜리 부모님 부동산을 사채업자에게 갖다 바치기도 했다. '설마 그런 일이 진짜 있을라구?', '말도 안 되지, 엄연히 법이란 게 있는데'라고 생각하는 사람이 많을 것이다. 하지만 이 책을 끝까지 읽고 나면 그 생각이 얼마나 안일했는지 깨닫게 될 것이다.

우리는 친한 사람, 친했던 사람, 새로 알게 되었지만 친절하거나 특별히 신경 써주는 사람에게 약하다. 그들의 권유, 제안, 부탁, 요구를 거절하지 못하는 경우가 많다. 그 권유나 요구는 실상 약속이다. 그 친함과 친절함을 무기로 우리를 무장해제시키고, 지킬 듯이 약속을 하여 자신들이 원하는 것을 받아내는 것이 사기꾼들이라면, '설마 나를 속일까?'라며 그 약속을 쉽게 믿고 재산까지 넘기는 것이 사기 피해자들이다. 무장해제된 결과 잃게 되는 것은 당신의 전 재산일 수도 있다. 그리고 세상은 당신에게 결코 친절하지만은 않다.

물론 사람 사는 세상에서 서로를 믿고 돕고 의지하며 살아갈 수 있다면 그것만큼 좋은 일도 없을 것이다. 하지만 지내보면 모두가 내 마음 같지는 않기에 마음 상하고 몸 상하는 일이 자주 일어난다. 특히 사기를 한 번 당하고 나면 당장 돈 몇 푼이 없어 생활에 허덕여야 함은 물론이고, 살던 집에서 쫓겨나야 하는 경우도 생긴다. 보험 해약해서 생활비 충당해야 하는 판이니 자식들 학원 끊는 건 당연지사다. 그러면 부모의 사기 피해가 자식에게도 고스란히 이어진다. 미래의 희망이 사라지기 때문이다. 꼭 학원에 다녀야만 미래에 대한 희망을 품을 수 있다는 뜻이 아니다. 그보다는 자식 교육을 지상 최고의 과제로 생각하는 우리나라 부모가 학원을 끊을 정도이니, 가족의 삶이 어떻겠느냐는 얘기다. 이는 정말 막다른 골목에 내몰린 상황임을 보여준다.

사기를 크게 당하면 재기하기도 어렵거니와 삶 자체가 완전히 달라진다. 그러므로 사기꾼들에게 당할지 당하지 않을지를 성격이나 운에 맡겨서는 안 된다. 어떻게든, 가능한 한 모든 방법을 동원해서 사기에 걸려들지 않도록 예방해야 한다. 그러려면 가장 먼저 사기가 무엇인지, 대표적이고 흔한 사기수법에는 어떤 것이 있는지를 알아두어야 한다. 한마디로, 사기를 당하지 않기 위한 공부를 해야 한다!

나만이 아니라 자식들에게도 사기 공부를 철저히 시켜야 한다. 앞서 말한 20대 여성, 그녀라고 해서 부모님 집 등기서류를 기쁜 마음으로 사채업자들에게 갖다 바쳤겠는가. 그렇게 되기까지 얼마나 악랄한 위협과 회유가 계속되었을까를 생각해봐야 한다. 애초에 거기 엮이지 않았으면 당하지 않아도 될 일이었을 테니 억울하기 짝이 없는 일이다. 부모가 사기를 당하면 자식들까지 해를 입고, 자식이 사기를 당하면 부모조차 온전할 수 없다. 사기는 피해자 한 사람을 망가뜨리는 것으로 끝나는 게 아니라 한 집안을 완전히 쑥대밭으로 만들고 만다. 이를 피할 수 있는 유일한 방법은 나와 가족이 사기에 대해 잘 아는 일이다. 그렇기 때문에 사기에 대해 알고 공부할 필요가 있고, 그런 공부를 하는 데 도움이 되었으면 하는 바람에서 이 책을 썼다.

이 책은 나의 아들 녀석들과 지인들을 생각하면서 썼다. '가족을 비참하게 만들 수도 있는 치명적 위험'인 사기에 대해 이야기하고, 사기꾼들에게 당하지 않고 사는 방법을 알려드리기 위해서다. 어려운 법률용어는 최대한 줄이고 판례를 나열하는 방식도 피했다. 그것은 나와 같은 변호사 또는 판사들에게나 필요한 정보일 것이다. 대신, 가능한 한 사기꾼들의 모습 그대로를, 그런 사기꾼들에게 잘 속는 사람들의 모습 그대로를 전달하기 위해 다소 세련되지 못한 표현도 사용했다. 법률용어는 상황을 객관적으로 그려줄 수는 있겠지만, 일반인이 은연중 거리감을 느껴 '남의 일'로 여길 수 있기 때문에 쉽게 쓰려고 했다.

사기는 나와 상관없는 세상에서만 일어나는 일이 아니다. 지금까지 얼마나 성실하게 살아왔는가, 좋은 일을 얼마나 많이 했는가, 나아가서 얼마나 똑똑한가 하는 점들 역시 사기를 막아주는 방패가 되어주지 못한다. 아무리 많은 것을 이룬 인생이라 하더라도 사기를 당해 모든 것을 잃는다면 말짱 헛것이 된다는 것을 꼭 기억하기 바란다. 부디 많은 이들이 이 책을 통해 사기꾼이 정말 많다는 걸 실감하고, '사기를 당하지 않도록 신경 써야겠다'는 생각을 하게 되길 바란다.

또 한편으로는, 살얼음판을 걷듯 조심했음에도 사는 동안 사기를 완벽히 피해 갈 수만은 없을 것이다. 그런 때는 망연자실 손놓고 있지만 말고, 그 상황에서 할 수 있는 최선의 대책을 찾아야 한다. 이 책에는 이미 사기를 당했을 때의 대처법도 제시해두었다.

당신을 사기의 안전지대로 초대한다.

4장 대표적인 사기를 피하는 완벽한 원칙

5장 사기당하지 않고 잘 사는 법

1장

누구도
예외일 수 없다

당한 사람이
바보라고?

　몇 년 전 있었던 실제 사건이다. 투자금과 대여금 30억 원가량을 사기 당한 ○○○ 씨는 자신에게 사기 친 업체의 직원을 살해했다. ○○○ 씨는 제1심에서는 징역 10년을 선고받았고, 제2심에서 징역 8년으로 감형됐다. 재판부의 선고 이유는 이러했다. "친척과 지인의 돈까지 끌어모아 돈을 건넸다가 사기를 당한 사실을 안 뒤 폭음으로 자제력을 잃은 상태에서 범행한 점 등을 고려할 때 1심 형량은 너무 무겁다."

　사기의 악랄함을 생각할 때, 피해자들이나 그 가족이 살의를 느끼지 않는 것이 오히려 이상한 일이다. 변호사가 이런 말을 한다고 나를 비난할 사람도 있겠지만, 직접 당해보지 않은 사람은 모른다. 평생을 번 돈, 빚을 내고 주변의 친인척까지 모두 끌어들여 만든 돈을 사기당하면 어떨 것 같은가? 하늘이 무너져 내린다는 게 이런 때를 가리키는 말 아닐까? 그러니 살의를 느낀다고 해도 이상한 일이 아닐 것이다.

사기 피해자 ○○○ 씨는 자신과 주변 사람들의 살아온 인생 전부와도 같은 돈을 몽땅 사기당했다. 그러고도 자신은 살인자가 되어 8년이나 교도소에 갇히게 되었다. 사기 피해자와 그 가족은 좌절과 자책감, 분노, 원망에서 벗어나기 어렵다. 복합적인 감정 때문에 남뿐 아니라 자신까지 미워하게 되는 고통에 시달린다. 그러다 보니 살인자로 붙들려 처벌을 받더라도 기어이 복수를 해야겠다고 생각하는 사람이 많다. 그만큼 분노를 삭일 방법이 없기 때문이다.

특히 분노에 부채질을 하는 것은 사기를 친 이후 사기꾼들의 뻔뻔스러운 태도다. 사기꾼들은 "곧 해결해주겠다. 조금만 기다려라"라는 말을 끝없이 반복하고 즉흥적인 거짓말로 피해자들의 진을 뺀다. 제삼자로서는 그것이 뻔한 거짓말이고, 그 말에 속으면 안 된다는 사실을 너무도 잘 안다. 그렇지만 정작 당사자들은 경황이 없어서 속고, 속고, 또 속는다. 사기꾼들은 곧 갚는다고 하지만 갚지 않는다. 형사고소가 되어서 검사가 '합의 안 보면 구속'이라고 해도 버티는 경우가 태반이다. 도리어 피해자가 재촉한다고 성질까지 낸다. 그런 과정에서 분노와 자책감이 사기 피해자를 괴롭힌다. 시간이 갈수록 피해자는 살의와 자살 충동을 동시에 느낀다. 사기 피해자가 당하는 피해는 이처럼 금전에 그치는 것이 아니다. 어쩌면 정신적 피해가 더 클 수도 있다.

살의를 불러일으키는 사기

자신의 아버지가 투자 사기 등 사기를 일곱 번이나 당했다는 한 남자도 내게 이렇게 말했다. "사기 친 놈들은 몽땅 죽여야 해!" 그의 살의가 고스란히 전해졌다. 이 말에 공감하는 사람도 많을 것이다. 사기를 수차례 당했거나, 아무런 피해 없게 해주겠다는 말을 믿고 보증을 서주었다가 죽을 고생을 해본 사람들 말이다.

우리보다 사기 사건이 드물게 일어나는 일본에서는 사기를 당한 피해자가 너무나 충격을 받은 나머지 자살을 하는 경우가 뉴스에 나올 정도라고 한다. 사기에 대한 내성이 덜해서 그런지도 모르겠다. 반면에 우리나라는 "사기당한 놈이 바보지, 뭐"라는 정서가 있을 정도로 피해자에 대한 비난도 적지 않다. 이런 비난에 동의할 순 없지만, 그만큼 사기 범죄가 많이 발생하고 사기에 따르는 피해가 가혹하기 때문에 평소에 조심해야 한다는 것만큼은 분명하다. 사기를 당한 사람과 그 가족의 고통을 볼 때, 가장의 최우선 책무는 남에게 쉽게 속지 않고 쉽게 보증 서지 않는 것일지도 모른다는 생각까지 든다.

당하고 나서 살의를 느끼지 않으려면 사기꾼들의 사탕발림에 넘어가지 않는 것이 중요하다. 속지 않는 것이 우리의 책임이 된 세상이다. 사기에 대해 철저히 알고 대비하지 않으면, 그리고 자녀들에게 교육하지 않으면 한순간에 모든 것을 빼앗길 수 있다. 세상에는 당신이 생각하는 것보다 훨씬 많은 사기 사건이 일어나며, 당신이 생각하는 것보다 엄청나게 많은 사기꾼이 있다.

약속을
지키지 않는 사람들

2009년, 언론에서 박찬호 선수의 소송 문제를 잠시 다룬 적이 있다. 당시 미국 메이저리그에서 활약하던 박찬호 선수가 LA다저스 시절부터 동료였던 채드 크루터를 상대로 소송을 제기했다는 뉴스였다. 2005년에 박 선수는 곧 갚을 수 있다는 크루터의 말을 믿고 46만 달러를 빌려주었다고 한다. 그런데 크루터가 29만 달러만 갚고 나머지 17만 달러는 갚지 않았다는 것이다. 결국 박 선수는 돈을 빌려준 지 4년 만에 원금과 이자 포함 약 22만 달러를 갚으라는 소송을 제기했다.

야구팬들이라면 알겠지만, 채드 크루터는 박찬호 선수의 전담 포수로서 박 선수가 전성기를 구가할 당시 함께한 선수였다. 둘은 매우 절친한 사이로 알려져 있었다. 이 기사에는 수많은 댓글이 달렸는데, 나는 그 댓글들을 읽으면서 우리나라 사람들이 왜 보증을 많이 서고, 사기를 많이 당하며, 재산관리도 제대로 하지 못하는지를 알 것 같았다. 댓글은 크게 소송에 찬성하는 사람과 반대하는 사람으로 나뉘었다.

찬성 쪽을 보면 '적지 않은 돈이고, 빌려준 돈을 받는 것은 당연하다', '우리와 다른 미국식 사고방식을 이해해야 한다'는 의견들이었다. 한국이라면 친구 사이에 소송을 하고 돈을 끝까지 받아내려는 것이 나쁘다고 할 수도 있지만, 이 사안은 미국식 기준에서 살펴보아야 한다는 뜻이었다.

반면, 반대쪽은 거의가 박찬호 선수를 비난하는 내용이었다. 박 선수의 재산 규모를 언급하면서 '얼마 되지도 않는 돈을 받아내겠다고 친구를 상대로 소송까지 하는 것은 지나치다'고 비난하는 것이 주였다. '두 사람 사이의 우정이 22만 달러보다 못하냐'며 힐난하는 사람도 있었고, 이미지 관리 차원에서도 박 선수에게 도움이 되지 않는다는 의견들도 있었다.

이는 무엇을 말하는가. 돈 많은 친구에게 빌린 돈은 못 갚아도 크게 문제가 안 된다거나, 돈이 많은 사람은 손해를 좀 보아도 괜찮다는 사고방식을 가진 사람이 적지 않다는 뜻이다. 이를 보면, 우리 사회에서 돈을 빌린 후 갚지 못하면서 되려 큰소리치는 사람들이 하는 말과 그리 다르지 않다는 걸 알게 된다. "알았어 갚을게, 갚는다잖아. 누가 안 갚는데? 너하고 내가 그 정도 사이밖에 안 돼? 치사한 새끼"라거나 "너 그 돈 없다고 죽는 것도 아니잖아"라는 말을 얼마나 자주 듣는가. "빌려만 주면 내가 무슨 짓을 해서라도 꼭 갚을게"라고 굳게 약속해놓고는 후에 딴소리하는 경우가 얼마나 많은가.

상대방이 돈을 갚지 않아 한 소송인데, 이를 두고 '박찬호 선수의 배신이냐, 채드 크루터의 배신이냐'라는 황당한 논란이 생겨난 것도 우리 사회에 그런 분위기가 존재하기 때문이다. 꼭 갚겠다고 해놓고 갚지 않은 사람이 아니라, 돈을 빌려주고 받지 못해 소송까지 한 사람을 배신자로 만들어버리는 사고방식, 이게 정상일까? 약속을 지키지 않는 일이 비일비재하고, 더욱이 약속을 지키지 않는 사람이 큰소리를 칠 수 있는 분위기는 우리 사회에서 사기 사건이 그토록 많이 일어나고, 사기 피해자가 아무런 조치를 취하지 못하고 포기하는 경우가 많은 이유를 설명해준다.

'배신'에 대한 우리 사회의 이상한 논리

약속은 지켜져야 한다. 돈을 '빌리는' 것은 반드시 갚겠다는 약속이다. 돈을 빌렸으면 갚는 게 정상이어야 하는데, 우리 사회는 주객이 전도되어 있다. 못 갚는 사람의 심정을 강조하기도 한다. 문제는 빌릴 당시 과연, 정말로, 진실로, 객관적으로 반드시 갚을 수 있는 근거가 있었던 것인지 아니면 단지 돈이 급한 상태였는지 하는 것이다.

극단적으로 말해 과소비를 하고, 카드로 돌려막기를 하다가 사채까지 손을 댄 사람이 사채이자가 불어나니, 친구에게 돈을 빌려 급하게 막으려고 하는 경우도 있다. 친구에게 "금방 갚을게"라고 말하겠지만, 애초부터 갚을 수 없는 상태인 것이다. 이런 경우는 엄밀히 따져보면 사기가 된다. 회사를 운영하는 사람들한테서도 이런 일이 많이 일어난다. 여기저기 채권자들의 가압류가 들어오고 수표가 부도날 지경인 상황, 하루하루 부도를 간신히 막고 있지만 더는 가망이 없는 상황임에도 그걸 잘 모르는 사람을 찾아가 '금방 갚을 테니 도와달라'며 돈을 빌리는 사업자들이 얼마나 많은가?

이런 것이 사기다. 아무리 자신이 절박하다고 해도 그것이 타인에게 피해를 줘도 되는 이유가 될 수는 없다. 그런데 '급한 상황'만 강조하고 친구가 그 정도도 못 도와주느냐고 큰소리치거나, 눈물을 보이는 사람에게는 '안됐다'고 생각하면서 그 돈을 떼이고 날린 사람이 법에 호소하면 '우정에 대한 배신'이라고 이야기하는 사람들이 우리 주위엔 정말 많다. 이런 사고방식은 우리 사회가 여전히 약속이나 계약, 법을 지키는 데 매우 미숙하다는 점을 보여준다.

안전하고 안정적인 삶을 누리기 위해서는 그 사회의 법질서에 대한 구성원의 신뢰가 높아야 한다. 어떤 행위가 옳은 것인지, 적어도 법적으로 비난받거나 법적 책임을 지지 않아도 되는 행위가 어떤 것인지 명확해야 한다. 어떤 상황에서 누구의 어떠한 권리가 보호되고, 누구에게 어떠한 의무가 부과되며, 법률을 위반하는 경우 책임은 어떤 것이고, 그와 같은 책임을 지게 하는 절차는 어떠한지에 대해서도 사회 구성원이 공유하고 있어야 한다. 그런데 피해자를 비난하는 사회에서 우리가 안전하고 안정적인 삶을 누릴 수 있을까?

'약속은 지켜져야 한다'는 당연한 말이 정말로 당연한 것이 되기 위해서는 약속을 어기는 행위, 남을 속이는 행위를 나쁘다고 인식해야 한다. 청소년들에게도 어설픈 의리나 우정을 강조하기보다 '약속을 지키라'고 교육해야 한다. 더불어 약속을 지키지 않는 사람들, 높은 이자와 높은 수익을 약속하며 사기 치는 사람들이 많다는 것을 가르쳐주어야 한다. 세상에 쉽게 벌리는 돈이란 없다는 걸 가르쳐서 스스로 사기꾼이 되지 않게 함은 물론이고, 사람을 쉽게 믿고 돈을 빌려주거나 투자하거나 보증을 서서 사기 피해자가 되는 일도 없도록 교육해야 한다.

거짓말 잘하는
사람들

〈한국일보〉 2010년 10월 15일 자에는 "거짓말 잘하는 한국인… '신뢰'
사회로 가자!"라는 제목의 기사가 실렸다. 법무부, 대검찰청이 발표
한 자료에 따르면 2008년 이후 사기 사건이 매년 평균 20만 건 이상씩
발생하고 있다는 내용이었다. 2008년 한 해만 봐도 사기 사건은 20만
5,140건이었고, 그로 인해 피해자들이 입은 손해는 2조 8,040억 원이
었다. 그해 전체 형사 사건이 89만 7,536건이었다고 하니 사기가 20%
이상을 차지하는 셈이다. 가히 우리나라의 대표 범죄라고 할 정도다.
그것도 고소 · 고발 · 인지에 따라 수사한 사건의 숫자가 그러하며, 실
제 발생했지만 수사망에 걸려들지 않은 사기 사건은 그보다 훨씬 많을

것으로 보고 있다. 여기서 '인지'란 고소나 고발, 진정이 없더라도 경찰이나 검사가 소문, 첩보 등으로 범죄 혐의가 있음을 의심하는 경우를 말한다.

대검찰청이 발간한 〈2014 범죄분석 백서〉에 따르면 2013년 우리나라에서 발생한 범죄 건수는 모두 200만 6,682건이었고 그중 절도, 사기, 횡령 등 재산 범죄는 67만 1,224건이었다. 놀라운 것은 그중 사기가 27만 4,086건으로 절도(29만 841건)와 큰 차이가 없었다는 것이다. 사기 사건은 2008년과 비교할 때 5년 사이에 7만 건 가까이 늘어났다.

우리나라의 사기 범죄는 이웃 나라 일본보다 수십 배 더 많이 발생한다는 통계도 있다. 거짓말이 범죄의 요건이 되는 위증죄와 무고 등도 마찬가지다. 2007년 기준 일본에서 위증죄로 기소된 사람이 9명이었는데 한국에서는 1,544명이었다. 무고죄는 일본 10명, 한국 2,171명이었다. 이는 기소된 숫자로 단순 비교한 것이고, 양국의 인구를 따지면 차이가 훨씬 커진다. 일본 인구는 1억 2,000만이 넘고 우리나라는 5,000만이니, 실제 인구에 대비하여 볼 때 위증은 일본보다 400배 이상, 무고는 500배 이상 많다. 사기 사건도 인구 비율로 따지면 수백 배 더 발생한다고 봐야 한다. 씁쓸한 일이다.

지금도 사기꾼은 우리를 노리고 있다

부끄러운 일이지만 우리나라에서는 사적인 자리는 물론, 심지어는 공적인 자리에서 선서를 하고 나서도 아무 거리낌 없이 거짓말을 하는 사람이 많다. 특히 사기꾼들은 거짓말을 밥먹듯이 하기에 "입만 열면

하품 빼고 다 거짓말"이라는 우스갯소리도 있다. 사기꾼들은 다른 사람의 돈이나 재산을 뺏기 위해 작정하고 수법을 만들어내고 진화시킨다. 거짓말이 일상이 된 사람들이다.

이처럼 거짓말이 사회에 퍼져 있기에 수많은 사기 사건이 발생하고, 수많은 피해자가 생겨난다. 전 재산을 사기당한 한 여성 의뢰인은 죽고 싶다며 펑펑 울기도 했다. 남편과 아이들 앞에서는 꿋꿋이 버티다가도 자신의 사정을 잘 알고 있는 변호사 앞에서는 눈물을 감출 수가 없었던 것이다. 이런 사기피해자들을 대할 때마다 가슴이 아프다. 누군가 크게 당해서 신문에 나가나 이슈화되면, 거기서 교훈을 얻어 조심해서 더 당하는 사람이 나오지 않아야 할 터인데도 전혀 그렇지 않다. 사기수법이 진화하기 때문이기도 하지만, 보통 사람들이 사기에 대한 긴장감을 갖지 않고 살아가기 때문이기도 하다.

이런 아픔을 줄이려면 먼저 우리나라에 사기 사건이 많이 일어난다는 것을 알고, 인정하는 데서 시작해야 할 것이다. 우리나라에서 사기 사건이 많이 일어난다는 것은 당신이나 당신 가족 주변에서도 사기 사건이 발생하고 있다는 뜻이다. 즉, 사기꾼들이 우리 주변에 늘 있다는 얘기다. 당신이 이 책을 읽고 있는 순간에도 바로 근처 어디선가 사기꾼에 홀려 돈을 보내는 사람이 있을 것이다. 어쩌면 돈을 보내는 그 사람이 당신의 자녀일 수도 있고 부모일 수도 있으며, 최악의 경우 당신 자신일 수도 있다. 무의식중에 해왔던 모든 금전 거래, 약속, 투자 등을 진지하게 재검토하기 바란다.

속임수가
만연한 사회

식용본드로 갈비뼈에 살을 붙인 고기를 '갈비'나 '돼지갈비'라고 파는 식당이 많다. 진짜 갈비나 진짜 돼지갈비를 쓰는 집이 드물다고 할 정도다. 대체로 품질이 떨어지는 고기를 얇게 썰어서 틀 속에 집어넣어 차곡차곡 쌓으면서 '푸드 바인드'라는 식용접착제를 이용해 접착시켜 가며 네모난 모양으로 만드는데, 이를 '벽돌고기'라고 한다. 이 벽돌고기를 기계로 다시 얇게 썰어서 갈빗살 모양으로 만든 후 갈비뼈에 붙인 것이다. 이걸 '갈비'라고 할 수 있을까? 이에 대한 판단이 법정에서 이뤄진 사례가 있다.

2005년에 이○○ 씨가 일반 정육을 붙인 소갈비 159억 원어치를

'이동갈비'라는 이름으로 판 혐의로 재판을 받았다. 축산물가공처리법 위반 혐의였는데, 순수 갈비가 아닌 갈비뼈와 원래의 갈빗살에 다른 고기를 이어 붙인 것을 '갈비'라는 제품 명칭으로 팔 수 있느냐 하는 것이 쟁점이었다.

식용본드를 이용해 만든 '접착 갈비'를 '이동갈비'라는 제품으로 판 것에 대해서, 1심은 '명칭과 성분을 허위로 표시한 축산물 159억 원어치를 팔았다'고 보고 이 씨에게 징역 8개월의 실형을 선고했다. 그런데 항소심과 대법원에서는 벌금 1,000만 원만 선고했다. '뼈만 남은 갈비'에 일반 정육을 붙인 것은 유죄이지만, 갈빗살이 남은 뼈(갈비뼈에 원래 고기가 붙어 있는 경우)에 일반 정육을 붙인 제품에는 '갈비'가 들어 있으며, 일반 고기를 붙였더라도 원래의 '갈비'가 가장 많은 비중을 차지하고 있다면 제품 명칭을 '갈비'라고 해도 축산물가공처리법의 명칭표기 규정에 어긋나지 않는다는 것이 이유였다. 이후 식용본드로 붙인 고기는 졸지에 대법원이 인정하는 제품이 되어버렸다. 축산물가공업체나 식당들이 뼈에 식용접착제를 발라 만든 고기를 거리낌 없이 갈비라고 팔 수 있게 된 것이다.

대법원 판결은 원래의 갈비고기가 본드로 붙인 고기 부분보다 많은 경우 갈비라고 이름 붙여도 축산물가공처리법으로는 처벌할 수 없다는 것이다. 쉽게 말해서 축산물가공법을 기준으로 볼 때 진짜 갈비에 살을 조금 붙인 것은 제품 명칭을 '갈비'라고 붙여도 처벌할 수 없다는 의미다. 사실 법률에 구멍이 있는 경우였다. 그런데 대법원 판결 이후 '이렇게 팔아도 뭐라 할 사람이 없다'는 분위기가 형성되고 말았다. 현재는 갈비뼈에 식용본드를 붙인 것이 식당에서 파는 갈비의 주를 이루고 있다.

비록 축산물가공법을 위반한 것은 아니라 하더라도, 갈비뼈에 고기를 붙인 것을 갈비라고 파는 행위는 '갈비'를 사 먹는다고 생각하는 사람들을 속이는 것이라는 점은 분명하다. 접착제로 만들어진 고기를 먹으려고 주문하는 사람은 없을 것이며, 당연히 '원래 갈비'라 생각할 것이기 때문이다. 그런데 이제 식당 주인들은 이런 접착 갈비를 내놓으면서 아무런 거리낌도 없다. 요즘엔 다 그렇다는 것이다. 식당 주인들은 "갈비를 찾는 사람들이 많지만, 실제로 돼지나 소 한 마리를 잡아도 갈비는 아주 적은 양밖에 나오지 않는다"면서, 가짜 갈비를 파는 것의 정당성을 이야기한다. 진짜 갈비를 먹으려면 더 많은 돈을 내고 먹든지 하라는 것이다.

삼겹살을 주문했을 때도 삼겹살만 나오는 고깃집을 찾기가 힘들다. 삼겹살과 함께 그와 비슷한 다른 부위를 같이 내놓는다. 그럼에도 왜 다른 고기를 섞어서 주느냐고 따질 수조차 없는 분위기가 된 것 같다. 혹시 따진다 하더라도 식당 주인이나 종업원은 "단가가 안 맞아서"라는 말로 넘어가거나 심지어는 '별스러운 손님 다 있네' 하는 식으로 눈을 흘기기까지 한다. 삼겹살의 경우에도 아예 질 나쁜 고기를 식용본드로 붙여서 삼겹살 모양처럼 만들어낸 것을 삼겹살이라고 파는 집도 있다. 그래서 싸게 먹을 수 있는 거라며 도리어 당당하게 나온다.

이제 먹는 것에 대해서도 '가짜'를 문제 삼기도 어렵게 되어버렸다. 남을 속이는 것이 쉽게 허용되는 분위기가 형성된 것이다.

그까짓 것 가지고 뭘 그래

"더 심한 일도 많은데 뭘 그런 걸 가지고 그래"라는 분위기가 무서운 것이다. 남을 속이는 것이 흔한 일이고, 크게 문제 되지 않는 사회가 되어버렸는지도 모른다. 속이는 것은 어디에나 있는 일이고, 그저 상술일 뿐이라고 생각하는 경우가 얼마나 많은가.

바로 이 때문에 사회 전반에서 신뢰가 점점 사라지는 것이다. 제대로 해보려는 사람들도 그런 분위기에서는 사기꾼들과 휩쓸려 도매금으로 넘어가게 된다. 누구나가 잠재적인 사기꾼으로 의심되는 사회가 되어버렸다. 소소한 거짓과 속임수, 사기는 다음과 같이 일상 다반사로 일어난다.

✖ 남이 젓가락과 숟가락을 대고 먹다 남긴 반찬을 새 반찬인 양 손님에게 내놓는 식당들

✖ 홍삼엑기스라는 이름이 붙어 있지만, 홍삼은 얼마 들어 있지 않은 제품을 파는 건강식품업체들

✖ 유통기한이 지났지만 먹는 데 지장 없다며 유통기한을 새로 붙여 파는 식품업체들

✖ 오래된 기름을 버리지 않고 계속 사용하는 치킨 가게들

✖ 페루산 대왕오징어를 잘게 썰어 '오징어' 대신 사용하는 중국집들

✖ 수입된 민물고기 살을 도미처럼 속여 초밥 재료로 사용하는 예식·돌잔치 전문 뷔페식당들

✖ 한우를 고아 만들었다고 자랑했지만 수입 소고기를 쓰는 것으로 드러난 유명 설렁탕집

�֎ 어르신이나 가정주부 등 컴퓨터에 대해 잘 모르는 사람이 기사를 부르면 고장 나지도 않은 하드디스크를 수리한다며 10만 원이 넘는 수리비를 청구하고, 중고 하드디스크로 교체하거나 아예 교체하지도 않고 바가지를 씌우는 컴퓨터 수리업자들

✖ 승용차에 왁스칠만 해놓고 유리막 코팅을 했다며 수십만 원을 청구하는 자동차 정비업체들

✖ 고장 나지 않은 것도 고장 났다 하고, 수리도 하지 않고 수리했다며 청구서를 들이미는 자동차 수리점들

✖ 대한민국에서 휴대전화가 가장 싼 집이라고 유인한 후 가격 정보가 어두운 사람에게는 비싸게 파는 휴대전화 판매점들

✖ 싼 여행비를 내세워 여행객을 유인한 후 여행상품을 멋대로 바꾸고, 바가지 씌우는 상점을 순례시키는 여행사들

✖ 예식장에서 직원들을 동원해 신랑 · 신부 측으로부터 식권을 몰래 빼내는 예식장들

✖ 고등학생들을 레슨하고 자기가 레슨한 학생의 면접관으로 들어가는 음대 교수들

소비자의 '횡포'

업체들만 그런 게 아니다. 소비자도 그에 못지않은 횡포를 부린다. 그중에는 악성인 소비자들도 적지 않아 업체들이 골머리를 앓는다고 한다.

- ✖ 홈쇼핑이나 인터넷 쇼핑몰에서 음식물을 산 후 음식이 상했거나 맛이 없어서 버렸다며 환불을 요구하는 사람들
- ✖ 파우더나 에센스, 스킨 등 화장품을 사고 나서 반품하면서 내용물을 빼내고 밀가루나 물을 채워넣고 반품하는 사람들
- ✖ 옷을 사면서 자신에게 맞는 사이즈와 색상을 잘 모르겠다며 인터넷으로 여러 벌을 주문한 후, 하나만 빼고 나머지는 모두 반품하는 사람들
- ✖ 백화점에서 고가 의류를 사고서는 며칠간 입고 다닌 후 반품을 요구하는 사람들

옷을 반품하는 사람들 중에는 담배냄새와 음식냄새가 배고 심지어 음식물이 떨어진 얼룩을 대충 지운 자국마저 있는데도 당당히 교환을 요구하는 경우가 있다. 이런 일들은 극히 일부만이 저지르는 횡포라고 하겠지만, 실제로 당하는 사람의 입장은 다르다. 상습범도 많을뿐더러 너무나 자주 일어난다는 것이다. 이런 일을 반복해서 당하는 판매자는 사업을 때려치우고 싶을 것이다. 이처럼 신뢰하지 못하는 사회가 되어 가면서, 신뢰를 바탕으로 일하려는 사람들이 자리를 잡기가 더 힘들어지고 있다.

양심 없는 기업들

사기꾼 개인에게 속는 것 이외에 기업으로부터 속고 있다는 인식도 강해지고 있다. 소비자로서의 정당한 권리를 주장하거나 손해를 보지 않기 위해 나름의 대응을 보이는 사례가 늘고 있다.

대표적인 경향이 해외직구를 하는 사람들이 급격히 늘어나고 있다는 점이다. 해외직구란 외국 판매업체로부터 물건을 직접 구입하는 것이다. 심지어 삼성전자나 엘지전자 같은 우리나라 회사의 제품도 해외직구로 구입한다. 필요하지도 않은 '최첨단 기능'이 포함되어 비싸기만 한 대형 TV 대신 기본적인 기능만 갖춘 실속 있는 대형 TV를 외국에서 사서 들여오는 것이다. 이렇게 하면 세금이나 배송료를 내더라도 전자업체에 다니는 친구를 통해 직원가로 사는 것보다 훨씬 싸게 살 수 있다. 외국 소비자들에게 주어진 선택권을 국내에서 '직구'를 통해 행사하는 것이다. 국산자동차도 해외에서 직구로 사고 싶다는 사람들이 나오는 상황이다. 국내 소비자를 '봉'으로 보는 기업들의 양심 없는 행태는 주로 다음과 같다.

✖ 수입 의류를 해외에서 판매되는 가격보다 훨씬 높은 가격으로 판매하는 수입 · 판매업체, 백화점

✖ 해외에서보다 국내에서 비싸게 파는 전자업체

✖ 옵션의 차이가 있다며 해외보다 국내 판매가가 높은데, 정작 엔진이나 에어백은 더 낮은 급을 장착해 파는 자동차업체(이들은 해외보다 국내에서 훨씬 높은 영업이익률을 거둔다).

✖ 같은 제품을 미국을 포함한 해외에서는 싸게 팔고 국내에서는 비싸게 파는 제과업체

✖ 같은 초콜릿 제품의 해외 수출용에는 카카오버터를 넣으면서 국내 판매용에는 반의반 값인 식물성유지를 넣는 제과업체

이런 비판에 대해 해당 업체들도 할 말은 있겠지만, 소비자들을 설득할 수 있는 해명은 되지 못할 것 같다. 그들은 '결론적으로 국내 판매가가 비싼 것이 아니다'라고 말하고 싶어 하지만 그 말을 믿지 않는 사람이 많다는 뜻이다.

당장은 국내 소비자들에게 높은 마진을 거둬들여 좋다고 할지 모르나, 장기적으로는 제 발등 찍는 격이다. 지금부터 신뢰를 쌓아두지 않으면, 우리나라에서도 선진국 시장에서처럼 경쟁이 본격화될 때 고객충성도가 유지될 수 없을 것이다. 지금은 예전과 같이 국가 간 정보가 어두운 시대가 아니다. 가격과 사양은 물론이고 A/S 정책에 이르기까지 모든 정보가 거의 실시간으로 전해진다. 이에 따라 대기업들이 국내 소비자들을 속여왔다고 느끼는 사람들이 많아지고 있다. 같은 물건이라고 하면서 더 품질이 떨어지는 물건을 팔거나 같은 물건을 훨씬 비싼 가격에 파는 일, 심지어는 품질이 떨어지는 물건을 더 비싸게 파는 일을 국내 소비자들이 계속 참고 있지만은 않을 것이다. 뉴스 포털에 국산 자동차에 대한 기사가 나오면 비난과 조롱의 댓글이 수백, 수천 개씩 달리는 이유에 대해 진지하게 생각해볼 때다.

가장 악질적인 범죄,
사기

사기는 다른 사람을 속여서 재물을 받아내거나 재산상 이익을 얻어내는 범죄를 말한다. 형법 제347조에서는 다음과 같이 정하고 있다.

- 사람을 기망하여 재물의 교부를 받거나 재산상의 이익을 취득한 자는 10년 이하의 징역 또는 2,000만 원 이하의 벌금에 처한다.
- 전항의 방법으로 제3자로 하여금 재물의 교부를 받게 하거나 재산상의 이익을 취득하게 한 자도 전항의 형과 같다.

'기망'은 '속인다'는 뜻이고, '교부'는 '준다'는 의미다. 쉽게 말해 '속여서 남의 재산을 빼앗아 가는 것'이 사기라는 뜻이다.

그런데 법적인 의미에서의 사기와 일상생활에서 당할 수 있는 사기는 조금 의미가 다를 수 있다. 우리가 '속았다', '당했다'고 말하는 많은 경우 중 실제로 경찰이나 검찰에 고소할 때 법률상의 죄명은 배임이나 횡령이 되는 경우도 있다. 그렇지만 대체로 '속았다', '당했다', '속아서 돈이나 기타 재산을 날렸다'라고 하면 "사기를 당했다"고 말하는 것이 일반인들의 언어 습관이다.

이 책에서도 그러한 언어 습관에 따라 모든 사례를 다루고자 한다. 믿었던 사람에게 속아서 재산상의 손해를 입는 것에 중점을 두고, 엄밀히 따질 때 횡령이나 배임 등 다른 죄명이 적용되어야 하는 경우도 포함하여 이야기할 것이다. 그러므로 이 책에서는 꽃뱀에게 꼬임을 당해 재산을 날리는 경우도, 꽃뱀에게 강간 혐의로 고소를 당해 눈물을 머금고 합의금을 주는 경우도 다룬다. 같은 관점에서 사채업자가 이자를 제멋대로 붙이고, 갖은 욕설과 협박으로 돈을 빼앗고, 보증서를 받아내고, 근저당권 설정하고, 공정증서를 받아내서 한 집안을 말아먹는 경우도 다룬다. 결국 이 책에서 말하는 사기 피해는 '믿었다가 속아서 돈이나 재산을 날리는 것'이라고 보면 된다. 이 밖에 직접 돈이나 재산을 빼앗긴 건 아니지만, 범죄자들에게 속아서 치명적인 위험에 빠지는 경우도 다룰 것이다.

사 기 는 모 든 것 을 앗 아 간 다

어떤 범죄보다도 악질적인 것이 사기다. 사기는 절대로 당하지 않도록 노력해야 하고, 예방법을 배우고 훈련해야 한다. 어떤 경우에도 속지 않아야 한다. 그렇지 않으면 자신과 가족의 삶이 예상치 못한 방향으로 흘러갈 수 있다. "사기도 한두 번 당해봐야 세상을 아는 법이지"라고 말하는 사람들이 있다. 경험이면 다 좋은 것이라는 듯이 말이다. 그렇지만 사기는 절도나 강도를 당하는 것과 다르다. 사기는 한 번 당하고 나면 다시 일어나기 어려울 정도로 치명적인 경우도 있다. 흔히 하는 말로 '한 방에 훅 가는' 것이다.

유○○ 씨는 술집을 운영하던 김○○ 씨로부터 "투자해주면 수익금을 나누어주겠다"는 말에 속아서 식당을 개업하려고 마련해두었던 2억 원을 빌려주었다. 그런데 김 씨는 "곧 해결될 것 같으니 2억 원만 더 마련해달라. 더 빌려주지 않으면 앞서 빌린 것도 갚기 어렵다"며 돈을 더 빌려달라고 요구했다. 유 씨는 고민스러웠지만 자칫 기존에 빌려준 돈을 떼일까 두려워 대출까지 받아서 2억 원을 더 빌려줬다. 그런 식으로 유 씨는 최종적으로 5억 원 넘는 돈을 빌려주었는데, 김 씨는 차일피일 미룰 뿐 갚을 기미를 보이지 않았다. 사실 김 씨는 도박자금으로 그 돈을 모두 탕진했던 것이다.

유 씨는 김 씨를 고소했고, 결국 김 씨는 징역형을 살았을 뿐 끝내 단한 푼도 갚지 않았다. 유 씨는 그 이전까지 큰 사기를 당한 적이 없었다. 건실하기로 소문난 유 씨는 밑바닥부터 시작해서 돈을 모았고 결혼 후에도 허리띠를 졸라매고 생활해왔다. 아이가 태어난 후에도 조금만 참으면 더 잘살 수 있다는 마음으로 참고 또 참으며 살아왔다. 그런데 단 몇 개월 만에 20년 가까이 모아온 전 재산을 사기당했을 뿐 아니라 엄청난 빚까지 떠안게 된 것이다.

결국 유 씨의 아내는 아이를 데리고 친정으로 갔다. 유 씨는 주유소 아르바이트를 하고 있지만 재기는 요원하다. 아이 얼굴을 볼 시간도 없다. 유 씨가 사기로 날린 5억 원이나 되는 돈을 벌려면 얼마 정도의 시간이 필요할까? 아니, 지금 같은 상황에서 과연 돈을 모을 수나 있을까? 아이도 키워야 하고 자신의 생활비도 벌어야 한다. 물론 평생을 부지런히 살아온 성실한 사람이기에 좋은 기회가 생길 수도 있고, 한 푼 두 푼 저축해서 재기할 수 있으리라 믿는다. 그렇지만 그가 사기당한 돈은 그의 '20년 세월' 자체나 다름없었다. 그는 20년의 세월과 가족을 빼앗겼다. 자신은 물론이고 아내와 아이도 이전의 생활을 박탈당했다. 사기꾼 김 씨 때문에 생긴 일이고, 유 씨가 김 씨에게 속았기 때문에 생긴 일이다. 반면, 그 모든 것을 빼앗아 간 김 씨는 단 2년도 안 되어 교도소에서 나왔다.

처벌받게 하는 것도, 돈을 돌려받는 것도 쉽지 않다

사기를 당했다고 생각하는 피해자가 고소를 한다 해도 상황을 되돌릴 방법은 없다. 검찰에서 무혐의 처분을 받거나, 기소가 되더라도 법원에서 무죄 판결을 받는 경우도 적지 않다. 이런 때면 사기꾼으로 지목됐던 당사자가 "거 봐, 난 죄 없다니까!" 하며 큰소리치고 다니니, 피해자로서는 더 미칠 노릇이 된다.

물론 정말 죄가 없어서 무혐의 또는 무죄가 되는 경우도 많지만, 증거가 부족해서 처벌하지 못하는 경우가 더 많다. 형사 사건의 경우 피의자나 피고인은 무죄로 추정을 해주어야 하고, 검찰이 엄격한 의미에서 유죄라는 것을 충분히 증명하지 못하면 법원이 무죄 판결을 하기 때문이다. 그런 사안이라고 생각되면 검찰이 아예 기소를 하지 않을 확률이 높다. 그런데 검찰이나 법원이 '법적으로는' 무혐의 또는 무죄로 판단하였다고 해서, 피해자가 사기를 안 당한 것일까? 그렇지 않다. 그 돈을 누가 돌려주는 것도 아니므로, 결국 속아서 돈을 날렸다는 사실은 변하지 않는다. 오히려 사기꾼이 요리조리 회피해서 법망을 빠져나가기 때문에 사기 피해가 더욱 심각한 것이다.

사건이 터진 후 변호사를 찾고 경찰이나 검찰의 도움을 청한다 해도 사기꾼은 쉽게 처벌되지 않고 충분히 처벌되지도 않으며, 피해금액을 온전히 돌려받기도 쉽지 않다. 5억 원을 사기당하고 사기꾼을 구속시키기 위해 모든 것을 걸고 쫓아다니던 또 다른 피해자는 "1억 원이라도 받아내고 합의를 하고 싶다"고 말하기도 했다. 때로는 이런 심리를 이용하는 사기꾼들도 있다. 일단 사기를 당하면 피해 회복이 어렵다. 만에 하나 회복이 된다 하더라도 시간이 오래 걸리며, 그동안 마음의 상처와 고통은 계속된다.

사기를 당한 이후 어떻게 대응하느냐도 매우 중요하다. 내가 변호사로서 관여한 형사 사건의 경우 사기 범죄자 입장에서 일부라도 변제를 하거나 피해자 입장에서 변제를 받고 합의하도록 하는 경우가 적지 않았다. 그러나 2012년 경찰 발표에 따르면, 전체 사기 사건 중 피해 원금을 모두 회수한 경우는 0.35%, 일부라도 회수한 경우는 0.15%에 불과하였다.(합계 0.5%) 이러한 통계를 볼 때 사기를 당하면 돈을 되찾기가 극히 어렵다는 것을 알 수 있다. 피해를 변제받는 경우가 이토록 미미한 것은 시간을 너무 오래 끌어서 사기꾼이 돈을 다 써버렸거나 피해자나 수사기관이 찾을 수 없도록 숨겼다는 것을 의미한다. 횡령도 98~99%의 경우에 피해변제가 전혀 되지 않는다. 결국 절대적으로 중요한 것은 속지 않고, 사기를 당하지 않는 것이라는 얘기다.

사기꾼에게 "해도 해도 너무한다"는 말은 통하지 않는다. 사기 자체가 믿음을 배신하는 범죄이므로, 사기꾼에게 양심을 기대하는 것은 그것이 오히려 어리석은 생각이다.

고배당을 미끼로 투자하게 해놓고, 피해자로부터 받은 원금 중의 일부를 배당이라고 주면서 계속 투자하게 한 사건이 있었다. 이 사기꾼은 사기를 칠 만큼 충분히 치고 외국으로 도망을 갔는데, 외국으로 도망가기 전날 피해자를 찾아가 이렇게 부탁했다. "형님! 급하게 쓸 돈이 있어서 그런데, 다른 사람보다 이익금을 조금 더 드릴 테니 5,000만 원만 넣어줘요." 마지막 피까지 빤 것이다. 흡혈귀나 다름없다.

이런 식의 사기를 당한 사람들은 돈도 돈이지만 믿었던 사람에게 마지막 순간까지 사기를 당했다는 사실에 큰 충격을 받는다. '사람이 양심이 있다면 어떻게 그럴 수가 있을까'라고 생각한다. 하지만 그런 양심이 있다면 처음부터 사기를 치지도 않았을 것이다.

회복하기 어려운
상처를 남기다

남을 쉽게 믿은 결과, 단순히 돈의 문제가 아니라 심하게는 생명을 빼앗기는 것으로 나타날 수도 있다. 엄밀한 의미에서 사기 사건은 아니지만, 남에게 이용당해서 죽음과도 같은 고통을 받을 수도 있다. 대표적인 것이 마약 범죄자들에게 속아서 이용당하는 경우다.

속아서 죽을 수도 있다

여섯 살짜리 아이의 엄마 장○○ 씨는 2004년 남편과 평소 알고 지내던 조○○ 씨로부터 한 가지 부탁을 받았다. 남아메리카 수리남에 있는 금광 원석을 파리까지 운반해달라는 것이었다. 장 씨는 예정대로 수리남에서 출발하여 프랑스 오를리 공항에 도착했는데, 도착 직후 체포됐다. 장 씨가 운반한 것은 무려 17kg의 마약이었던 것이다. 장 씨는 총 16개월 동안 수감되어 있었다.

이 사건은 국내에서 큰 반향을 일으켰다. 장 씨에게 운반을 부탁했던 조 씨가 국내에서 검거되어 재판을 받으면서 "장 씨는 마약인지 몰랐다"고 진술한 것이다. 이 사실이 알려지자 많은 사람이 외교부의 대응을 비난했다. "속아서 운반한 것인데, 억울하게 옥살이를 하도록 방치했다", "한국 외교부가 제대로 대응하지 않아서 장○○ 씨가 큰 고통을 겪었다"는 등의 내용이었다.

외교부는 이에 대해 매우 답답하다는 입장이다. 조 씨의 진술이 프랑스 법원에 제대로 전달이 안 됐을 수는 있지만, 전달이 됐다 해도 즉각 석방이 되거나 무죄가 선고될 사안은 아니라는 것이다. 외교부는 빈발하는 마약 운반 사기와 관련하여, 해외 각국에서 마약인 줄 모르고 운반하는 경우에도 처벌한다며 절대로 다른 사람의 짐을 운반해주지 말라고 당부하고 있다.

외교부 국가별 안전소식 코너에 2012년 5월 31일 캐나다 밴쿠버 공항에서 출국하려던 관광객 ○○○ 씨가 체포된 사건이 공개되어 있다. ○○○ 씨는 현지에 체류하는 친구를 통해 알게 된 현지인의 부탁을 받고 책과 옷가지가 든 가방을 일본에 사는 친구에게 전달해주려고 했는데, 가방 안에 마약이 들어 있었다는 것이다. 외교부는 "해외여행 중에는 지인을 통해 운반하는 물건이라도 반드시 내용물을 확인하여 출입국 심사를 받으라"고 당부하고 있다.

이러한 유형의 사건결과에 대해 유추하게 해줄 만한 사건들이 있다. 2011년 5월 신용카드 대금 등으로 고민하던 김○○ 씨는 신○○ 씨로부터 "캐나다에서 일본으로 필로폰을 운반해주면 1,000만 원을 주겠다"는 마약 운반 제의를 받았다. 승낙한 김 씨는 캐나다 밴쿠버에서 필로폰 3kg이 든 여행용 가방을 건네받고 공항을 빠져나가 일본에 도착하는 데 성공했다. 그런데 일본 나리타 공항에서 체포됐으며, 징역 9년을 선고받고 수감 중이다.

또 2015년 1월 중국에서 한국인 김○○ 씨가 사형당했다는 뉴스가 보도됐다. 김 씨는 2010년 5kg의 마약을 밀수하고 운반한 혐의로 중국에서 체포됐다. 2012년 사형 판결이 확정됐으며, 2014년 12월 30일 사형이 집행된 것이다.

이 뉴스와 함께 중국에서 거주하는 한국인 야구동호회 회원들이 호주 여행을 위해 출국하다가 구속됐다는 뉴스도 전해졌다. 이들은 호주의 사업가라는 ○○○ 씨로부터 '거의 공짜로 호주 여행도 즐기고 야구도 즐기고 오는 기회'를 제공받기로 했는데, 공항에서 ○○○ 씨의 부탁을 받고 여행가방을 나누어 들었다가 이런 상황에 빠진 것이다. 이들이 전해 받은 짐에는 30kg의 마약이 들어 있었다. ○○○ 씨는 2014년 4월에도 항공권과 숙박비를 제공하면서 그들을 초대했었고, 당시에도 안마기나 양주가 들어 있다는 여행가방을 부탁했다고 한다. 이번에 구속된 이들은 그때 이미 죽을 고비를 넘겼던 셈이다. 안타까운 일이지만, 본인들만 몰랐을 뿐이다. 처음에 옮겨준 가방에 마약이 들어 있었는지 어쨌는지 현재로서는 알 수가 없지만, 다른 사람의 짐을 해외로 옮겨주는 행동을 했다는 것 자체가 목숨을 건 행위다.

사람들은 마약 운반 혐의로 붙잡힌다 해도 "나는 부탁을 받았으며, 호의로 도와주려던 것뿐이다"라고 설명하면 그것으로 해결될 것이라 생각한다. 하지만 그것은 순진한 것을 넘어 착각에 지나지 않는다. 밴쿠버에서 발생한 두 건의 마약 사건을 보면, 마약인 줄 알고 운반한 경우와 그렇지 않은 경우를 경찰이 엄밀히 나누기가 얼마나 어려운 일인지 느껴질 것이다. 중국에서 발생한 사건이라면 평생 열악한 중국 교도소에서 지내야 하거나 사형 선고를 받을 수도 있다. 참고로 중국 형법은 내·외국인을 막론하고 1kg 이상의 아편이나 50g 이상의 필로폰을 밀수하거나 제조 또는 판매할 경우 사형에 처할 수 있도록 규정돼 있다.

누군가에게 속아서 돈이나 물건 등을 주는 것이 사기다. 이 점에서 볼 때 속아서 물건을 운반해주는 것은 법적으로는 사기가 아니라 할 것이다. 하지만 당하는 피해자의 입장에서는 목숨마저 빼앗길 수 있는 가장 위험한 사기가 되기도 한다.

돈보다 깊은 한을 남긴다

사기 피해는 말 그대로 한을 남긴다. 돈만 날리는 것이 아니라 피해자와 그 가족에게 깊고 깊은 상처를 남긴다. 도둑맞은 사람들은 잊을 수가 있지만, 사기당한 사람들은 그렇게 되지가 않는다. 당한 사람의 심정은 완전히 다르다.

2013년 어느 날, 서울중앙지방법원 형사 법정에서는 국제기구의 한국 내 재산을 관리한다며 10억 원가량을 사기 친 사기범들의 재판이

열렸었다. 재판이 시작되기 전 법정에 앉아 있던 한 여성은 눈물을 흘리며 이를 갈듯 중얼거렸다. "죽어서도 나를 잊지 마라. 절대로 잊지 않을 거다. 네 얼굴 똑똑히 기억해두겠다. 내가 죽어서도 너를 잊지 않겠다. 나쁜 새끼…." 큰 소리가 아니어서 더 가슴을 후벼 파는 듯했다. 같이 온 가족은 아무 말 않고 듣고만 있었다. 많은 사기 사건이 그렇듯 피해자에게 아무런 피해변제도 되지 않은 사건이었다. 재판이 끝나고 나서 불구속 상태로 재판을 받던 피고인이 법정 밖으로 나서자 울던 피해자도 따라나섰다. 가해자를 따라가며 그 여성은 "절대로 잊지 않겠다"는 말을 되풀이했다.

사기 피해자들이 사는 데 지장이 없을 만큼의 피해만 당한다면 얼마나 좋겠느냐만, 현실은 그렇지 않다. 사기꾼에게 속아 중풍에 걸린 오빠의 집을 담보로 돈을 빌려 가져다준 사람도 있고, 살고 있는 집 전세금을 빼서 가져다준 사람도 있다. 사기꾼들은 '돈' 자체에만 관심이 있지 그 돈이 어떤 돈인지는 신경 쓰지 않는다. 사기를 당한 사람에게는 그 이전과 다른 힘겨운 삶이 남아 있지만, 사기꾼들은 눈 하나 꿈쩍하지 않는다. 그 돈을 펑펑 쓰거나 "나도 사기를 당했다"거나 "그 돈을 선물옵션에 투자했다가 다 날렸다"며 갚을 생각도 하지 않는 경우가 태반이다. 피해자가 애타게 매달리지만 사기꾼들은 "곧 좋은 소식이 있을 것"이라는 헛소리로 시간을 끌며 피해자가 제풀에 지쳐 포기할 때까지 버틴다. 그렇게 시간이 지나가고 나면 "나도 이렇게 될 줄 몰랐다"며 나 몰라라 한다.

사기를 당해 전 재산을 날리고 빚을 지게 되면 피해자 한 사람의 삶이 아니라 아들딸, 남편, 아내, 부모님의 삶까지 같이 무너져 내린다.

때로는 생업을 포기하고 사기꾼만 쫓게 되기도 한다. 사기꾼들을 고소한 후 검찰로, 법원으로 쫓아다니는 것이 생활이 되는 것이다. 법정에서도 "사기 친 것이 아니다"라는 피고인의 말을 들으면서 뻔뻔함에 분노가 불처럼 일어난다. 심지어 법적으로는 엄밀한 의미의 사기로 보기 어렵다며 무죄가 선고되는 경우도 많다. 설령 유죄가 선고된다 해도, 수십억 원의 사기 범죄에 대해서조차 불과 2년 내외의 징역형이 내려지기도 한다. 사기꾼이 형을 다 살고 나와 활개를 치고 돌아다녀도 피해자는 여전히 피폐해진 삶을 살 뿐이다.

사기 피해자는 금전적으로도 정신적으로도 회복되지 않는다. '내가 왜 당했을까' 수없이 자책하고, 부모나 자식이 사기를 당했을 경우에는 그 가족에 대한 원망을 평생 안고 살아간다. 우리 사회가 사기 피해자들에게 좀더 관심을 가져주어야 한다고 생각하는 이유다.

사기꾼은
어떤 사람인가

어떤 사람을 대할 때 그 사람이 어떤 옷을 입고 어떤 차를 모는지, 얼마
나 크고 화려한 사무실에서 일하는지는 중요하지 않다. 중요한 것은
그가 하는 말이 사실인가 거짓인가 하는 것이다. 잘나가고 능력 있는
것처럼 보인다고 해서 상대를 쉽게 믿어서는 안 된다. "사기꾼처럼 생
겼다"는 말을 하기도 하지만, 실제 사기꾼들이 사기꾼처럼 생긴 것은
아니다. 준수한 외모에 명품 양복을 입고 값비싼 수입 자가용을 타고
다니는 사기꾼들도 있다.

인물 좋고 능력 있어 보이는 외모의 소유자

부동산컨설팅 사기를 당한 한 의뢰인은 이렇게 말하기도 했다. "컨설팅업자가 젊은 사람인데 옷도 잘 입고 외제차 타고 다니는 게 능력이 좋아 보였어요." 젊은 사람이 능력이 있어서 컨설팅사업이 잘되니까 명품 옷에 독일제 고급 승용차를 타고 다닌다고 생각했다는 것이다. 능력이 있어 보였다는 말은 그가 좋은 물건을 소개할 것 같았고, 믿을 수 있는 사람으로 보였다는 뜻이다.

마치 경험에서 우러난 듯한 자신감 넘치는 말투에 외제차와 준수한 외모가 사기를 치는 데 한몫을 한 것이다. 컨설팅비 명목으로 수천만 원을 현금으로 줄 것을 요구할 때도, 그가 '있어 보이는' 사람이라면 '원래 그런가 보다' 하고 넘어가는 사람이 많다. 능력 있는 사람이니까 이익이 많이 남을 자리를 소개하므로 큰돈을 받는 것이라고 지레짐작하는 것이다. 재벌가의 딸인 척하며 사기를 치는 여성들도 에르메스, 샤넬, 루이비통, 구찌의 명품 옷과 구두, 백으로 치장한다. 이 도구들은 상대방을 속이는 데 큰 역할을 한다. 큰 사업을 하고 있는데 일시적인 자금난으로 급전을 빌린다는 사람들도 최고급 외제차를 몰며 척 보기에도 비싸 보이는 정장을 입고 있는 경우가 많다.

사기 피해자들 얘기를 들어보면 돈 있어 보이고, 능력 있고 큰 사업을 한다는 말에 속았다는 경우가 많다. 그래서인지 연예인처럼 시술이나 성형 수술까지 해가며 젊고 세련된 모습을 유지하기 위해 애쓰는 사기꾼들도 있다.

멘탈이 강한 '긍정의 아이콘'

전문적인 사기꾼들은 젊은 사람들 표현을 빌리자면 '멘탈'이 강하다. 사기를 칠 때도 열정적이고, 사기를 친 이후 항의하는 피해자들에게 기다리라고 어르고 달랠 때도 열정적이다. 사기꾼도 열정과 노력이 있어야 그 분야에서 성공(?)할 수 있나 보다.

박○○ 씨는 사기 사건으로 여러 번 수사도 받고 재판도 받았던 사람인데, 긍정적인 마인드가 남달랐다. 가히 '긍정의 아이콘'으로 불릴 만한 수준이었다. 피해자에게 처음 투자금을 받을 때부터 실제 약속과 달리 투자 수익금은커녕 원금조차 돌려주지 못할 때도, 고소를 당해서 수사를 받을 때도 "이건 되는 일이다", "일이 꼬여서 그렇지 처음부터 안 되는 일은 아니었다"는 말을 무한히 반복했다. 피해자에게도 그랬고, 수사관에게도 그랬다. 박 씨 스스로 정말로 그렇게 믿는 것처럼 보일 정도였다. 기소가 되어 재판을 받을 때까지도 그러고 있었으니, 박 씨가 사기를 칠 당시 피해자로서는 믿지 않을 수가 없었을 것이다. 피해자가 뭔가 잘못됐다고 느낄 때도 박 씨는 "조금만 기다리면 되는데, 왜 그러느냐"고 면박을 줬고, 기다리다 못한 피해자가 돈을 돌려달라고 해도 여전히 큰소리를 쳤다. 피해자는 사기를 당하고 7년이 다 되어 갈 때쯤에야 고소를 했다. 박 씨는 7년간 단 한 번도 자신의 잘못을 인정하지 않았다.

사기꾼들은 '뭔가 일이 될 것 같다'는 느낌을 강하게 주어야 남의 돈을 가로챌 수 있다. 간혹 우리가 뉴스에서 접하고 그런 말에 속는다는 게 황당하다 싶은 것들도 사기꾼이 워낙 자신 있게 얘기하기에 사람들이 속는 것이다. 심지어는 사기꾼이 자기 자신조차 속이는 것처럼 느꺼지기도 한다. 스스로를 속일 정도로 사기적 멘탈이 강한 사람을 만나면 빠져나오기 어렵다.

사기꾼들은 비전이나 목표를 제시하는 데 아주 능숙하다. 얼마의 이익을 얻을 수 있다고 확신을 주거나 절대로 손해를 보지 않을 것이라는 믿음을 준다. 대표적인 것이 다단계 사기 업체들이다. 그 사람들 말만 들으면 500만 원짜리 전기장판을 전 국민에게 하나씩 다 팔 수 있을 것만 같다. 현재가 우리나라 역사상 가장 번성한 시기이고, 돈을 벌 기회는 얼마든지 있으며, 당장 수입을 몇 배 이상 올릴 수 있다고 하는 부류의 사람들이다.

투자 사기를 치는 사람들도 '투자하면 반드시 약속한 이익금과 원금을 돌려받을 수 있다'는 확신을 준다. 매사에 긍정적이다. "내가 사기꾼도 아니고 안 될 일을 왜 권하겠느냐"고 큰소리 탕탕 친다. 사기꾼들은 다른 사기꾼들을 비난하며 자기는 사기꾼이 아니라고 한다. 인터넷을 검색해보면 이런 예를 흔히 볼 수 있는데, 예컨대 대부분 다단계업자는 다른 다단계업자를 불법이라며 비난하고, 자기는 그렇지 않다고 강조한다.

사기꾼들은 약속이 지켜지지 않는 상황을 '조금 기다리면 다 되는 일'이라는 표현으로 넘어가곤 한다. 몇 개월 내로 일이 안 되면 자기가 분명히 책임진다고 철석같이 약속한다. 자기가 아닌 남의 탓이나 상황 탓으로 다소 연기가 된 것이지 약속을 안 지킨 것이 아니라고 한다. 그러면서 "어차피 기다린 것 조금만 더 기다리라"고 한다. 만약 더 기다려도 안 되면, 오히려 자기에게 이번 투자 건을 소개한 사람을 사기로 고소하겠다고도 한다. 어찌나 자신만만하게 큰소리를 치는지 따지러 갔던 사람이 그 '에너지'에 막혀 지쳐 돌아오는 경우가 많다. 사기꾼들은 이처럼 멘탈 갑에 긍정의 아이콘들이다.

완급 조절의 달인들

능숙한 사기꾼들은 완급 조절의 달인들이다. 자기 페이스가 확실하다. 상대방이 완전히 넘어오지 않았거나 의심을 한다 싶으면 "다음에 더 이야기하자"며 급한 일이라도 있는 듯이 자리를 뜨기도 하고, 상대방이 속아 넘어갈 것 같지 않아 시간낭비라고 생각되면 판을 접기도 한다. 사기꾼들은 때가 아니다 싶으면 서두르지 않는다. "다음에 또 보자"고 하면 되는 것이다. 그들이 그럴 수 있는 건 범행 대상이 세상에 널려 있기 때문이다. 세상은 넓고 할 일은 많은 것이다.

노련한 사기꾼들은 조바심을 낼 이유가 없다는 것을 잘 안다. 그렇지만 '돈이 된다'는 설명에 상대방이 설득되기 시작하는 순간, 사기꾼은 '아까운 기회'이며, 지금 당장 하지 않으면 다른 사람에게 기회가 간다고 조급하게 만들기 시작한다. "지금 당장 안 사면 나도 어쩔 수 없다. 물건을 계속 잡고 있을 수가 없다. 사겠다고 기다리는 사람이 있는데, 어떻게 하느냐"고 세게 밀어붙인다. 며칠 또는 몇 개월이면 두 배, 세 배, 열 배 이익이 난다는 말과 함께 지금 당장 결정하고 투자하도록 압박하는 것이다.

왠지 빨리 투자하지 않으면 기회를 놓칠 것 같다는 생각이 든다면, 다시 한 번 생각해보기 바란다. 홈쇼핑을 보다 '마감 임박'이라는 말에 당장 주문해야 할 것 같은 생각이 들어본 사람이라면 더욱 조심해야 할 것이다. 홈쇼핑은 그나마 실제로 물건을 배달해주기는 한다. 필요치도 않은 물건을 충동적으로 구매했다면 반품을 해도 되고, 잠깐 후회스러움을 느끼는 정도로 끝낼 수 있다. 하지만 사기꾼에 속아 충동적으로 거금을 투자한 경우에는 두고두고 후회할 일이 생기며, 반품은 꿈도 꿀 수 없다.

임기응변의 귀재들

전문 사기꾼들은 형사 사건을 많이 다뤄본 변호사들조차 헷갈리게 할 정도로 임기응변에 강하다. 당장 그 말이 거짓말임을 보여주는 증거를 들이대는데도 즉시 다른 이유를 댈 정도다. 그러니 그런 사기꾼들에게 반쯤 넘어간 사람들이 한두 가지 의문스러운 점을 지적한다고 해서 '들켰구나!' 하고 도망가는 일은 없다.

김○○ 씨는 위조한 서류로 토지 소유자인 척하며 대출을 받아내는 토지 사기 전문가다. 박 모 변호사는 그를 서울구치소에서 처음 만나 이야기를 들었을 때, 그가 사기 사건과 아무런 관련도 없는데 사기범으로 몰렸다고 생각했다. 그의 말이 너무나 자연스러웠던 것이다. 그런데 수사기록을 꼼꼼히 읽다 보니 그가 수사관들에게 한 말과 자신에게 한 말이 다르다는 걸 알게 됐다. 아무 관련이 없다는 그의 말과 달리 사기 범행 현장의 지하 다방에 그가 있었던 것이다.

박 모 변호사는 두 번째 접견을 가서 그의 이야기를 들을 때 자기 귀를 의심했다. 김 씨는 변호사가 지적한 것에 대해 변명을 하는 것이 아니라, "거기 있기는 있었지만 사기에 가담한 것은 아니라고 해야지"라고 말하는 것이었다. 변호사가 "판사가 바보입니까? 위조서류로 대출 받고 그 돈을 나누기 위해 다방에 모이기로 했다고 공범이 진술했던데 요"라고 지적했다. 그러자 곧바로 "그럼 나는 법무사만 소개하고 소개 비 받으려고 다방에서 기다렸다고 하면 어떨까?"라며 새로운 말을 만 들어냈다. 자기가 먼저 한 말이 거짓말이었다는 것은 전혀 신경 쓰지 않고 즉흥적인 아이디어를 내면서 사건과 관련이 없는 것처럼 꾸미기 바쁜 것이다. 변호사에게까지 거짓말을 할 뿐만 아니라, 거짓말이 드 러나도 전혀 거리낌이 없는 모습에 변호사는 황당할 뿐이었다.

도박에 빠진 사람들

도박은 중독되기 쉽다. 특히나 돈을 따본 사람은 더욱 헤어나오기 힘들다. 경마에서도 '999'를 맞아본 사람은 경마장을 떠나지 못한다고 한다. 999는 백 배 이상의 배당을 받는 경우를 말한다. 도박에 빠진 사 람들은 거짓말을 끝없이 하게 된다. 도박을 하기 위해서는 돈도 필요 하지만 시간도 많이 필요하기 때문이다. 가족이나 직장 동료들에게 도 박한다는 사실은 숨긴 채 돈을 마련하고, 시도 때도 없이 도박장을 찾 느라 계속 거짓말을 하게 된다. 나중에는 거짓말을 하는 상황에 너무나 익숙해지고, 잘 통하는 거짓말을 서로 다른 사람들에게 써먹다 보니 실 력도 점점 늘어 그럴싸해진다. 연기력이 좋아지는 것이다. 그렇지만 꼬 리가 길면 잡히게 마련이다. 주변 사람들이 하나둘 떠나는 것을 막을 수는 없다. 피해자가 점점 늘고 결국 거짓말이 들통 나기 마련이지만, 도박에 중독된 사람들은 그런 상황조차 전혀 개의치 않는다.

'어렸을 때 몇 번 본 적이 있는 동생 친구'처럼 전혀 연락도 하지 않고 지내던 누군가가 갑자기 찾아와서 돈을 빌려달라고 한다면 명목이 무엇이든, 얼마나 급하다고 하든 단칼에 거절하는 게 상책이다. 주변에 돈 이야길 해도 더는 들어줄 사람이 없어서 피해자를 찾고 또 찾은 끝에 당신에게 연락한 것일 수 있다. 도박에 빠진 사람에게 빌려주는 돈은 절대 받을 수 없다. 더구나 도박에 쓸 돈인 줄 알고 빌려준 돈은 민사소송을 해서도 돌려받기 힘들다.

주변에서도 많이 봤겠지만 도박에 빠진 사람은 한 집안을 완전히 붕괴시킬 수 있다. 그런데 도박에 빠진 사람들은 가산을 탕진하는 데 그치는 것이 아니라, 도박을 위해 다른 범죄를 저지르는 경우도 많다. 도박빚이나 도박자금과 관련해서 회사 공금을 횡령하는 것은 거의 기본에 속하고, 회사 문서를 위조하는 경우도 많다. 돈을 만지는 업무를 하는 직원이 도박에 빠지면, 회사 돈이 도박장으로 다 흘러가 버리기도 한다. 철저한 관리가 이루어지지 않는 일부 금융기관에서 직원들의 횡령사고가 얼마나 자주 일어나는지를 뉴스에서 지겹게 봐오지 않았는가. 외부에 드러나지 않는 경우까지 생각하면 상상 그 이상이라고 해야 할 것이다.

친인척을 비롯한 주변 사람은 물론 은행이나 카드회사에서 빌린 돈을 갚지 못해 민사소송이나 형사고발을 당하는 경우도 많다. 여자의 경우 노름을 하는 과정에서 돈을 잃고 빌려 쓴 꽁짓돈을 갚지 못해 그곳의 조직원 비슷하게 되는 경우도 있다. 그런데 도박에 중독된 사람들은 그런 것에 개의치 않는 것 같다. 일반인으로서는 도박중독자들의 그런 심리를 이해하기조차 어려운 듯하다.

마약에 빠진 사람들

　마약에 빠진 사람들 역시 사기 범죄자로 전락하는 경우가 적지 않다. 마약에 대한 집착 때문에 결국 일상생활의 틀이 무너지기 때문이다. 마약을 하다 보면 점차 사람이 망가져 가는 건 물론이고, 마약을 하다 체포되는 경우에는 정상적인 직장을 유지하기 어렵다. 2015년 마약에 취한 모 물티슈업체 전 대표가 자신의 벤틀리 승용차를 타고 질주하다가 4중 추돌사고를 내고도 멈추지 않고 다른 차를 훔쳐 달아나려 했던 사건이 대표적인 예라 하겠다.

　마약은 가격부터가 만만치 않다. 그 비용을 마련하기 위해 돈을 함부로 쓰거나 함부로 빌리는 과정에서 기본적인 신뢰를 잃기 쉽다. 생활비나 마약을 하기 위한 돈을 마련하지 못하면 주변 사람에게 거짓말을 하고 돈을 빌리는 경우가 점차 많아지는데, 이처럼 거짓말을 하고 돈을 빌리는 것이 바로 사기다.

　한편, 마약에 빠진 사람은 사기를 당할 위험도 크다. 같이 마약을 하는 사람 중에는 별다른 경제생활을 하지 않으면서 '비싼' 마약에 빠져 사기꾼이 된 사람이 적지 않기 때문이다. 결국 사기를 당하다가 자기도 사기를 치게 되는 아수라장에 빠지게 되는 것이다.

　마약을 하는 사람들은 마약을 할 돈을 마련하지 못하게 되면 마약 범죄 조직의 하부 판매책이 되어 마약을 판매하게 되기도 한다. 마약을 팔아 마진을 남겨서 마약을 사거나 판매수수료 대신 마약을 받는 것이다. 마약을 하는 사람들과 도박을 하는 사람들은 묘한 유사성이 있다. 바로 마약이나 도박을 하기 위해 이런저런 거짓말을 계속하게 되고, 금단증세에 대한 공포감 때문인지 연기력이 뛰어난 경우가 많다.

사기꾼들의 생태계

세렝게티의 초원만이 생태계인 것이 아니다. 우리가 사는 세상도 생태계다. 우리 사회에도 먹잇감을 찾아다니는 범죄자들이 있다. 표범처럼 혼자 움직일 때도 있지만, 사자나 하이에나처럼 조직적으로 움직이기도 한다. 대부분 가장 약한 놈을 노리는데, 때로는 조직을 이루어 큰 먹잇감을 겨냥하기도 한다. 늙고 지친 사자가 하이에나에게 잡아먹히듯, 또는 사자가 눈에 띄는 하이에나를 죽이려 달려들듯 사기꾼이 사기꾼을 상대로 사기를 치기도 한다.

사기에 성공한 후 돈을 나누지 않고 혼자 도망쳐버리는 사기꾼도 흔하다. 여럿이 수십억 원을 횡령한 사건에서 돈의 행방이 묘연해지고 공범 간에 서로 돈을 가져가 숨겼다고 비난하는 경우가 있는데, 사기 사건에서도 그런 일이 종종 있다.

사기꾼들은 공범이 함께 잡히지 않는 경우, 잡히지 않은 공범에게 모든 잘못을 덮어씌우기도 한다. 다만, A급 위조사범이 관여하는 전문 사기 조직 같은 경우는 위조책 등을 불지 않는다. 점조직으로 이루어져 있기 때문에 위조책의 신분이 잘 드러나 있지 않기 때문이기도 하지만, 자신들이 잡혀서 사기죄로 처벌받고 나온 후에도 위조책의 도움을 받아야만 사기를 계속 칠 수 있기 때문이다. 마치 마약사범이 마약 판매상을 쉽게 불지 못하는 것과 비슷하다.

나중에 마약을 구하기 어려워질 수도 있기 때문에 마약사범들은 마약 판매상을 잘 말하지 않는다. 전문적인 사기 조직의 경우에는 조직원이 잡히더라도 석방된 이후를 도모하기 위해서라도 핵심 역량(?)은 어지간하면 건드리지 않는다.

2장

왜 그들에게
사기당하는가

돈을 쉽게
벌 수 있다는 착각

어린 시절 디즈니 만화를 보면, 주인공이 돈에 욕심이 생기면 두 눈에 '$' 모양이 그려지곤 했다. 사람들이 사기를 당할 때 이런 상황인 경우가 많다. 큰돈, 큰 이익을 보게 된다는 달콤한 말은 우리 안에 숨어 있던 욕심이 생각을 지배하게 하고, 이성이 나서서 균형을 잡으려고 하는 시도를 막아버린다.

말도 안 되는 사기에 속는 이유

최근 사기 사건 변호를 하면서 보게 된 의뢰인(피고인)의 공범 허○

○ 씨는 참으로 특이한 사람이었다. 이미 사기로 교도소에 다녀왔고, 교도소에서 나오자마자 또 여러 건의 사기를 치고 구속된 사람이었다. 그는 법정에서도 피해자들에게 했던 거짓말을 계속했다.

허 씨가 피해자들에게 한 거짓말을 보면, 예컨대 이런 것이다. "필리핀의 마르코스와 이멜다 등 각국 독재자들의 비자금이 국가 간 협약에 따라 다른 나라에 보관되어 있다. 비자금은 구권 화폐, 채권, 양도성 예금증서, 금 등으로 관리되고 있는데 국가처리처에서 이런 자금을 합법화하는 일을 한다. 비자금을 합법화하면 수천억 원이 생긴다. 국가처의 신 모 국장이 국정원 출신인데 나와는 막역한 사이다."

이런 말을 법정에서도 계속한 것이다. 재판장이 "나보고 그 말을 믿으란 겁니까?"라며 어이없어할 정도였다. 허 씨의 말은 허황된 내용으로, 이런 말을 쉽게 믿을 사람이 있을까 싶다. 그런데 그 말을 믿고 투자를 한 피해자가 있다. 피해액도 5억 원이나 되었다.

피해자가 허 씨의 말을 믿게 된 이유는 무엇일까? 허 씨는 투자자를 유인하면서 국정원 고위 간부 등을 언급했다. 그것만으로 믿은 것일까? 허 씨의 말을 지금 우리가 들으면 말도 안 되는 소리라고 생각하겠지만, 그의 말에는 한 가지 마법이 숨어 있었다. 5억 원을 투자했을 때 빠르면 며칠 내로 "20억 원이라는 큰돈이 생긴다"는 약속이었다.

한창 M&A 열풍이 불던 당시 이런 투자 사기가 흔했다. 이를테면, 비밀 정보를 넘기는 듯이 이런 말로 유혹한다. "너만 알고 있어. 이번에 모 회사가 LED 관련 신기술을 발표하면서 모 회사와 합병한다는 발표가 곧 날 거야. 그러면 주식이 곧장 상한가를 계속 칠 텐데, 기본 열 배 장사야. 대신, 버는 돈의 30%는 날 줘." 이런 식의 말에 속아 여기저기서 돈을 끌어모아 사기꾼에게 가져다준 사람들이 많았다. '열 배 수익'이라는 말이 마법처럼 귀에 꽂힌 것이다. 그 순간 '열 배면 돈이 얼마지?'라는 생각에 빠지기 시작하고, 상대방의 말이 사실인지 아닌지를 제대로 판단하지 못한다. 여러 위험요소가 보이는데도, 주변에서 말리는데도 투자를 결정한다. '1억을 투자하면 10억이 생기는데, 5억을 투자하면?'이라는 생각에 여기저기서 빌려서까지 돈을 가져다주게 되는 것이다. 주식과 관련한 사기에는 의사나 변호사를 포함한 최고 학력의 전문직 인사들도 여럿 넘어갔다. 머리 좋고 경험 많은 사람들이 왜 그랬을까? 역시 큰 이익을 낼 수 있다는 생각이 제대로 된 판단을 못하게 한 것이다.

이익이 얼마가 될 수 있는지 '계산'하기 시작하는 순간, '내 몫을 더 요구해야겠다'고 생각하는 순간, 평소라면 결코 믿지 않았을 이야기를 듣고도 위험을 인식하지 못하게 된다. 마치 방울뱀이 앞에 있는데도 먹이에만 정신이 팔린 쥐처럼 말이다.

말려도 투자하게 되는 이유

높은 이자나 배당을 준다는 말은 이성을 마비시킨다. 이익을 볼 수 있다는 생각에 빠져들면 주변 사람이 신중히 판단하라고 해도, 사기 같다고 해도 사기꾼에게 돈을 가져다주고 만다. 미리 "그 사람한테는 투자하거나 돈을 빌려주지 말라"는 말을 들었어도, 심지어 "저 사람은 분명 사기꾼이다"라는 말을 듣고서도 마찬가지다.

황○○ 씨는 후배 박○○ 씨로부터 사채업을 한다는 장○○ 씨를 소개받아 가끔 만나 술자리를 같이하곤 했다. 후배 박 씨는 황 씨에게 장 씨가 나쁜 사람은 아니지만 그에게 투자를 하거나 돈을 빌려주지는 말라고 미리 이야기해둔 터였다. 자신의 또 다른 선배가 장 씨에게 투자했다가 투자 실패로 1억 가까운 돈을 날렸다는 것이다.

그러던 어느 날, 장 씨가 황 씨에게 돈을 좀 쓰자고 했다.

"급하게 한 3,000 정도 쓸 수 없을까? 이자는 45%로 드릴게."

"괜찮을까?"

"자기 같은 A급한테는 무조건 원금을 보장해주지. 그래서 이자 받아서 수수료 떼고 45%를 자기한테 주는 거야. 그쪽 사람들 저당권만 풀면 바로 몇 배 수익 나는데, 지금 당장 급하게 필요해서 그래. 100% 확실한 거야. 내가 확실하지 않으면 자기한테 권하지도 않지."

황 씨는 '설마 나한테 거짓말하겠나' 하며 3,000만 원을 보냈다. 한 달 후 정말로 약속한 날짜에 이자가 지급됐는데 대략 연리 45%에 해당하는 금액이었다. 이익을 꽤 볼 수 있겠다고 생각한 황 씨는 며칠 후 장 씨에게 먼저 이렇게 제안했다. "내가 주식에 넣어둔 돈이 6,000만 원 정도 있는데 그거 빼서 더 투자할까?" 1년이면 이자가 3,000만 원 가까이 생긴다고 생각한 것이다.

그 후 황 씨는 장 씨한테 한 푼도 받지 못했다. 받은 돈이라고는 처음에 받은 그 이자가 전부였다. 황 씨는 장 씨에게 원금과 이자를 지급해달라고 따지지도 못했다. 장 씨가 구속이 되어버린 것이다. 장 씨는 다른 사람들에게 빌렸던 돈을 제대로 갚지 못하고 고소를 당해서 재판을 받던 중 법정구속되었다. 돈을 못 갚아서 고소를 당하고 합의도 못 하는 마당에 황 씨의 돈을 갚을 수 있었겠는가.

황 씨는 그래도 운이 좋은 사람이었다. 주식을 처분해서 돈을 더 빌려주려고 할 때 장 씨가 "그럴 필요까지는 없다"며 더는 빌리지 않았기 때문이다. 어떤 이유에서였는지 장 씨는 황 씨를 상대로 사기 치는 것이 마음에 걸렸던 듯하다. 황 씨의 경우에는 운이 좋았던 것이지만, 대부분의 경우 이자를 몇 번 받다 보면 그 이자 받는 재미에 빠져 투자 원금을 늘리는 사람이 대부분이다. 나는 원금이 수억 원으로 늘어난 예도 많이 봐왔다.

"100% 확실한 건이다"라는 건 단지 사기 치는 사람의 말일 뿐이다. 절대 믿지 못할 말이다. 큰 이익을 볼 것이란 생각에 빠져 제대로 확인도 하지 않고 돈을 보내고 나면, 그 돈은 이제 더는 당신 돈이 아니다.

특별한 기회란 건 없다

사채이자 수준의 이자나 배당, 열 배의 수익이라는 말에 흔들리면 사기를 당하게 되어 있다. 세상에 눈먼 돈은 없다. 큰돈을 벌 수 있는 고급정보라는 것은 대부분 사기꾼의 말일 뿐이다.

표○○ 씨는 자신이 전혀 모르던 분야에서 큰돈을 벌 수 있다는 말을 믿었다가 사기를 당했다. 표 씨는 한때 잘나가는 연예기획사의 대표이사까지 지냈던 진○○ 씨로부터 다음과 같은 제안을 받았다. "미국의 유명 뮤지컬 판권을 보유한 모 업체의 한국 관련 판권을 받기로 했습니다. 유명 뮤지컬이 거의 다 망라되어 있어요. 투자하면 수익금의 40%를 드리겠습니다."

표 씨는 투자 여부를 고민하다가 후배 홍○○ 씨와 함께 진 씨를 다시 만나 투자 건에 대해 이야기해보았다. 후배 홍 씨는 진 씨와 헤어진 후 표 씨에게 "이건 사기가 분명해 보입니다. 투자하지 마세요"라고 했다.

홍 씨가 투자를 말린 이유는 이렇다. 홍 씨가 "그렇게 좋은 권리가 있으면 왜 당신이 직접 투자를 하지 않는가"라고 물었을 때 진 씨가 수긍할 만한 설명을 제대로 못 한 것이다. 또 "당신 이야기를 들어보면 너무나 대단한 권리인데, 누가 어떻게 그런 판권을 사들인 것인가"라는 질문에도 진 씨는 "아는 선배가 갖고 있는 권리"라고만 할 뿐 제대로 설명을 하지 못했다. 홍 씨가 "당신은 그 판권을 선배로부터 어떤 조건으로 취득한 것인가"라고 묻자 진 씨는 "선배 박 씨가 내게 그냥 주었다"고 대답했다. "그렇게 좋은 권리를 당신 선배가 왜 당신에게 그냥 주는가"라는 질문에 대해서는 "그 형과 나는 그런 사이가 아니다"라고만 답했다. 그래서 홍 씨는 진 씨를 더 상대할 필요를 못 느끼고 표 씨에게 없던 일로 하라고 조언한 것이다. 사기라는 게 눈에 뻔히 보였기 때문이다. 더구나 진 씨가 이야기하는 권리가 진짜라면 그런 권리를 7,000만 원에 확보한다는 것은 말도 안 되는 소리였다.

그런데 그날 저녁 표 씨가 홍 씨에게 전화를 걸어왔다. 황당하게도 표 씨는 투자를 결정한 것 같았다. 후배 홍 씨는 진 씨와 같은 업계에서 일하는 친구를 통해 '진 씨는 이미 사업이 잘못되어 빚을 엄청나게 졌다'는 정보를 얻었다. 진 씨가 사채업자에게 쫓기고 있는 상황일지도 모른다는 것이었다. 홍 씨는 그 사실을 알게 되면 표 씨가 냉정해질 거라고 생각했다. 그러나 그 이야기를 듣고 나서도 표 씨는 투자하지 않겠다는 말을 하지 않았다. 그냥 "그래 알았어, 고맙다"라고 할 뿐이었다. 홍 씨는 직감적으로 표 씨가 투자를 마음먹었다는 것을 알았다.

그로부터 몇 개월 후, 표 씨는 홍 씨에게 전화해서 분통을 터트렸다. "정말 어떻게 그런 놈이 있을 수가 있냐? 돈을 투자하고 아무런 진전이 없어서 고소한다고 항의했더니 2,000만 원쯤 돌려주고는 그 후로 연락이 두절됐어."

표 씨는 대한민국 최고 명문대를 졸업한 똑똑한 사람이었다. 그렇게 똑똑한 사람이 왜 이런 사기를 당한 것일까? '너무 좋은 기회'이고 '놓치면 후회할 것'이라는 진 씨의 말과 '그의 말대로라면 이익이 적어도 수억 원'이라는 예상이 표 씨의 판단능력을 완전히 마비시킨 것이다. 큰돈을 벌 수 있는 좋은 기회라는 생각이 '위험하다'는 경고를 무시하게 한 것이다.

표 씨는 꽤 오랫동안 사업을 해왔지만 뮤지컬 업계에 대해서는 아는 바가 전혀 없었다. 아마 조금만 알았더라도 그런 말도 안 되는 사기는 당하지 않았을 것이다. 그렇지만 단순히 몰라서 당한 것만은 아니다. 모르는 분야임에도, 다른 사람이 말리는데도 겁 없이 큰돈을 투자하게 된 것은 '욕심' 때문이다. 사기꾼은 그 욕심이 생길 만한 이야기를 그의 귀에 집어넣은 것뿐이다. 표 씨는 아직도 나머지 5,000만 원을 받지 못했다.

말은 따져보지 않고
사람만 믿을 때

거래나 투자를 할 때는 그것이 무엇이든 상대방이 결코 나를 속이지 않을 사람이라고 쉽게 생각해서는 안 된다. 대부분의 사기 사건 피해자들이 사기를 당한 이유가 '설마 저 사람이 나를 속이겠어? 나에게 해를 끼칠 일을 하지는 않겠지'라는 믿음 때문이었다. '설마 나를 속일까', '설마 나에게 거짓말을 할까', '저 사람은 나한테 사기 칠 사람이 아니야' 등의 생각이 들 때 또는 그런 말을 하며 함께 투자하자고 권유하는 사람이 있을 때, 다시 한 번 생각해보기 바란다.

저 사람은 나를 속일 사람이 아니다?

가까운 사람 또는 평소 막연하게나마 신뢰하던 사람이라고 해도 돈과 관련된 일이라면 신중해져야 한다. 전혀 모르는 사람에게 사기를 당하는 경우는 많지 않다. 대부분의 큰 사기는 가까운 주변 사람이나 그 사람들을 통해 알게 된 사람들로부터 당한다.

여러 차례 사기를 당해 상처를 많이 입은 사람들은 "나는 이제 사람 안 믿어요"라고 말하거나 "가까운 사람과는 돈거래를 하지 않는다"고 하는 사람도 많다.

큰돈이든 적은 돈이든 사기 피해를 당하는 건 상대방을 믿는 데서 시작된다. 모든 사람을 의심하며 살 이유는 없지만, 돈과 관련된 문제라면 생각을 달리할 필요가 있다.

2011년 〈중앙일보〉에 영화배우 신성일 씨의 회고록 《청춘은 맨발이다》가 연재됐다. 나는 한 회도 빼지 않고 다 읽었는데, 그중에서 신성일 씨가 영화필름 공장을 세우려다가 사기를 당한 이야기가 인상 깊었다.

신성일 씨는 영화필름을 국산화하겠다는 꿈을 갖고 있었다고 한다. 전 세계에서 코닥, 후지, 게바라는 세 개 업체에서 주로 필름을 생산하던 시절이라고 하니 쉽지 않았다고 한다. 그런데 1967년 자신이 신뢰하던 엄앵란 씨의 외삼촌이 코닥필름 공장을 차릴 방법을 찾았다며, 변호사 서긍연이라는 사람을 소개했다고 한다. 서긍연 변호사의 아들이 코닥필름 독일 지사장의 사위라고 하면서 말이다. 서긍연 변호사는 공장을 설립하자면서 1억 원을 투자하라고 했고 신성일 씨는 갖고 있던 모든 현금에 부동산을 매각하여 마련한 자금까지 건네서 공장부지를 인수하고 사업 진행을 기다렸다고 한다. 신성일 씨는 서긍연 씨에게 모든 것을 맡겼고, 심지어 그가 가져온 영문계약서조차 확인하지 않았다고 한다. 서긍연 씨가 변호사였기 때문에 믿고 맡겼다는 것이다. 그런데 어느 날 서긍연 씨가 종적을 감췄고 나타나지 않았다고 한다.

신성일 씨는 영화배우로 성공하여 돈을 많이 벌긴 했지만 세상 물정 전혀 모르는 '사나이'였다고 한다. 처가 식구 중 자신이 가장 신뢰하는 처외삼촌이 소개하는 사람인 데다가 변호사라고 하니 전혀 의심하지 않았다는 것이다. 그래서 그가 하는 말을 전적으로 믿고 그때까지 번 전 재산을 맡겼다. 어마어마한 돈을 맡기면서도 확인조차 하지 않은 것은, 대한민국의 최고 스타를 속일 사람이 있으리라는 생각을 하지 못한 것도 하나의 이유였을 것이다. 1960년대 청와대 경호 실장이었던 박종규 씨와도 가깝게 지내던 분이니 더 말해 뭐하겠는가?

나에게 가까운 사람, 내가 믿는 사람이 소개한 사람이라고 해서 믿는다는 것은 호방하기조차 하다. '나의 친구의 친구는 내 친구이며, 내가 신뢰하는 자가 신뢰하는 자는 나 또한 신뢰한다'는 태도 말이다. 그러나 그 경우, 내가 신뢰하는 자가 속는다면 나도 같이 속게 된다.

TV 드라마 시대가 오기 전 한국 영화의 전성기에 절정의 자리를 차지하고 있던 남자가 신성일 씨였다. 배우로서 받는 개런티만으로도 어마어마한 돈을 벌었다. 요즘 같으면 상상이 안 되겠지만 여러 편의 영화에 겹치기로 출연했고, 그 영화들이 모두 흥행을 거두었다. 오늘날의 장동건, 이정재, 정우성을 다 합쳐도 그 시절 그의 위상에 미치지 못할 것이다. 그런 전성기를 구가하면서 모아놓은 돈이 현금으로 8,000여만 원, 그리고 극장을 짓기 위해 면목시장 옆에 마련해놓았던 토지 680평을 처분한 돈으로 1억 원을 마련했다고 한다.

당시 서울 시내 토지 680평이 2,000만 원 정도 했던 모양이다. 서울 시내에 극장을 지을 자리 680평이면 요즘 시가로 얼마 정도 할까? 신성일 씨는 당시 1억 원이면 요즘 돈으로 100억 원이 넘는 돈이라고 했지만, 내 생각에는 수백억 원에 이르지 않을까 한다. 믿는 사람이 소개한 사람이라고 무턱대고 믿었기에 그런 돈을 사기당한 것이다.

사람이 아닌 '말'을 따져봐야 한다

호쾌한 농구로 많은 팬의 사랑을 받았던 현주엽 선수는 지인인 박○○ 씨로부터 대기업 계열사에서 선물투자를 한다는 이○○ 씨를 소개받았다. 이 씨는 현주엽 선수에게 선물투자를 통해 큰 수익을 내주겠다며 투자를 권유했다. 현 선수는 지인이 소개하는 사람인 데다가 대기업 계열사 과장이라는 이 씨의 말을 믿고 총 24억 원을 투자했다. 그렇지만 큰 수익을 내주겠다는 약속과 달리 원금마저 날리고 최종적으로 7억 원을 회수하는 데 그쳤다.

알고 보니 이 씨는 기존 선물투자 실패로 투자자들에게 돌려줄 돈이 필요했고, 그 돈을 마련하기 위해 지인 박 씨를 동원해서 현 선수에게 접근했던 것이다. 이 씨는 물론이고, 지인 박 씨도 사기 혐의로 징역형을 선고받았다. 현 선수가 사기를 당한 것은 지인인 박 씨가 관여했기 때문이다. 보도에 따르면, 지인 박 씨는 이 씨와 공모하여 현 선수에게 사기 친 돈의 일부를 받아서 개인 사업에 사용했다고 한다. 현 선수는 박 씨가 이 씨와 함께 자신을 속인다고는 생각할 수 없었을 것이다. 그렇지만 사기를 치는 사람이 따로 있는 게 아니다. 주변 사람이 사기 치는 경우가 많고, 오히려 그런 경우에 타격이 더 크다.

사기는 배신성 범죄다. 내가 믿었기 때문에, 내가 믿었던 사람에게 속았기 때문에 당하는 범죄다. 저 사람이 나를 속일 줄은 꿈에도 몰랐다고 하는 피해자들을 자주 본다. 그런데 중요한 것은 '사람'이 문제가 아니라 그 사람이 하는 '말'을 따져봐야 한다는 것이다. 의뢰인들과 이야기를 나눌 때 변호사는 그 '사람'에 대해서는 알지 못하기 때문에 "지금 하시는 말씀만 기준으로 조언을 해드리자면"이라는 표현을 쓰곤 하는데, 의뢰인이 투자 등을 권하는 상대방으로부터 들었다는 말을 들어보고 분석해보면 사기일 가능성이 높다는 판단이 서는 경우가 많다. 사람이 아니라 말을 분석하면 좀더 객관적으로 접근할 수 있다.

주변을 보면, 돈을 갚을 수 없을 지경으로 형편이 어려워진 친구나 친지들이 돈을 빌려달라거나 투자를 부탁하는 일이 많다. 냉정하게 말해, 그런 부탁은 사기나 다름없다. 신뢰는 소중한 것이지만, 거래는 누구와 하든 냉정하게 해야 한다. 특히 그 결과가 자신과 가족의 삶에 영향을 줄 만한 거래를 할 때는 말이다.

현주엽 선수는 큰 손해를 보았지만, 다행히 민사소송을 통해서 이씨가 소속됐던 대기업 계열사로부터 손해를 일부 배상받았다. 직접 손해를 변제받은 것도 아니지만, 손해를 일부 배상받을 수 있게 됐다며 형사소송에서 합의를 해주었다고 들었다. 선수생활 때보다 더 성공하길 기원한다.

나를 속일 리
없다는 착각

'보험왕'이라고 하면, 엄청난 수입을 올린다고 생각하기 쉽다. 큰 부자일 거라 생각하기도 하고, 정보에도 밝다고 생각하기 쉽다. 고객과의 신뢰관계도 깊을 것이며 성실함은 기본일 것으로 여겨진다. 그렇지 않으면 보험상품을 팔기가 쉽지 않으니 말이다. 보통 보험을 들게 하거나 연장하기 위해서라도 보험 판매원들이 고객에게 서비스를 제공하려고 하지, 해를 끼칠 것이라고는 생각하지 않는다. 그런데 그런 믿음 때문에 사기를 당하기도 한다.

보험왕의 사기

2011년 3월 30일 자 각 언론의 보도에 따르면, 2011년 A보험사에서 5년 연속 보험왕을 차지한 이○○ 씨는 "환치기에 투자하면 큰돈을 벌 수 있다"며 동대문 등의 상인들로부터 100억 원대의 돈을 투자받았다. 투자한 사람들은 '환치기'에 대해 제대로 알지는 못했지만 크게 의심을 하지 않았다고 한다. 이 씨가 '보험왕'으로 잘 알려져 있었기 때문이다.

하지만 보험왕으로 불리며 잘나가는 사람이었다고는 해도, 보험왕이라는 것은 사실 환치기나 투자와는 아무런 관계가 없다. 그런데도 왜 의심을 하지 않았을까? "저 사람이 나한테 나쁜 걸 권할 리는 없다"는 믿음이 있었기 때문이다. 사실 보험을 잘 판매하는 사람들을 보면, 자기 회사 보험상품이라고 해서 모두 좋다고 하지는 않는다. 고객에게 불리한 것에 대해서도 이야기하며 자신은 그 상품은 권하지 않는다고 말한다. 고객에게 유리한 것만 권유한다는 믿음을 주어야 보험을 하나라도 더 판매할 수 있으니 말이다. 특히 이 씨는 '보험왕'이 될 정도의 사람이었다. 하루도 빠지지 않고 동대문시장을 찾아 고객을 관리할 정도로 성실한 모습을 보였고, 애초에 불리한 것은 권하지 않는다는 '이미지'를 갖고 있는 사람이었다. 그랬기에 피해자들은 이 씨를 굳게 믿었던 것이다.

나에게 피해를 줄 리 없는 사람, 그런 사람이 따로 있진 않다. 궁금한 사람은 '보험왕'을 검색해보기 바란다. 오히려 각 지역 '보험왕'이라는 사람들은 조심해야 할 대상이 아닌가 싶을 정도다. 보험실적이 좋다는 사람들 중에는 실적 압박에 범죄까지 저지른 경우도 드물지 않다. 실제 사정은 겉보기와 다르다는 것을 다시 한 번 생각해본다.

사기꾼이 속이지 못할 사람이란 없다

예컨대 검찰이나 법원 공무원 출신이나 경찰 출신들을 상대로 사기치는 용감한 사기꾼은 많지 않을 것이라고 생각하지만, 사기꾼들은 기회가 된다면 현직 검사를 상대로도 사기를 칠 수 있다. 사기꾼들은 상대를 가리지 않는다. 실제로 2012년 구속된 고위직 검사의 사례가 있다. 그는 '정보'를 바탕으로 후배 검사들에게도 주식투자를 권했는데 결국 투자에 실패해서 손해를 보전해주었다고 보도됐다. 결과적으로 실패한 '작전'일 수도 있지만, '절대적으로 확실한 정보'도 없는 것이고, '무서워서 속이지 못할 사람'도 없는 것이다.

전직 수사관 강○○ 씨 사례도 있다. 강 씨는 꽤 오랫동안 알고 지내온 이 씨에게 투자를 했다. 이 씨가 월 4% 정도의 이익금을 매달 성실하게 지급했기에 강 씨는 추가로 돈을 더 투자했고, 주변 친구들에게도 소개해서 투자하도록 했다. 그런데 어느 날부터인가 이자가 지급되지 않더니 급기야 그가 중국으로 도망쳤다는 소식이 들렸다. 이 씨는 투자금을 받아서 투자를 한 것이 아니라 그 돈으로 강 씨를 비롯한 투자자들에게 이자나 이익배당을 하는 식으로 돌려막기를 해왔던 것이다. 강 씨는 6억 원가량을 날렸고 집 한 채를 팔아야 했다. 그리고 도의상 자신이 투자를 권한 사람들에게도 상당한 돈을 대신 물어주어야 했다.

강 씨는 이 씨를 믿었다. 다른 사람에게는 몰라도 수사관 출신에 인맥이 넓은 자신을 상대로 딴생각을 품진 않을 것이라는 믿음도 있었다. 이 씨도 평소 강 씨에게 정말 잘했다. 이익금도 꼬박꼬박 지급했다. 이자를 제대로 지급하는 것을 보고 이 씨의 사업이 제대로 된다고 믿은 강 씨는 투자를 늘려가다가 피해액수가 더 커진 것이다.

'설마 나한테는 사기를 치지 못하겠지?' 이런 생각을 하는 사람들이 많을 것이다. 그렇지만 설마가 사람 잡는 법이다. '설마 나를?'이란 생각은 버리기 바란다. 특히 전직 공무원들은 더욱 그렇다. 군인이나 공무원으로 근무하다 은퇴한 이들의 퇴직금은 '먼저 보는 놈이 임자'라는 말도 있는데, 그런 말이 왜 나왔겠는가. 나는 예외일 거라고 생각할수록 사기당하기 쉽다.

변호사조차 예외가 아니다

일반인에 비해 형사 사건, 특히 사기 사건을 처리해본 경험이 많은 변호사들조차 사기를 당하는 일이 종종 있다. 그러니 누구도 '나는 경험이 많아서 사기를 당하지 않는다'는 믿음을 가져서는 안 될 것이다.

형사 사건 피고인 하○○ 씨라는 사람이 있었다. 그 동생이라는 사람이 P 변호사를 찾아와서 의뢰하고 싶다며 남부구치소에 있는 자기 형을 접견해달라고 했다. 하 씨는 P 변호사에게 사건 내용을 간략히 이야기하더니, 다른 얘기를 꺼냈다. "제가 변호사님께 좋은 정보를 알려드리겠습니다. 대신 저 좀 도와주세요" 하는 것이다. "국내외에서 아주 유망한 K라는 회사가 있는데 곧 M&A가 있을 예정입니다. 오늘 상한가를 쳤지만 그걸로 끝이 아니고 곧 두세 배 오를 테니 내일 아침 일찍 매수하세요"라고 했다. P 변호사는 처음에는 별 관심이 없었지만 인터넷으로 회사 이름을 검색해보고 당일 주가와 주가 변동사항을 확인해보았다. 정말 그날 상한가를 쳤던 것이다. 처음에는 별 관심이 없었지만 점점 마음이 흔들리기 시작했다. 결국 여러 차례에 걸쳐 수천만 원어치 주식을 사게 됐다. 그 후 하 씨의 동생이 몇 차례 찾아와 "곧 매도 타이밍을 알려드리겠습니다"라고 했지만, 얼마 가지 않아 연락이 두절됐다. 그리고 그 회사의 주식은 거래물량이 거의 없다시피해서 P 변호사는 주식을 매도하지도 못한 채 주가가 떨어지는 것을 지켜봐야 했다. P 변호사가 '작전'에 불쏘시개로 쓰인 것이다.

어떻게 된 일일까? 자기를 도와줄 변호사에게 사기를 치는 인간이 다 있다니, 간덩이가 부은 걸까? 아니다. 상대가 변호사든 검사든 신경 쓰지 않는 것이다. 당시 하 씨는 동생을 시켜서 수많은 변호사를 접촉하며 정보랍시고 주식 매수를 권했던 것이다. 당시 매수세를 끌어들이기 위해서 말이다. 사기꾼에게는 변호사라고 해도, 심지어 검사나 판사 출신 전관 변호사라고 해도 상관이 없다. 하 씨의 입장에서는 P 변호사를 나중에 다시 만나게 되더라도 "그때 일이 생각처럼 되지 않아서 나도 손해 봤습니다. 이번에 다른 건으로 그때 손해 보신 걸 다 메워드리겠습니다"라며 흰소리나 늘어놓으면 그걸로 끝이다.

하 씨에게 속은 P 변호사가 자신의 대학 동창이나 선후배 변호사, 검사, 판사들에게 투자를 권유했더라면 어떻게 됐을까? 결과적으로 판사, 검사, 변호사들이 단체로 사기를 당했을 것이다. 사기꾼들이 직접 사기를 치는 것이 아니라 중간에 사람을 끌어들여 간접적으로 사기를 치는 경우, 결국 P 변호사 같은 사람은 자신이 소개한 사람들의 피해까지 끌어안아야 한다.

아직도 '설마 나를 속이겠어?' 하는 생각을 가진 사람이 있다면, 나는 자신 있게 이야기하겠다. "속입니다! 당신도 예외가 아닙니다."

허우대에 쉽게
현혹되는 순간

사기를 당한다는 것은 거짓말에 속는다는 것인데, 그런 거짓말에 속으려면 그 사람을 의심하지 않거나 믿어야 한다. 사기를 당하는 사람들이 사기꾼들을 믿은 이유 중에는 공통적인 면도 있다. 사기꾼들에게는 자신을 믿게 하는 수법이 있다는 것이다.

이성의 매력에 넘어가는 피해자들

상대방의 매력에 호감을 느끼고 이성적인 판단을 제대로 하지 못해서 사기를 당하거나 속아서 패가망신하는 경우가 많다. 복합적인 요소들이 작용하지만, 예컨대 매력적인 여성의 접근에 약해지는 남자들도 많다. 엘리트 남성들조차 고전적인 수법에 넘어가곤 한다.

상하이의 외교관들

형법상 사기 사건이라고 할 수는 없지만, 우리 외교관들이 중국 여성에게 '당한' 사건이 있다. 2011년 상하이 주재 외교관들이 미모의 30대 중국 여성과 부적절한 관계에 있었다는 충격적인 스캔들이 보도됐다. 부적절한 관계와 기밀 유출 등의 의혹이 있었던 사건이다. 당시 상하이 스캔들에 연루됐던 공무원이 무려 11명이었다. 대한민국 외교 사상 최악의 스캔들 중 하나로 남을 이 사건은 쉽게 이해하기 어려운 몇 가지 의문점을 남겼다.

덩신밍(鄧新明)이라는 이름의 중국 여성이 우리나라 외교관의 차에 자신의 외제차로 접촉사고를 일으켰고, 이를 계기로 외교관들과 친밀한 사이가 됐다는 것이 그중 하나다. 설마 외교관이 그런 수법에 넘어갈까 하는 의심이 생길 정도로 아주 고전적인 수법이다. 하지만 우리나라 남성 외교관은 그런 뻔해 보이는 수법에도 쉽게 넘어간 것이다.

그게 우연한 만남이라는 점을 쉽게 믿었다고 하더라도, 덩 씨가 외교관들의 업무와 관련해서 돈을 버는 브로커였다는 점을 생각하면 쉽게 이해가 되지 않는 점도 있다. 덩 씨는 여권 브로커였고 어떻게든 영사관 직원들에게 접근하려고 했던 사람이다. 그런데 사건에 연루된 당사자들은 그 사실을 알고도 계속 그녀를 믿었다고 한다. 이는 과실을 넘어 범죄가 성립될 수도 있는 일이다. 피해자인 외교관 한 사람은 덩 씨 때문에 풍파를 겪고 나서도 덩 씨에 대해서 "하늘이 만들어준 인연"

이라고 했다니 참으로 기이한 일이다. 어떻게 이처럼 완전히 믿을 수가 있을까.

연민과 동정심도 사기의 수단

명문대 출신으로 어려운 집안 형편 때문에 술집이나 유흥업소에서 일한다는 이야기는 너무 흔해서 소설로도 진부하다고 할 만한 스토리다. 그런데 아직도 이런 수법을 쓰는 사기꾼들이 있고, 그런 말을 믿고 돈을 빌려주는 사람들도 있다.

2013년 1월 1일 유죄 판결 보도가 있었던 사건이다. 전문직 종사자인 40대 후반의 남성은 2006년 한 술집에서 서울 명문 사립대생이라는 20대 여성을 알게 됐다. 남자는 여자와 이야기하면서 인간적인 호감을 느끼게 됐고, 가끔 만나는 관계가 됐다. 남자는 여자를 딱하게 여기고 술집에 나가지 말고 공부하라며 생활비를 대주겠다는 약속까지 했다고 한다. 그러던 중 2009년 여자는 '희소 암에 걸렸는데, 국내에서는 가능성이 없고 영국에서 치료를 받아야 한다'며 남자에게 수술비를 비롯한 치료비를 부탁했다. 그 말을 믿은 남자는 여자에게 치료비 수천만 원을 주었고 이후로도 항공권 구입비, 추가 수술비를 위해 돈을 보내주었다. 하지만 여자는 암에 걸리지 않았다. 영국에 간 적도 없었다. 명문대 출신도 아니었고, 결혼해서 아이까지 있는 유부녀였다. 여자는 사기죄로 재판을 받으면서 남자로부터 받은 돈을 일부 갚고 공탁도 했다. 남자는 사기 피해를 당했지만 운 좋게도 피해액을 어느 정도 회수한 셈이다.

사기라는 걸 남자가 어떻게 알았을까? 사실 남자는 여자가 자기를 속인다는 걸 알지 못했다. 사기를 눈치챈 것은 이 남성의 아내였다. 남편의 계좌에서 큰돈이 계속 이체되는 것을 발견한 아내는 그 점에 대해 확인하기 시작했고, 그러던 중 여자의 블로그를 보고 그녀의 거짓말을 알게 됐다고 한다. 이 남성은 전문직 종사자이며 엘리트 중의 엘리트였다. 세상 경험도 적지 않은 나이였다. 그런데도 술집 종업원 아가씨의 말을 있는 그대로 믿었다. 상대방이 거짓말을 할지도 모른다는 생각조차 하지 않았던 것 같다. 명문대를 다닌다는 말을 쉽게 믿는 바람에 명문대에 다니는 아가씨가 술집에 나온다는 것을 딱하게 생각하고, 도와주고 싶다는 생각을 했던 것이다.

연민 또는 동정심이 사기를 당한 이유일까? 문제는 피해자들이 동질감이나 동정심을 갖게 된 이유가 단지 상대방이 하는 말을 아무런 확인도 없이 믿었다는 것이다. 술집이나 키스방 아가씨가 하는 이야기를 어떻게 믿느냐는 사람들도 있겠지만, 꼭 술집이나 키스방 같은 곳에서만 사기 사건이 벌어지는 것은 아니다. 장소가 중요하지 않다는 뜻이다. 언제 어디서든 순진한 마음으로 상대방을 쉽게 믿기 시작하면, 누구든 사기 피해자가 될 수 있다.

재력가로 위장하는 사기꾼들

큰손이다, 엄청나 재력가다, 그 사람 재산이 얼마다 등의 말은 가끔 우리의 판단능력을 마비시킨다. 최고가의 아파트에 살면서 최고급 자동차를 몰고 다니거나, 고급스러운 인테리어를 한 사무실에서 재력이나 능력을 과시하는 사기꾼들도 많다. 사람들은 자기보다 돈 있고 힘

있는 사람이라고 하면 약해지는 경향이 있다. 그래서 상대가 하는 말의 사실 여부를 확인할 생각을 잘 못하게 된다. 재력가인 척하는 사기꾼들은 그런 심리를 이용하는 것이다.

펜트하우스와 수억 원대 승용차

최고급 승용차와 최고급 아파트, 상상하기 어려운 고가의 선물로 자신이 재력가임을 내세우는 사기꾼들도 있다. 돈 많은 사람을 타깃으로 하여 사기를 치기 위해서는 자신의 재력도 못지않다거나 더 대단하다는 식으로 보여야 하기 때문이다.

강남의 부유층 거주 지역, 그중에서도 펜트하우스에 살며 3억 원짜리 승용차를 모는 50대 여성 한○○ 씨는 유통업으로 성공한 2,000억 대 자산가라고 자신을 소개했다. 한 씨는 모 대학원 최고경영자 과정에 다니면서 재력을 유감없이 과시했다. 피해자들을 펜트하우스로 초대해 파티를 열기도 하고 고가의 선물을 아낌없이 주기도 했다. 그런 식으로 전문직 남성들과 재력이 있는 사람들과 친분을 쌓았다. 워낙에 돈을 잘 썼기 때문에 그녀를 알게 된 사람들은 모두 그녀가 엄청난 재력가라고 믿었다. 실제로 눈으로 봤기 때문에 의심의 여지가 없다고 여긴 것이다.

한 씨는 재고상품을 매수해서 해외에 팔면 큰 이익이 남는다며 사람들에게 돈을 빌렸다. 세무사와 사업가인 두 피해자로부터 빌린 돈만 해도 40억 원에 가까운 액수였는데, 한 달 후에 10% 이자를 주겠다는 조건이었다. 그러나 한 씨가 빌린 돈은 실제로는 사업에 사용된 것이 아니라 그 엄청난 재력을 과시하기 위해 다시 사용되었다. 한 씨에게 사기를 당한 사람들은 전직 고위 공무원, 사업가, 연예인 등이었다고 한다. 똑똑하고 눈치 빠른 사람들이었지만 그녀의 엄청난 씀씀이에 전혀 의심을 하지 않았던 것이다.

알고 보니 한 씨의 펜트하우스는 월세였고, 수억 원짜리 차도 빌린 것이었다. '재력가가 굳이 왜 내게 돈을 빌릴까'라는 당연한 생각이나 의심을 하지 못하게 만든 것은 바로 그녀의 '엄청난 씀씀이'였다. 더구나 한 씨는 '결혼'까지 언급하며 남성들을 유혹했다고 한다. 아마 여성으로서의 매력도 상당했던 듯하다. 이런 경우, 피해자이면서도 고소 · 고발조차 하지 못하는 사람도 많다. 그들은 돈을 돌려받기가 더 어려울 수밖에 없다.

연대보증과 각서

'원금과 약속한 이자를 반드시 지급하겠다'는 각서나 보증서를 믿고 투자했다가 돈을 날린 사람들도 많다. 투자를 받거나 돈을 빌리는 식으로 사기를 치는 사람들 중에는 보증과 각서를 통해 믿을 만하다는 인상을 주는 경우가 있다. '각서까지 써주었는데 돈을 떼어먹지는 않겠지'라는 믿음을 이용하는 것이다.

그러나 각서가 있다 하더라도 그것을 써준 사람한테 돈이 없다면 갚지 못하는 것은 당연하다. '연대보증'을 받은 경우도 마찬가지다. 각서나 연대보증이 갖춰졌다고 해서 변제받을 가능성이 높아지지는 않는다. 특히 사업과 관련해서 투자를 받거나 돈을 빌리는 형식으로 사기를 치는 사람들은 사업이 잘 안 되어서 돈을 갚지 못했을 뿐이라고 하면서 법망을 빠져나가려는 경우가 많다. 그런 사람들은 각서를 쓰거나 보증을 서주는 것을 무서워하지도 않는다.

현○○ 씨는 사업을 크게 한다는 박○○ 씨를 소개받았다. 박 씨는 누구나 아는 대기업과 연결하여 사업을 하고 있었다. 누가 봐도 믿을 만한 사업이었다. 현 씨가 보기에 박 씨는 말 그대로 거물급이었다. 대기업 상무와도 호형호제하는 사이였고 술자리도 자주 있는 것 같았다. 실제로 그랬다.

박 씨는 회사의 사업이 진행되면 적어도 수백억 원의 이익을 보게 되어 있는데, 당장 5억 원 정도가 급하게 필요해서 빌리고 싶다고 했다. 현 씨가 월 이자 3%를 요구했는데, 박 씨는 단기간만 쓸 것이라며 비싼 이자라도 주겠다고 했다. 현 씨는 박 씨의 회사에 돈을 빌려주면서 박 씨 개인의 연대보증까지 받았다.

그런데 박 씨의 설명과 달리 사업이 진행되지 않고 몇 년의 세월이 흘렀다. 현 씨는 박 씨의 회사로부터 이자를 몇 차례 받았을 뿐 원금을 전혀 회수하지 못했다. 연대보증한 박 씨에게 돈을 받아내려고 했지만 박 씨가 사는 집이며 모든 재산은 이미 박 씨 명의가 아니었다. 현 씨는 돈을 돌려받지 못한 채 고소와 소송으로 세월을 보내고 있다.

'권력자'를 내세우는 사기꾼들

권력자에게 연결되는 끈이나 고리를 잡았다고 생각하는 사람들은 쉽게 거액을 사기당한다. 사기꾼들은 그런 심리를 이용한다. 거꾸로 말하면, 권력자와 연결되어 있다는 이유만으로 비합리적인 특혜가 가능하다고 믿는 사람들이 있기 때문에 사기꾼들이 사기를 칠 수 있는 것이다. 그 때문에 청와대나 국정원, 전직 고위 공무원을 내세우며 사기 치는 사람들이 끊이지 않는 것이다. 어떤 이권이 걸린 문제를 '해결해줄 힘'이 있다면 모두 권력자인 셈이다.

이명박 대통령 영부인의 사촌 언니인 김○○ 씨는 제18대 총선 공천 과정에서 한나라당 비례대표 공천을 받게 해주겠다며 ○○○ 씨로부터 돈을 받았다. 피해자인 ○○○ 씨는 국회의원 비례 공천을 받기 위해 노력하던 중 김 씨를 소개받고 확실한 '끈'을 잡았다고 믿고 30억 원을 건넸다. 청와대의 입김으로 선거도 치르지 않고 국회의원이 될 수 있다고 단단히 믿었던 것이다. 김 씨는 영부인의 사촌이라는 것 외에 정치와 아무런 관련도 없는 사람이었다. 그런데도 피해자는 비례대표 국회의원을 시켜주겠다는 말을 믿고 30억 원을 건넨 것이다. 국회의원 지망생이었던 피해자가 이런 사기를 당하게 된 것은 김 씨가 정말로 영부인의 사촌 언니였다는 점 때문이다. '영부인의 사촌 언니가 설마 거짓말을 하고 이렇게 큰돈을 받겠는가' 하는 주관적인 믿음이 그녀의 거짓말을 믿게 한 것이다. ○○○ 씨는 공천은커녕 김 씨에게 준 돈도 제대로 돌려받지 못했고, 김 씨는 2008년 공직선거법 위반 혐의로 실형을 선고받았다.

대통령의 친동생은 어떨까? 2006년 김○○ 씨는 이○○ 씨와 정○○ 씨로부터 놀라운 제안을 받았다. '전두환 전 대통령이 숨겨둔 구권 화폐가 있는데 세탁하려고 한다. 구권 화폐 비자금 50억 원을 싸게 사기로 했는데 부족한 자금 5억 원을 투자해달라'는 내용이었다. 그들은 김 씨를 한강 선상 카페로 부르더니 자신들이 식사하는 자리에서 조금 떨어진 곳에서 자신들을 지켜보라고 했다. 그들이 함께 식사한 사람은 누구였을까? 전두환 씨의 동생 전경환 씨였다. 진짜 전경환 씨 말이다. 그걸로 끝이었다. 전두환 전 대통령의 동생인 전경환 씨가 직접 관여하는 건이라고 생각한 김 씨는 2억 원이 넘는 돈을 투자했다. 수사와 재판 결과 전경환 씨는 단지 안면이 있는 정 씨 등의 연락을 받고 식사를 한 것뿐이었다고 한다. 대통령의 친동생을 멀찍이 등장시키는 것만으로도 사기꾼들은 피해자를 속일 수 있었던 것이다.

'청와대 비서의 친구의 아내'는 어떨까? 가정주부인 최○○ 씨는 주식과 관련한 고급정보를 갖고 있다며, 그 정보로 몇몇 사람만 조용히 투자를 한다면서 사기를 쳤다. 투자자들이 가정주부인 최 씨가 고급정보를 갖고 있다고 믿은 이유는 간단하다. 최 씨의 남편이 청와대 모 비서관과 절친한 사이라고 여겼기 때문이다. 최 씨가 "청와대 비자금을 관리하는 남편 친구인 비서관 ○○○ 씨로부터 정보를 받아 투자를 한 후 투자수익을 나누어주겠다"고 했다는 것이다. 그러니 청와대 비서관의 친구도 아니고, 그 친구의 아내가 하는 말을 믿고 투자를 했다는 얘기가 된다. 최 씨가 투자받은 돈은 50억 원이 넘었고 가장 큰 피해를 본 사람은 무려 22억 원을 최 씨에게 맡겼다고 한다. 이처럼 '실력자'를 간접적으로 아는 사람조차 '귀한 대접'을 받는 것이 우리 실정이다. '실력자'나 '권력자', '돈 많은 사람', '능력 있는 사람'이라는 말에 너무 쉽게 현혹되는 것이다.

세 사건의 피해자들에게는 공통점이 있다. 권력에 가까이 있다는 말에 속은 것이다. 권력이나 명예, 재산을 가진 사람들에게 약해지는 사람들이 많다. 그래서 청와대나 국정원을 언급하며 사기 치는 사람들이 많은 것이다. 유명인이나 고위직 또는 권력자의 주변에 있거나 있었다는 말에 쉽게 넘어가는 것은 '그런 사람들은 보통 사람은 하지 못하는 일을 쉽게 해낼 수 있다'는 믿음 때문이다. 그러나 그런 믿음에는 아무런 근거도 없다. '실력자'를 언급하는 사람이 있다면 우선 '색안경'을 끼고 봐야 한다. 사기꾼이거나 그런 성향이 있는 사람일 가능성이 높다.

신중해야 할 때
순발력을 발휘하는 습관

다른 사람과 경쟁관계가 되면 나만 기회를 놓칠 것 같은 마음이 되어버리고 만다. 사기꾼들은 그런 경쟁심리를 부추긴다.

사기꾼들은 낚시꾼들이다. 입질을 유도하고, 입질이 온다 싶을 때는 당장 떡밥을 물지 않으면 안 될 것처럼 몰아붙인다. 초조하게 만드는 것이다. 피해자들이 '몇 배의 수익이 날지도 모르는 기회를 놓칠 수 있다'는 생각에 빠지게 하고 빨리 결정하지 않으면 다른 사람이 기회를 가져가게 된다며 재촉한다. '기회를 놓치면 어쩌지?' 하는 초조함과 불안함은 피해자의 이성을 마비시키기 마련이다. "못 믿겠으면 투자하지 말라"고 큰소리치는 사기꾼들이 이런 부류다.

나만 좋은 기회를 놓치면 어쩌나 하는 두려움

부동산업자 구○○ 씨는 '물건이 몇 개 안 남았다'는 말을 입에 달고 사는 사람이었다. 구 씨는 김○○ 씨에게 입주권이 예정된 부동산을 구입하라고 권했다. 며칠 전까지 프리미엄이 8,000만 원이었는데 최근에 1억 2,000만 원까지 올랐다고 하면서, 자기가 잡아두고 있는 물건이 있으니 특별히 1억 1,000만 원에 주겠다고 했다. 다만, 당장 사지 않으면 다른 사람에게 넘겨야 하니 빨리 결정하라고 했다.

한두 사람이 산 것도 아니고, 입주권으로 돈 번 사람이 많다고 하니 안 사면 후회할 것 같다. 며칠 전에 샀다는 사람보다 3,000만 원이나 더 주고 사야 하지만, 현재 시세보다는 1,000만 원이나 싸게 준다지 않는가. 부동산업자는 "6개월 내에 입주권이 나온다는 발표가 날 것"이라며 앞으로 프리미엄이 점점 더 붙을 수밖에 없다고 덧붙인다. 그 말을 듣고 나니 놓쳐서는 안 될 것 같다. 더구나 업자가 '잘못되면 책임진다'는 특약까지 해준다고 하니, 이런 기회를 놓칠 수 없다는 상황이 되어버린다. 김 씨는 당장 돈이 없었기 때문에 은행 대출까지 받아 입주권이 나온다는 부동산을 샀다. 하지만 몇 년이 흘러도 입주권은 나오지 않았다.

당장 사지 않으면 기회를 놓치지 않을까 하는 불안감과 두려움이 이성을 마비시킨 경우다. 구청에 가서 기본적인 확인만 했더라면, '잘못되면 책임진다'는 특약을 한 사람이 과연 잘못됐을 때 변제할 재산이나 있는 사람인지 알아봤더라면 사기를 피할 수 있었을 것이다. 하지만 "당장 사지 않으면 물건이 없다"는 말에 자신만 좋은 기회를 놓칠까 하는 불안함이 사기 피해를 자초한 것이다.

원금은 회복해야 한다는 심리

본전심리가 피해를 키우는 것은 도박이나 주식만이 아니다. 사기 피해에서도 같은 일이 일어난다. 사기를 당한 피해자가 사기당한 사실을 인정하지 못하고 "더 빌려주거나 더 투자해주지 않으면 지금까지 받은 돈도 돌려줄 수 없다"는 말에 고뇌하다가 더 큰 피해를 보는 경우가 많다. 이미 속아서 큰돈을 빌려주거나 투자한 사람은 더 빌려달라는 사기꾼의 부탁을 받았을 때, 의심을 하면서도 지금까지 빌려준 돈을 못 받는 상황이 올까봐 두려워한다. 그때부터 합리적인 판단을 하지 못한다. 주변 사람 모두가 사기당한 것이라며 지금이라도 고소를 하라고 해도 이미 빌려준 돈을 받지 못하면 큰일이라는 생각에서 벗어나지 못한다. 도박판에 빠져든 사람의 '본전심리'와 똑같다. 자신이 사기를 당했다는 것을 인정하지 못하고 사기꾼에게 끌려다니며 더 많은 돈을 반복해서 집어넣다가 감당할 수 없는 상태에 빠지게 된다. 주식투자에서 하는 말로 손절매, 즉 손해를 보고서라도 매도하여 이후 더 큰 손해가 발생하지 않도록 끊어야 하는데 그러지 못하는 것이다. 주식투자를 해본 사람들은 잘 알 것이다. 손절매라는 것이 얼마나 어려운지 말이다. 손절매를 해야 할 타이밍이지만 머릿속에서는 외면한다. 조금만 더 버티면 다시 올라가 줄 거라는 기대에 '물타기'를 하게 되고, 이미 힘을 잃은 주가는 계속해서 미끄러져 손해가 몇 배로 커진다. 더 빌려주지 않으면 다 못 갚는다는 사기꾼의 갑질에 시달리는 피해자들은 사기를 당하고도 한참이 지나서야 뒤늦게 형사고소를 하는 경향이 있다. 안타깝지만, 그때까지도 미련을 못 버린 경우가 태반이다.

김 씨가 "돈을 빌려주면 곧 갚겠다. 이자도 매달 2%씩 지급하겠다"

는 말에 속아서 처음 사기를 당한 금액은 단 1,000만 원이었다. 그런데 최종적으로 사기를 당한 돈은 억 단위로 늘어나버렸다. 돈을 빌려 간 이 씨는 매달 20만 원씩 이자를 꼬박꼬박 지급했다. 자기한테 돈 빌려주고 이자로 돈 번 사람이 많다고 자랑까지 해가며 말이다. 어느 날 이 씨는 월 4% 이자를 주는 곳도 있다고 말하면서, 김 씨의 이자가 싼 편이니 빌린 돈을 갈아타게 돈을 좀 더 빌려달라고 했다. 김 씨가 돈을 빌려주면 그것으로 4% 이자로 빌린 돈을 갚고 3% 이자를 주겠다는 것이다. 김 씨는 5,000만 원을 더 빌려주었다. 이번에도 이 씨는 이자를 잘 주었다. 얼마 후 이 씨는 1억 원을 더 빌려달라고 했고, 김 씨는 적금까지 깨야 해서 망설여졌지만, 더 빌려주었다. 그런데 그 후로 이 씨가 자금회전이 안 된다며 2억 원만 더 빌려달라고 했다. 김 씨는 돈이 어디 있느냐며 그런 소리 하지 말라고 했다. 그러자 이 씨는 더 빌려주면 일이 다 해결되니 바로 전액을 갚을 수 있지만, 만약 더 빌려주지 않으면 사업이 망가져 김 씨는 물론이고 다른 사람들에게 빌린 돈도 갚지 못한다며 오히려 야단이었다. 김 씨는 돈을 받지 못한다는 소리에 다른 일은 할 수도 없는 노이로제 상태가 되어 고민에 빠졌다. 그러다 결국 친척에게 돈을 빌려서 이 씨에게 2억 원을 더 빌려주었다. 김 씨는 더 빌려준 돈까지 모두 떼였다.

사기꾼이 못 속일
대상은 없다

언니 동생 하는 사이, 형님 동생 하는 사이 등 친한 사이라서 '나한테 해가 되는 일을 할 사람이 아니다'라고 믿었던 사람이 도리어 사기를 치고 도망치는 일이 많다. 가장 흔한 것이 곗돈 사기다. 아마도 우리나라에 곗돈 사기가 없었다면, 연예인들 중에 현재 재벌 못지않은 이들이 훨씬 많았을 것이다.

자신을 신뢰하는 사람

자신이 믿고 따르는 종교적 지도자나 종교인은 어떨까? 서울 유명 대형 교회의 부목사가 구속된 사건이 있었다. 이 부목사는 "곧 갚아드리겠다"면서 2004년부터 몇 차례에 걸쳐서 교회 권사의 집을 담보로 10억 원 가까운 돈을 대출받아 쓰고는 갚지 않았다. 신도인 피해자로서는 '설마 우리 교회 부목사님이 거짓말을 하진 않겠지' 하고 믿었을 것이다.

그런데 이 부목사는 신도를 상대로만 사기를 친 것이 아니라 검찰에도 사기(?)를 치려고 했다. 수사를 받게 되자 의사로부터 발급받은 진단서를 제출했는데, 거기에 자기 멋대로 '환자는 미국 영주권자로, 미국에서 당뇨 합병증 치료를 위한 수술을 받아야 한다'고 적어넣었다가 적발된 것이다. 그야말로 쉽게 보기 어려운 행동이다.

사기꾼들이 형편이 좋지 않은 개척교회의 목사들을 끌어들여 다단계 방식으로 사기를 친 사건도 '자신이 믿는 사람'을 이용한 경우다. 사기꾼들은 신자들이 교회 목사님을 믿는다는 점을 이용해서 사기를 친 것이다.

사기꾼은 자기를 믿게 해야 사기를 칠 수 있다. 종교의 경우에는 애초에 특별한 신뢰관계가 있기 때문에 사기를 당하기 더욱 쉬운 것이다.

탈법을 통해 이익을 얻으려는 사람들

탈법을 통해 이익을 얻으려는 사람들은 한마디로 말해 사기당할 준비가 되어 있는 사람들이다. 스스로 범죄나 치명적인 약점이 될 행위에 빠져드는 사람들은 사기를 당하기 쉽다.

훔친 외제차의 번호판을 바꿔 달아 판다는 말을 믿고 소위 '작업차'

를 사려는 사람들이 있다. 장물이기 때문에 싸게 살 수 있다는 말을 믿고 불법인 줄 알면서도 접근하는 것이다. 이런 사람들을 상대로 하는 사기꾼들은 "위험성이 있으니 우리가 정한 방식대로 거래해야 한다"고 하며 돈을 받아내고 달아나는데, 이 경우에는 피해자들이 고소를 하지 못하는 경우가 많다. 자기 자신이 애초에 장물을 취득하려고 했기 때문이다.

'원나잇스탠드'를 꿈꾸며, 술에 취해 다가올 여성을 기대하는 사람이라면 언젠가 꽃뱀이나 꽃뱀 조직을 만나게 될 확률이 매우 높다. 유부남이면서 처음 만난 이성과의 하룻밤을 계속 즐길 수 있다고 믿는 사람은 언젠가 협박을 당하고 아내가 알게 될까봐 전전긍긍하기 쉽다. 나이트클럽 등에서 상대방 여성으로부터 '이혼 준비 중이다'라는 말을 듣고도 여성의 접근을 거부하지 않는 남성이라면, 언젠가 그 여성의 남편이라는 사람으로부터 '회사로 찾아가거나 집으로 찾아가겠다'는 협박을 받게 될 가능성이 높다.

동남아에 가서 골프도 치고 유흥업소에도 가자는 제안을 받고 "콜!"을 외친 사람은 외국에서 가짜 경찰이 낀 사기 조직에게 잡혀 수천만 원을 송금해야 할 수도 있다. 국내에서든 외국에서든 거액의 내기를 제안받고 내기에 나서는 사람 역시 사기도박의 희생자가 될 확률이 높다.

이런 유형의 피해자들은 자신의 불법행위(장물취득, 성 매수, 도박) 때문에 범죄 신고도 제대로 하지 못하는 경우가 많다. 특히 꽃뱀에게 당한 사람들 중 사회적 지위가 있는 이들은 아무리 큰돈을 사기당하더라도 체면 때문에 고소조차 못 하는 경우가 흔하다. 그래서 꽃뱀이나 꽃뱀 조직이 그런 사람들을 선호하기도 한다. 도박에 끌어들이는 경우에 피해자를 여성과 엮는 것도 그런 이유다.

사기수법을 모르는 사람들

사기인 줄 모르면 사기를 당하기 쉽다. 사기 사건이 만연한 나라에서 살면서 사기수법에 대해 조금이라도 관심을 갖지 않으면 나 자신이나 내 가족이 언제 피해자가 될지 모른다. 사기꾼들의 날로 진화하는 새로운 수법에도 관심을 가져야 한다.

'보이스피싱'이라고 하면 이젠 모르는 사람이 '거의' 없다. 그런데 보이스피싱이 뉴스 등을 통해 알려진 후에도 피해는 끊이지 않는다. 뉴스 등의 정보에 접근하기 힘든 사람들이 계속해서 사기를 당하기 때문이다.

요즘은 사기꾼이 전화를 걸자마자 보이스피싱인 줄 알고 장난을 치는 사람들이 나올 지경이다. '역관광'이라며 장난치는 목소리에 웃어본 독자들도 많을 것이다. 그런데도 보이스피싱 범죄는 계속된다. 보이스피싱 조직들의 입장에서 볼 때 성공률이 떨어졌을 뿐이지, 성공하는 경우가 여전히 많기 때문이다.

젊은 사람들도 보이스피싱에 대해 잘 모르거나, 들어봤다고 해도 막상 실제로 그런 상황에 처하면 보이스피싱이라고 생각하지 못하는 경우가 많다. 2014년 이후 여자 연예인들이 보이스피싱 사기를 당했다는 보도가 몇 차례 있었다. 본인 명의 대포통장이 개설됐다는 검찰청의 전화를 받고 은행에 가서 일회용 비밀번호를 발급받아 알려주었는데, 알고 보니 보이스피싱 사기였다고 하는 경우 등이다.

또 연세가 많으신 분들이나 장애인들, 청소년들은 범죄정보를 빨리 받아들이지 못하는 경우가 많다. 더구나 보이스피싱 조직의 수법이 나날이 개선(?)되고 있기 때문에 이제는 보이스피싱 전화에서 조선족이나 중국 동포 특유의 어투가 느껴지지 않는 경우도 많다. 계속해서 일어나는 개인정보 유출 사건으로 주민등록번호나 주소, 전화번호는 이미 노출되어 있다고 봐야 한다. 심지어는 자녀의 주민등록번호까지 다 알려져 있다. 이런 상황이면 앞으로도 비슷한 사기가 변형되어 계속된다고 봐야 한다.

최근에는 보이스피싱 수법에 대해 보도가 많이 되면서 가족이 크게 다쳤다거나 납치된 것처럼 꾸미는 경우에는 의심하는 사람들이 많아졌다. 그런데 "세금 환급을 받으실 게 있습니다"라고 거짓말을 하며 ATM기에서 시키는 대로 하라는 수법에는 할아버지, 할머니들이 여전히 잘 속는다. 휴대전화 통신요금이나 세금이 연체됐다고 하면 연체료 걱정 때문에 사기꾼들이 시키는 대로 얼른 이체하기도 한다.

노인들에게 전화로 연락을 하고 집으로 찾아가서 금감원이나 은행, 우체국에서 나왔다고 사기 치는 경우도 있다. 노인분에게 안전한 계좌로 이체하거나 현금으로 찾은 후 자신에게 맡겨야 한다고 거짓말해서 예금 전부를 빼돌려 달아나는 파렴치한 방식이다.

피해자가 문자메시지에 포함된 사이트에 접속하게 한 후 개인정보를 빼내거나 소액결제를 하도록 만드는 스미싱 수법은 또 어떤가. 70세가 넘는 분들도 스마트폰 사용이 흔한 우리 현실을 생각하면 문제는 더욱 심각하다.

기획부동산도 마찬가지다. 한때 무작위로 전화를 걸어서 "사모님,

좋은 땅 있는데 투자해보세요"라며 꾀는 것만으로도 넘어가는 사람들이 있었다. 지금은 주변의 가까운 사람들까지 이용해서 다단계 방식으로 사기를 친다. 이것이 사기수법이라는 것을 모르면 주변 사람이 소개하는 것이라고 믿었다가 돈도 잃고 사람도 잃기 딱 좋다.

노인, 주부, 사회 초년생 등 사회적 약자

전문적인 사기꾼들은 범행을 반복하면서 자기들 수법이 잘 통하는 피해자 그룹을 집중적으로 노리는 경향이 있다. 대상을 특화하는 것이다. 노인들이나 경험 없는 젊은이들, 주부들을 주로 노리는 사기 조직들도 있다.

노인분들은 건강이 안 좋은 경우가 많기 때문에 건강식품 사기에 취약하다. 1만 원짜리 음료수 세트를 만병통치약처럼 선전하며 노인분들에게 60만 원에 파는 사기꾼들이 흔할 지경이다. 큰 사무실을 단기로 임대하여 동네 노인들을 모아놓고 노래와 춤으로 분위기를 띄운 후 "이 제품을 마시기만 하면 무릎과 허리 통증이 없어지고, 고혈압과 심장병은 물론 치매까지 예방됩니다"라며 노인들을 현혹하기도 한다. 젊은 사람들 같으면 절대 당하지 않겠지만, 노인들은 건강이 매우 중요한 문제이고 걱정하는 부분을 콕 찍어 얘기하기 때문에 쉽게 넘어간다. 재미난 놀거리도 제공하여 매일 찾아오게 하고, 서로 경쟁을 붙여 물건을 하나라도 더 사게 한다. 그리고 한 지역에서 어지간히 해먹었다 싶으면 다른 지역으로 옮겨가며 같은 사기를 반복한다.

사회 경험이 없는 대학 졸업생들을 노리는 경우도 있다. 취업이 안 된 졸업생들에게 좋은 직장이라고 꾀어서는 다단계 상품을 팔게 하는 것도 한 예다. 다단계 사기꾼들은 보증금 등의 명목으로 피해자들로부터 돈을 받아내기도 하는데, 피해자들이 돈이 없다고 하면 사채업자와 연결해주기도 한다. 결국 피해자인 학생들은 사채업자들의 독촉에 신음하다가 신용불량자가 되어 사회생활을 시작하기도 전에 삶의 희망을 접어버린다. 주부들을 대상으로 다단계 사기를 치는 조직들도 사회 경험이 없는 사람들을 상대로 한다는 점에서 마찬가지다.

또 취업난을 이용해서 젊은 구직자들에게 사기를 치기도 한다. 취업에 필요하다며 통장과 현금카드를 달라고 하여 보이스피싱 등의 범죄에 사용하는 것도 결국은 사회 초년생들의 무경험을 이용한 악질적인 범죄다.

3장

알면서도
잘 당하는 사기 사건

돈을 빌려주면서도
속는 금전 대여 사기

일반인들이 살면서 가장 흔하게 당하는 사기가 금전 대여 사기일 것이다. 돈을 빌려주고 받지 못한 경험이 없는 사람이 있을까 싶을 정도다. 금전 대여 사기가 이렇게 흔한 이유는 아직 우리가 1차 집단적 성격이 강한 사회에 살고 있기 때문일 수도 있다. 그렇지만 돈을 빌려준다는 것의 의미를 되새긴다면 피해를 당하는 일을 줄일 수 있을 것이다. 돈을 빌려준다는 것은, 빌려주고 빌리는 사람이 가까운 사이라거나 신뢰하는 사이임을 의미하는 것이 아니다. 냉정히 말하자면 돈을 빌려준 사람이 법적으로 돈을 돌려받을 권리가 있다는 뜻이고, 현실에서는 돌려받지 못할 위험을 부담한다는 뜻이다.

돈을 빌려준다는 것의 의미

박○○ 씨는 친구 김○○ 씨에게 "전세금이 부족해서 곧 대출을 받으려고 하는데, 계약 날짜가 안 맞아서 그러니 1억 원만 빌려달라"는 부탁을 받고 고민 끝에 빌려주었다. 친하게 지내던 친구이기도 했고, 주식투자로 큰돈을 벌었다는 소문도 들은 데다가 이자를 월 2%씩 준다는 말에 큰맘 먹고 빌려준 것이다. 그런데 김 씨는 돈을 갚지 않고 "대출서류에 문제가 있어서 다른 은행을 알아보고 있으니 조금만 더 기다려달라"거나 "등기에 문제가 있어서 그걸 해결해야 대출이 된다"는 식으로 핑계를 대며 갚기로 한 때에 갚질 않았다.

1년이 다 되어가도록 돈을 받지 못하던 중에 박 씨는 친구들에게 김 씨가 망했다는 말을 듣게 됐다. 김 씨가 선물옵션에 투자했다가 재산을 다 날리고 주변에 이런저런 거짓말로 돈을 빌려서 갚지 않고 있다는 것이었다. 박 씨는 눈앞이 캄캄해졌다. 친구들 중 몇몇이 사기죄로 고소를 한 상태인데, 워낙에 빌린 돈이 많아서 갚지를 못하고 있다는 것이다. 박 씨는 혹시나 하는 생각에 김 씨를 찾아 나섰지만, 김 씨는 "미안하다"고만 할 뿐이다. 가족들에게도 합의하지 않으면 가만있지 않겠다고 해보았지만, 김 씨의 가족들 역시 돈을 갚을 형편이 아니었다.

앞서 정의했듯, 사기라는 것은 남을 속여서 돈이나 재물을 얻는 것이다. 도둑이나 강도처럼 몰래 훔치거나 빼앗아 가는 것이 아니라 받아가는 것이다. 가해자가 속였기 때문에 피해자가 주는 것이 사기의 본질이다. 돈을 빌려줄 때 담보가 있었다면 갚지 않는 경우 그 담보를 처분하면 된다. 쉽게 말해 팔아서 현금화하여 그중 내가 빌려준 돈을 돌려받으면 된다. 그런데 개인적인 거래에서 담보를 두는 경우는 드물다.

상대가 빌린 돈을 갚지 않을 경우, 법대로 하면 빌려준 돈을 회수할 수 있을까? 돈을 빌려 간 사람이 재산도 없고 돈이 될 만한 것도 없다면, 사실상 민사소송을 통해 회수한다는 것은 거의 불가능에 가깝다. 승소해도 돈을 받아낼 수 없으니 말이다.

소송을 해도 받아낼 것이 없으면 승소를 해도 아무 의미가 없다. 박 씨가 형사고소를 하여 유죄 판결을 받아서 김 씨가 징역을 산다고 해도, 돈을 갚지 않으면 박 씨에게는 소용이 없다. 그런데 박 씨가 돈을 빌려줄 때 김 씨는 이미 파산 상태였다. 김 씨에게 빌린 돈도 다른 사람에게 먼저 빌린 돈을 갚는 데 써버렸다. 결국 박 씨는 1억 원 전부를 날렸고, 되찾을 방법도 없다. 1억 원은 원금으로만 따지자면 직장인이 매달 100만 원씩 100개월을 모아야 하는 돈이다. 8년 이상을 허리띠 졸라매고 악착같이 모은 돈을 한순간의 오판으로 모두 잃게 된 것이다.

수십만 원을 돌려받지 못하는 경우에도 스트레스에 못 견디는 사람들이 많다. 그런데 하물며 수천만 원, 수억 원을 떼인 사람은 어떻겠는가. 김 씨에게 1억 원은 그야말로 먹을 것 먹지 않고 입을 것 입지 않고 모은 돈이었다. 돈을 빌려주기 전에 항상 '상대방이 갚지 못할 경우'를 생각하기 바란다. 돈을 받지 못해서 벌어지는 일은 '현실'이다.

좀 더 낮은 금리로 대신 대출을 받아달라는 부탁

간혹 은행에서 대출을 받아주면 자기가 이자와 원금을 갚겠다는 사람들이 있다. 갚으면 다행인데, 갚지 않을 때 문제가 된다. 이런 일은 피해자들의 착각에서 비롯된다. 비록 타인을 위해서이기는 하지만 자기 이름으로 은행에서 돈을 빌린 것이 분명한데도, 대개는 자신이 돈을 빌렸다고 생각하지 않는다. 자신은 이름만 빌려주었다고 생각한다. 그러나 은행 입장에서는 대출 명의자인 피해자와 계약을 한 것이다. 당신 이름으로 대출약정이 되어 있다면 당신이 직접 채무자가 된 것이다.

대출금 이자와 원금에 대해 독촉을 받는 사람은 대출약정의 명의인이다. 그 사람으로부터 원금과 이자를 갚겠다며 돈을 빌려 간 사람이 아니다. 당신이 대출을 받아 상대방에게 빌려주었는데 상대방이 이자를 갚지 않으면, 연체가 되어 당신의 신용이 떨어진다. 또 원금을 갚지 않으면 집을 경매당하는 것도 당신이다. 명의를 빌려준 사람은 빌려 간 사람을 대신해서 법적인 책임을 지게 되어 있다.

오○○ 씨는 여러 해 동안 알고 지내온 후배 엄○○ 씨로부터 '은행에서 돈을 빌려야 하는데, 이자와 원금은 자신이 갚을 테니 선배가 이름만 좀 빌려달라'는 부탁을 받았다. 자기도 빌리려면 빌릴 수 있지만 제2금융권에서는 이자가 더 나와서 그러니, 오 씨가 담보를 제공하고 저리로 돈을 빌려주면 충분히 사례를 하겠다는 것이다. 오 씨는 엄 씨와의 친분도 있고, 엄 씨가 이자와 원금을 갚겠다고 하니 자신이 직접 돈을 빌려주는 것보다는 안심이라고 생각되어 그렇게 해주었다. 그런데 엄 씨는 몇 개월 이자를 내더니 이후로는 이자도 원금도 갚지 않았다. 알고 보니 엄 씨는 이미 주변의 선후배들을 찾아가 돈을 빌리고 갚지 못한 지가 꽤 오래됐다. 오 씨는 엄 씨 외에 다른 선후배들과 연락을 잘 하지 않아서 몰랐던 것이다.

돈은 은행이나 대부업체에서 빌리는 것이 정상이다. 개인이 개인에게 돈을 빌려주는 것은 정상적이지 않은 것이다. 어떤 사람이 은행에서 돈을 빌리기 어렵다는 것은, 은행조차 그 사람에게 원리금을 회수하기 어렵다고 판단했다는 뜻이다. 그런 사람이 당신에게 와서 대신 대출을 받아달라고 하는 것은 당신으로부터 직접 돈을 빌려 가는 것과 전혀 다르지 않다. 그런데도 "이런 부탁도 못 들어주냐"는 무언의 압박에 약해지는 것이 보통 한국 사람들이다. 내가 부탁을 들어주지 않아서 그 사람이 좀더 높은 이자를 내야 한다면, 내가 그만큼의 손해를 끼친 걸까? 전혀 그렇지 않다. 그 사람은 애초에 그 이자를 부담했어야 하는 사람이다. 그런 식의 '이상한 계산'은 사기꾼들이나 하는 계산방법이다.

참고로 엄 씨처럼 저렇게 구체적인 방법까지 설명해가며 특이하게 돈을 빌리는 사람은 사기수법이 연마된 사기꾼일 가능성이 높다. 여러 다양한 방법으로 많은 사람에게 돈을 빌리기도 하고 거절도 많이 당해보는 과정에서 수법을 다듬었으리라는 뜻이다.

잠깐만 쓰면 된다는 부탁

'급전'이라는 표현을 쓸 때가 있다. 급하게 돈이 필요하다는 뜻이다. 이 말에는 '급하게 필요하지만, 그 순간만 넘기면 다시 여유가 생긴다'는 의미가 포함되어 있다. 주변 사람이 급전이 필요하다며 발을 동동 구를 때 외면하기 힘든 이유가 바로 이것이다.

그런데 이때는 두 가지로 생각해봐야 한다. 첫째, 급전이라는 것은 돈을 빌려달라는 사람의 이야기일 뿐이라는 것이다. 둘째로는 급전이라고 하더라도 은행이나 금융권에서 빌리지 않고 당신에게 빌려달라고 하는 이유가 무엇이냐는 것이다. 너무 적은 돈이라 은행에 담보를 제공하고 빌리기에는 번거롭다는 걸까? 아니면, 은행권에서는 돈을 빌릴 대로 다 빌려서 더 빌릴 수 없는 상태이고, 그동안 돈을 빌리던 사람들에게도 이미 다 빌려서 당신에게까지 빌리러 왔다는 뜻일까?

형편을 잘 아는 지인이 아이 대학교 등록금이라는 목돈이 필요해서 돈을 빌린다는 것과 사업을 하는 사람이 '갑자기 돈이 말랐다'며 돈을 빌리려고 하는 것은 전혀 다른 이야기다. 사업하는 사람은 대부분 '돈이 돈다거나 안 돈다거나' 하는 이야기를 한다. 판매대금이 들어오면 되는데, 그쪽에서 빨리 해결을 못 해서 잠시 사정이 좋지 않다고 이야기하는 경우가 많다. 물론 사실일 수도 있다. 그러나 그렇다고 해서 실제 사정이 어떤지 잘 알지 못하는 사람이 '잠깐이라는데…'라며 돈을 빌려주는 것은 '받지 않겠다'는 것이나 다름없다.

그런데도 우리는 급전이라고 하면 '일시적으로 자금회전이 되지 않을 뿐 곧 갚을 수 있다'는 의미로 받아들이곤 한다. 그건 빌리는 사람이 흔하게 하는 말일 뿐인데도, 빌려주는 사람조차 그렇게 생각하는 것이다. 잠시만 쓴다고 하는 돈에 대해서는 차용증조차 작성하지 않고 빌려주는 경우가 많다. 그런데 문제는 금방 갚겠다고 했던 사람이 "잠시만 더 기다려달라"고 말할 때 시작된다. 그 '잠시'가 얼마나 갈지 누가 알겠는가. 그런 이야기를 하는 동안에도 '고리의 이자'를 주겠다며 다른 곳에서 급전을 빌리고 있을 수도 있다. 과연 그런 상황에서 내가 빌려준 돈만 먼저 알아서 갚는 경우가 얼마나 되겠는가.

급전이라고 해서 이른 시일 내에 반드시 갚을 수 있다는 뜻이 아니다. 꼭 기억해야 한다. 특히 도박에 빠지거나, 사업이 망하기 일보 직전인 사람들이 하는 말은 너무나 절실해서 거절하기가 힘들다. 그렇지만 그 사람들이 하는 말은 사실이 아닌 경우가 많다. 그건 결국 '거짓말을 해서라도 돈을 빌린다'는 것으로, 말 그대로 사기다. 그 사람의 현재 상태에 대해서 잘 알지 못한다면, 아니 잘 안다고 할지라도 금전거래를 하지 않는 것이 가장 좋은 방법이다.

돈을 갚지 못해도 사기라고 생각하지 않는 심리

많은 사람이 돈을 빌리고 갚지 못해도 범죄라고 생각하지 않는다. '돈이 없는 게 죄'일 뿐이라고 말하기도 한다. 그리고 요즘에는 '단순 채무불이행'이라는 말이 유행하는 느낌마저 있다. 이는 형사고소를 당해도 사기로 처벌받지 않는다는 뜻이다.

돈을 처음 빌릴 때 그 돈을 어떤 식으로 갚을 수 있다는 신뢰할 만한 계획이 있었다면 사기가 아니다. 그런데 많은 사람이 돈을 빌리기 위해서 일단 "확실하게 갚을 수 있다"는 말만 한다. 거기서부터는 사기가 된다. 실제 공소 사실이나 판결서에서 사기죄가 된다고 할 때 '확실하지 않은 것을 확실하다고 했다'는 점을 지적하는 경우가 있다.

이런 것을 미필적 고의라고 하는데, 요즘 흔하게 쓰이고 있다. 쉽게 말해서 '나쁜 결과가 나오더라도 어쩔 수 없다'는 생각을 갖고 있었다면 범죄의 고의가 있는 것으로 본다는 뜻이다. 예컨대, 누군가 상대방의 배를 칼로 찌르고 목을 찔러놓고도 죽이려고 한 것은 아니라고 주장한다 해서 그 사람이 살인죄를 저지른 것이 아니라고 할 수 있을까? 목이나 복부는 동맥이나 주요 장기가 지나가는 자리이기 때문에 그곳을 칼로 찌른다는 것은 죽이려는 생각이 있었거나 최소한 '죽어도 어쩔 수 없다'는 생각이었다는 뜻이다. 따라서 살인할 생각이 아니었다고 우겨도 살인죄의 미필적 고의가 인정된다.

사기의 경우 "갚기로 한 때에 돈을 갚으면 좋지만 상황에 따라서는 어떻게 될지 확실하게 말할 수 없다. 사람 일이 어디 내 마음대로만 되느냐"라는 식이라면 미필적 고의가 있었다고 보아야 한다. 큰돈이 아닐 때는 어디 다른 데서 빌려서라도 갚을 수 있는 돈이었다고 변명하겠지만, 금액이 큰 경우에는 빌린 돈의 사용처와 갚을 수 있다고 말한 근거가 명확하지 않으면 사기가 된다.

그런데 흔히들 "급하니까 빌리는 거지, 빌릴 때부터 안 갚을 생각을 하는 사람이 어디 있겠어?"라고 한다. 그러나 "나도 갚고 싶었다고"라거나 "급하니까 어떻게든 돈을 빌려야 하는 상황이었다"라는 것으로는 변명이 되지 않는다. "당장 이걸 막지 못하면 부도인데 어떻게 하느냐"라는 변명은, 분석해보자면 '부도가 날 수도 있겠지만, 그래도 하는 데까지는 해봐야지'라는 심리의 표현일 뿐이다. 오직 빌리는 사람의 입장일 뿐이다.

그런 상황임에도 "사람 한 번 살려달라"는 말에 신중히 생각하지도 않고 돈을 빌려주면 사기를 당하기 쉽다. 흔히들 급한 사람은 일단 도와야 한다고 쉽게 말하지만, 이런 경우는 예외로 해야 한다. 돈이 급한 사람은 망할까 두려워서 이성적 판단이 안 되는 사람이기도 하기 때문이다. 상대방이 급하다고 해서 나까지 급하게 판단하고 뛰어들었다가는 그 물살에 함께 휩쓸리게 된다.

돈을 안 갚는 것도 사기가 될 수 있다

우리는 어려서부터 주변 사람과 돈거래를 해오고 있다. 어린 시절 차비를 빌려달라거나 준비물을 깜빡했다며 돈을 빌려달라는 친구들에게 돈을 빌려주기도 하고, 지갑을 안 가지고 온 친구에게 점심값이나 저녁값을 빌려주기도 했다. 그런 것도 금전 대여 관계라 할 수 있다. 문제는 돈을 빌린 사람은 갚기로 한 때에 돈을 갚아야 하는데, 그렇지 못한 경우가 많다는 것이다. 돈을 빌리고 나서 유독 잘 갚지 않는 친구가 한둘은 있기 마련이다. 갚으라고 하면 오히려 화를 내는 친구들도 있고 말이다. 여러 사정이 있겠지만 기본적으로는 신용에 대한 관념이 부족하기 때문이다.

성인이 되어서도 돈을 빌려주는 일이 생긴다. 이때도 상대방이 돈을 갚지 않을 때 문제가 된다. 그런데 이제는 점심값 정도의 돈이 아니다. 상대방이 직장 동료이고 월급 정도로 해결할 정도의 금액이라면, 속은 상할지라도 언젠가 받을 가능성은 있을 것이다. 그런데 그보다 금액이 커지면 이야기가 달라진다.

우리 개개인은 은행도 사채업자도 아니다. 돈을 빌려주는 것을 당연하게 생길 수 있는 일이라고 생각해서는 곤란하다. 그런데도 돈을 빌려주는 일이 있다. 상대방과의 관계 때문이다. 상대방의 입장에서 돈을 빌릴 만큼 친한 관계일 수도 있고, 내 입장에서는 돈을 빌려달라고 하는데 거절하기 어려운 관계일 때도 있다. 그렇지만 그런 관계만을 앞세워 생각하면서 큰돈을 빌려주는 경우, 당신이나 가족의 인생에 먹구름이 낄 수도 있다.

사업을 오래 한 사람들은 서로서로 대금을 늦춰주는 아량은 베풀지만, 가까운 사이라고 해도 어지간하면 돈을 빌려주는 일은 하지 않는다. 외상으로 주었다가 돈을 떼이는 경우는 있어도 돈을 직접 빌려주지는 않으려 한다. 이것이 어떤 의미이겠는가. 급전이 필요하다며 평소 돈거래가 없던 사람에게까지 돈을 빌리러 다닐 정도의 상태가 됐다는 것은 잠시 돈을 빌려 숨을 돌리더라도 결국 망할 가능성이 큰 상태임을 경험상 안다는 뜻이다. 특히 돈을 빌려달라는 말을 금기로 하는 업계에서는 말이다.

10여 년 전부터 법원에서는 돈을 빌리고 갚지 않는 것에 대해서 '민사 사건'일 뿐 형사적으로 사기가 아닌 경우가 많다는 태도를 취하기 시작했다. 당연하다면 당연한 태도이지만, 그에 따라 돈을 빌리고 갚지 않아도 처벌받지 않는다는 분위기가 생겨난 것도 사실이다. 그런 사람들이 '단순 채무불이행'이라는 말을 하는 것이기도 하다. 뭐가 단순하다는 걸까? 내가 보기에는 '단순하게 생각해서' 은행이나 사채업자가 아닌 이상 돈거래를 하지 않는다고 마음먹는 것이 오늘날에는 가장 현명한 태도다.

아직도 사라지지 않는
보증 사기

갚을 수 있을지 없을지 모르면서, 즉 갚을 생각이나 능력이 없으면서 돈을 빌리면 사기다. 갚을 생각이나 능력이 없었다는 것만 객관적으로 확인되면 처벌을 받는다. 액수에 따라서는 구속도 되고 징역을 살기도 한다.

그런데 보증을 서달라는 건 어떨까? 보증이란 건 보증을 서달라고 부탁한 사람이 돈을 갚지 못하면 보증 선 사람이 대신 갚는다는 뜻 아닌가. 아무리 가까운 사이라고 해도 자기가 갚을 수 있을지 없을지 분명하지도 않은데 '틀림없는 사업'이라며 보증을 서달라고 한다면 사기치는 것과 뭐가 다를까?

못 갚을 돈 빌리면서 보증 서달라는 사람들

보증을 서달라는 사람들이 다 사기꾼이라고 할 수는 없을 것이다. 그렇지만 돈을 갚지 못할 상황에서 돈을 빌리는 것이 사기라고 한다면, 같은 상황에서 보증을 부탁하는 것도 마찬가지다. 사기죄로 처벌을 받게 할 수 있느냐 없느냐를 떠나서, 보증 때문에 대신 빚을 갚아야 한다면 엄연한 피해자가 되는 것이니 말이다.

보증을 서주는 데도 다 이유가 있을 것이다. 회사에서 이사 직함까지 줬는데 보증을 안 선다고 욕을 하거나, 친구를 이렇게 못 믿느냐고 싫은 소리를 한다거나 하는 경우도 있을 것이다. 보증 한 번만 서주면 대출받아서 사업이 다 살아날 수 있지만 보증을 안 서주면 자기 사업 망한다고 억지를 부리는 사람도 있다. 이런 사람들은 자기가 사업 망하는 것이 보증 안 서준 당신의 책임인 것처럼 몰아붙이기도 할 것이다.

그런데 실상 보증을 부탁한 사람이 돈 빌려 돈 갚는 '돌려막기'를 하고 있는 경우라면 어떻겠는가? 보증을 서면서도 마치 그 채무 관계에서 멀리 떨어진 제삼자가 되는 것처럼 착각해서는 곤란하다. 보증을 선다는 것은 여차하면 내 주머니에서 돈 나갈 걸 각오하는 일이라는 점을 분명히 기억해두기 바란다. 못 갚을 돈 빌려달라는 거나 못 갚을 돈 빌리면서 보증 서달라는 거나 마찬가지다. 모두 사기다. 어쩌면 보증의 경우가 더 불리할 수도 있다. 당신이 보증을 선 이상 나중에 보증 채무를 이행(돈 빌린 사람 대신 돈을 갚는다는 뜻)할 수도 있다는 위험을 받아들였다고 보기 때문이다. 그 경우 검찰이나 법원에서 사기를 판단할 때 훨씬 더 신중해질 수밖에 없다. 상대방을 사기로 처벌하기가 어려울 수 있다는 뜻이다. 그러니 보증 함부로 서면 안 된다.

"보증만 좀 서줘. 부탁해"

'보증 잘못 서면 큰일 난다'는 말을 한 번도 못 들어본 사람은 없을 것이다. 보증으로 인해 전 재산을 날린 사람이 우리 주변에도 많이 있지 않은가. 그래도 이런저런 이유로 보증을 서는 사람들이 있고, 보증을 설 수밖에 없었던 사람들도 있다. 예전에는 입사자 중 돈을 만지는 부서에 가게 된 사람들은 신원보증을 필수적으로 받아야 했다.

어떤 사람은 신원보증을 서주었는데 회사에서 수금할 돈을 미리 받아서 중국으로 도주한 조카 때문에 몇억 원을 변상했다고 한다. 친척 조카가 찾아와 "회사 경리부에 입사해서 신원보증이 필요한데 보증을 부탁할 곳이 없습니다"라고 했다면 거절하기가 참으로 쉽지 않았을 것이다. 그렇지만 보증해주었다는 이유로 무작정 변상을 하기 전에 그런 보증이 아직도 법적인 효과가 있는 것인지, 얼마까지 변상해야 하는 것인지 변호사와 상담해보기 바란다. 법원에서 판례를 통해 보증의 효력을 제한하려는 경향이 강해졌기 때문이다.

요즘 은행권에서는 대출을 할 때 보증을 요구하는 경우가 예전보다 많이 줄어들었다고 한다. 그렇지만 가까운 사람들의 부탁을 거절하지 못하는 성격 탓에, 보증에 대해 제대로 알지 못하는 탓에 전 재산을 날리는 사람들이 아직도 적지 않다. 보증 서지 말라는 어른들 말씀을 꼭 새겨들어야 한다. 후회하면 이미 늦다.

형제간에도 보증 서지 말아라

이○○ 씨는 동생들이 사업을 하는 데 보증을 섰다. 그런데 사업이 모두 망해 파산절차를 밟게 되었다. 보증을 선 이 씨는 소송을 당해 자기 명의로 되어 있던 재산을 모두 날렸고, 몇 년 후에는 명의신탁해두었던 부동산이 발각되어 결국 또다시 소송(채권자취소소송)을 당했다. 이 씨는 어떻게 됐을까. 이 씨의 동생들이 운영하던 회사가 은행에서 빌린 돈 중 갚지 못한 돈은 3억 원이었다. 그런데 몇 년 후 소송에서 은행은 이 씨에게 9억 원을 청구했다. 은행은 3억 원과 연 20%의 이자를 받기로 되어 있었는데 햇수로 10년이 거의 다 됐던 것이다.

이 씨로서는 숨겨두었던 전 재산이 드러남과 함께 그 전 재산을 날리게 된 것이다. 3억 원을 갚지 않으려다 9억 원을 갚게 됐으니 어리석다고 해야 할지 모르겠지만, 자기가 쓰지도 않은 돈을 갚고 싶어 하는 사람이 어디 있겠는가. 그래서인지 이런 일이 의외로 많다. 다 갚지 못하고 남은 빚이 원금만 3억 원이나 될 때 어떻게든 더는 갚지 않으려고 하는 게 사람 심리일 것이다. 너무나 안타까운 사건이지만, 이런 경우 곤경에서 헤어나오기 어렵다.

아무리 가까운 사이라고 해도, 이 사례에서처럼 심지어 형제간이라고 해도 보증을 서는 것은 가족 모두가 파멸로 가는 길이 될 수 있다는 점을 절대로 잊어서는 안 된다. 가족 중에 누군가 망하더라도 도와줄 나머지 가족이 있어야 할 텐데, 가까운 친척 사이의 보증은 집안 전부를 망가뜨린다. 그래서 가까운 형제자매, 친인척 사이의 보증은 결말이 특히 비극적인 경우가 많다.

"이사로 모시겠습니다"

일반 직원이 아니라 명목상으로라도 이사가 되는 경우, 거기에 걸맞은(?) 이런저런 요구를 받게 된다. 그중에서도 가장 큰 폭탄은 보증을 서라는 요구다. 회사 채무에 대해서 보증을 섰다가 회사가 망하는 경우 보증인이 전액을 변제해야 하는 경우도 있다.

취업 등을 미끼로 보증을 서게 하는 사기꾼들이 있다. 허울뿐인 사업을 유지하면서 사무실에 자리 하나 마련해주고는 이사나 대표이사라는 직함을 맡겨 결제를 하게 하고 결정적인 대출에 대한 보증을 세우는 사기수법이다. 다른 사람들은 이런저런 이유로 보증인이 될 수 없다고 둘러대면서, "이사가 되셨으니 회사의 대출에 보증을 서야 한다"고 요구한다. 급한 회사 채무를 갚거나 물건대금을 지급하기 위한 대출이라며 보증을 거절하기도 어렵게 분위기를 몰아간다.

실질적인 사주나 대표이사 본인이 자기 사업을 위해 대출을 받거나 보증을 선다면 누가 말리겠는가. 하지만 이사를 시켜주겠다는 꼬임에 빠져 보증의 결과를 예측하지 못하고 도장을 찍는다면, 그 때문에 머지않아 온 가족이 피눈물을 흘리게 될 수도 있다.

그런데도 '이사'라는 타이틀 때문인지 앞뒤 안 따지고 수렁으로 뛰어드는 경우가 적지 않다. '이사까지 됐는데 이런 것도 안 해주면 안 되겠지?' 하는 단순한 생각에서다. 특히 군인 출신이나 공무원 출신들처럼 명예를 중시하는 사람들은 타이틀에 약한 경향이 있다. 그런 사람들은 더 조심해야 한다. 특별한 이유 없이 '모서'가는 데는 다 이유가 있는 법이다. 신용 있는 보증인을 내세워 돈을 대출받은 다음 자기들 멋대로 사용하려는 것이다. 이런 식의 사기를 당하는 사람들이 의외로 많은데, 사기를 당해놓고는 당한 줄도 모르고 "회사가 잘 안 됐다"고 말하곤 한다. 참 답답한 노릇이다.

그리고 지하철에서 가끔 이런 광고지를 볼 수 있다.

'직원 구함. 여성 사업가. 여성으로서 혼자 사업하기 어려운 가운데 내 가족같이 일해주실 분 구합니다. 월 150~200'

전화번호 하나 쓰여 있는 이런 광고지를 믿고 덜렁 전화하는 사람이 있다. 이런 광고를 보고 전화하면 안 된다. 가자마자 직함 하나 주고는 보증 서달라고 할 가능성이 높다. 혹시 호기심에 전화하고 찾아가더라도 이사 자리 준다는 말에 혹해 통장 빌려주지 말 것이며, 보증 서는 일은 절대 없어야 한다.

젊은 애들이 무슨 보증?

보증은 나이 스무 살만 넘으면 나이의 많고 적음을 가리지 않는다. 요즘 젊은 사람들, 쿨하고 개인적이고 서구화된 사고방식을 갖고 있다고 이야기한다. 남에게 돈도 잘 빌려주지 않을뿐더러 잘 빌리지도 않고, 보증을 요구하지도 않고 보증을 서주지도 않을 것처럼 보인다. 그런데 실제로는 그렇지도 않다. 젊은 사람이라고 하더라도 보증에 대해 제대로 교육받지 못한 이들은 앞뒤 살피지 않고 보증을 서기도 한다. 취직을 하려면 형식상 보증서에 서명해야 한다는 말을 믿고 보증을 서는 이들도 적지 않다. '거절하면 기분 나빠하겠지?'라는 안이한 생각에 내용도 제대로 살펴보지 않고 보증을 서주는 경우마저 있다.

최근에는 취직과 관련한 신원보증이나 은행이 요구하는 보증은 점차 줄어들고 있다. 그렇다 해도 보증제도 자체가 사라지는 것은 결코 아니다. 보증에 대해서는 자녀가 사회생활을 시작하기 전부터 부모가 철저히 가르칠 필요가 있다. 보증이 무엇이라는 것과 보증이 얼마나 무서운 것인지를 가르쳐야 한다.

부모님의 보증으로 고통받아본 사람들은 보증을 잘 서지 않는다. 너무도 큰 고통을 겪으면서 보증의 위험성을 배웠기 때문이다. 그런데 아이러니한 것은, 보증을 서거나 사기를 당해서 낭패를 보았던 부모 자신이 오히려 다시 보증을 서거나 다시 사기를 당하는 경우가 의외로 많다는 것이다.

보증의 진짜 의미

'의리!'라는 말이 대단하다고 할 정도로 유행한 적이 있다. 보증은 의리의 상징이 아니다. 채무자가 돈을 안 갚으면 원금과 이자를 내가 갚겠다는, 무척 가혹한 뜻이 담겨 있다. 극단적인 경우이지만, 50대 이후의 가장이 몇억 원이나 되는 돈을 보증으로 날린다면 재기는 거의 불가능하다고 봐야 할 것이다. 자식들의 학자금도 마련하기 어려운 상황으로 몰리게 된다.

의리나 정을 앞세워 보증을 서게 하고 돈을 갚지 않는 사람이 나쁜 것이지만, 결국 사회적으로 개인적인 보증을 요구하는 악습이 없어지지 않는 이상 개개인이 보증을 심각하게 생각하고 보증을 서달라는 부탁에 응하지 않는 수밖에 없다. 보증을 선다는 것은 "그 돈과 이자도 내가 갚겠다"고 선언하는 것이고 처자식과 부모의 목까지 죄는 행동이라는 것을 인식해야 한다. "그럼, 친구가 부탁하는데 어떻게 해?"라고 말하는 사람들도 있다. 차라리 능력이 되는 만큼 갖고 있는 돈을 빌려주는 것이 낫다. 자기 집을 담보로 빌려주거나 보증을 서주면 채무자가 돈을 갚지 않을 경우 뼈 빠지게 모은 돈으로 산 내 집을 경매로 넘겨야 할 수도 있다.

가장이 별생각 없이 보증을 서는 순간, 그건 곧바로 가족들에게 눈가리개를 씌우고 고속도로를 건너게 하는 것이나 다름없음을 명심해야 한다.

꼭 보증이라는 말을 쓰지 않아도 보증이 될 수 있다

소송을 하다 보면 사람들이 정말 각서를 남용하고 있다는 사실에 놀라게 된다. 그 각서 중에는 연대보증의 의미를 나타내는 것도 많다. 내가 본 것 중 가장 압권은 달력 뒷장에 보증을 선다는 내용을 쓴 것이었다. 돈을 빌리지도 않은 사람이 돈을 빌려준 사람에게 금액과 변제기(돈을 갚을 날)를 쓰고 자기 이름을 써서 준 것이다. 누가 누구한테 빌린 것인지조차 제대로 드러나지 않지만, 왜 그런 것을 써주었는지 확인하다 보면 '돈을 빌린 사람이 갚지 않으면 그 돈을 내가 갚겠다'는 뜻이라고 해석되는 경우였다. 어디에 쓰든 그리고 어떤 식으로 쓰든 '다른 사람(채무자)이 돈을 갚지 않으면 내가 대신 책임진다'고 읽히는 내용이면 보증을 선 것이다. 꼭 형식을 잘 갖춰 쓴 것만이 보증서는 아니다.

물론 내용을 읽어보면 보증을 선다는 내용이라는 걸 금방 알 수 있는 것도 있지만, 보증을 서는 것인지 잘 알 수 없는 경우도 있다. '보증'

이나 '책임'이라는 말은 들어가 있지 않을 수도 있다. 그런데 법원은 글자 그대로 책임지겠다는 말이 들어 있지 않아도, 해석해볼 때 '책임지겠다'는 내용이라고 판단하면 보증을 선 것으로 인정한다.

손해배상을 하겠다는 내용의 각서에서 가해자 이름 밑에 자기 이름을 써넣는 사람들은 도대체 왜 그러는 걸까? 다른 사람이 볼 때 어떻게 해석하겠는가? 가해자가 돈을 지급하지 않으면 대신 책임지겠다, 즉 '전액을 배상하겠다'는 뜻으로 읽히기 쉽다. 의리라는 말에 약한 것이든, 잘못 이해한 것이든 누군가 돈 문제 때문에 쓰는 각서 등에 자기 이름을 써넣는 것은 책임지겠다는 것이고, 보증을 서는 것이 되기 쉽다. 그런 각서들은 수억 원의 채무를 지게 하는 원인이 되기도 한다.

보이스피싱,
스미싱, 파밍

보이스피싱(Voice Phishing)은 voice(음성)와 private data(개인정보), fishing(낚시)을 합성한 용어다. 전화를 걸어 피해자를 속인 후 개인정보를 알아내 계좌이체 등을 유도하는 신종 범죄를 가리킨다.

우리가 수많은 인터넷 사이트, 카드사, 통신사 등에 가입할 때 기입한 개인정보는 현재 거의 대부분 유출됐다. 이 개인정보는 중국이나 대만 쪽 보이스피싱 조직들이 다 가지고 있다고 보면 된다. 이런 개인정보들이 유출된 후 이를 입수한 범죄자들이 우리의 이름, 주민등록번호, 계좌번호, 전화번호, 살고 있는 실제 주소, 인터넷 사이트의 아이디는 물론 심지어 직업까지 알 가능성이 높다. 이런 정보를 갖고 있는 보이스피싱 조직은 경찰청, 검찰청 등은 물론 다양한 기관을 사칭한다. 그리고 "개인정보가 유출됐다"거나 "당신 계좌가 보이스피싱에 사용됐다. 당신도 공범으로 보인다"는 식으로 겁을 주며 접근한다.

한국인의 개인정보는 오픈되어 있다

50대 여성 최○○ 씨는 경찰에서 온 전화를 받았다. 전화번호도 경찰 전화번호였다. 전화를 한 경찰은 최 씨의 이름과 인적사항을 먼저 이야기하며 본인이 맞느냐고 물었다. 그리고 최 씨의 계좌번호를 불러주더니 본인의 은행 계좌가 맞는지 확인하라고 했다. 최 씨의 계좌번호가 분명했다. 최 씨의 계좌가 범죄 조직에 의해 해킹됐다는 것이다. 최 씨는 말로만 듣던 해킹 범죄를 당했다는 것에 놀라 경찰의 지시를 하나씩 따랐다. 가지고 있던 예금을 경찰이 알려주는 '안전한 계좌'로 모두 보낸 것이다.

개인정보를 이용하여 더욱 교묘하게 접근하는 경우도 있다. 예컨대 우체국을 이용하는 사람에게 우체국 직원이라는 사람이 전화를 해서 "선생님, 명의가 도용되어 신용카드와 연결된 우체국 계좌에서 상당한 돈이 이미 빠져나갔습니다. 일단 저희가 경찰에 신고해드리겠습니다"며 먼저 바람을 잡는다. 잠시 후 경찰 역할을 맡은 공범이 전화를 해서 "우체국에 입금된 돈을 모두 잃게 될 수 있으니 공공기관이 운용하는 안전 계좌로 이체하세요"라고 하는 것이다. 이 수법에 속은 한 피해자는 사기꾼들이 시키는 대로 이체하는 바람에 2억 원이 넘는 돈을 잃었다.

보이스피싱 조직은 피해자들의 전화번호와 주민등록번호는 물론 거래은행, 계좌번호까지 알고 있었다. 그러니 믿지 않을 수가 없었던 것이다. 이 역시 개인정보가 모두 유출되어 있는 상황이기 때문에 가능한 일이다. 전화를 건 사람이 받는 사람 이름과 계좌번호를 알고 있다. 더구나 경찰이라며 걸려온 전화의 발신자 표시에는 낯익은 경찰 번호가 포함되어 있다. 물론 이런 경우 정말 경찰이 전화를 했다고 믿을 수도 있다. 그렇지만 "계좌이체를 하라"는 지시나 요구를 하면 100% 보이스피싱이라고 생각하면 된다. 전화를 끊고 반드시 경찰이나 은행에 확인하기 바란다.

피해자를 범죄자로 몰아 겁을 준 뒤 수사에 협조하라면서 개인정보를 받아내 피해자의 통장에 든 돈을 빼내는 사기수법도 있다. 계좌번호를 이야기하며 "수사 중에 대포통장이 나왔는데 당신 명의의 통장이다. 당신 통장이 맞느냐"고 묻는다. "내 통장은 맞지만 남에게 제공한 적이 없다"고 대답하면, "지금 당장 출두해야 하지만 그러기 곤란하면 우선 전화 및 인터넷 조사에 응하세요"라고 한다. 경찰청 인터넷 사이트에 금융거래정보를 입력하라는 것인데, 물론 가짜 경찰청 인터넷 사이트다. 피해자가 조금 의심한다 싶으면 "당신, 아무래도 공범으로 볼 수밖에 없다"고 겁을 주기도 한다. 이렇게 해서 가짜 사이트에 입력한 피해자의 비밀번호와 금융정보를 이용해서 피해자 통장에서 돈을 빼내는 것이다.

보이스피싱 조직은 여러 차례 같은 수법을 사용하며 노련해지기 때문에 빈틈이 없는 경우가 많다. 미리 알지 못하면 속기 쉬운 이유 중 하나다. 예금을 이체하라거나 개인정보 또는 은행 보안카드 번호 일부라도 입력하라고 하면 즉시 전화를 끊고 경찰에 신고해야 한다.

보이스피싱 조직은 소위 대포통장을 사용할 뿐만 아니라, 피해자가 속은 것을 알고 신고하면 지급정지될 것을 우려해 아예 인터넷뱅킹을 통해 유령회사 명의의 계좌로 돈을 옮겨 인출하는 수법을 쓰기도 한다. 그래서 일단 보이스피싱에 걸리면 피해금액을 되찾기가 쉽지 않다.

새로운 수법을 개발하는 보이스피싱

보이스피싱 조직은 늘 새로운 범죄수법을 개발한다. 그래도 공통점은 있다. 피해자를 놀라고 당황하게 하여 합리적인 판단을 하지 못하게 한 후, 자신들의 지시에 따르게 하는 수법이라는 점에서는 변함이 없으니 꼭 기억해두기 바란다. 앞서 본 것처럼 어차피 개인정보는 모두 노출되어 있다고 보아도 무방하다. 상대방이 내 가족의 개인정보를 알고 있다고 해서 쉽게 믿지 말고, 결론적으로 돈을 이체하라는 이야기가 나오면 전화를 끊어버리면 된다.

경기도 일산의 주부 이○○ 씨는 휴대전화 벨 소리에 반갑게 전화를 받았다. 고등학생인 아들의 전화였다. "아들, 무슨 일이야?"라고 반갑게 불렀는데, 들려오는 목소리는 아들이 아니었다.

"호영이 어머님, 저 호영이 담임입니다."

"네, 선생님, 안녕하세요."

"어머님, 지금 호영이가 사고를 쳤습니다. 본인도 인정을 하고 있지만 정신 차리라는 의미에서 매를 좀 맞고 있습니다."

정말 옆에서 퍽퍽 소리가 나고 아이가 울면서 신음하는 소리가 났다.

이 씨는 담임선생님이라는 말과 아이가 맞고 있는 소리에 당황했지만 '요즘 학교에서 누가 애를 이렇게 때리나?' 하는 생각이 들었다. 이 씨는 "우리 호영이가 잘못했다고요? 그런데 선생님, 저한테 왜 전화하셨죠? 저한테 애 때린다고 보고하려고 전화하신 거예요? 마음대로 하세요!" 하고 전화를 끊고는 바로 학교에 전화를 했다. 이 씨의 아들은 수업을 잘 받고 있었다.

이 씨는 담임이라는 사람과 이야기를 할수록 말투가 조선족인 듯해서 쉽게 눈치를 챘다고 한다. 그러나 최근에는 한국인이 보이스피싱 조직에 고용되는 경우도 있기 때문에 예전처럼 '조선족 말투'만으로 보이스피싱임을 알아챌 수는 없다.

최근 보이스피싱 조직은 무작위로 전화를 거는 것이 아니라 해킹이나 개인정보 거래를 통해 얻은 정보를 바탕으로 전화를 한다. 그래서 호영이 엄마 이 씨의 전화기에 호영이 전화번호가 뜬 것이다. 이 씨 외에 일산의 다른 학부모는 아이가 아파서 학교에 가지 못하고 옆에 있는데, 아이 번호로 전화가 와서 보이스피싱인 줄 알았다고 한다.

일부 지역 학교에서는 이러한 전화가 보이스피싱이니 아이들 번호로 전화가 오더라도 피해를 보는 일이 없도록 해달라는 가정통신문까지 보냈다고 한다. 한 보이스피싱 조직이 이 수법을 집중적으로 썼던 모양이다. 학교에서는 이렇게 주의를 환기시키고 있지만, 결국 이런 대책은 사후적인 것일 수밖에 없다. 최근에는 타인의 번호로 전화하거나 메시지를 보내는 방법을 기술적으로 막을 것이라는 보도도 있었다. 어쨌든, 개개인이 이런 보이스피싱 수법에 대해 관심을 가져야만 이런 범죄 상황에 부닥쳐도 당황하지 않고 대응할 수 있다.

금감원에서 온 문자메시지

요즘은 경찰, 검찰이라는 말만 들어도 보이스피싱이라고 의심하기도 하고 직접 전화를 하는 경우 말투가 조선족과 조금이라도 비슷하면 전화를 끊는 사람이 많아졌다. 그래서 개인정보가 담긴 문자메시지를 보내 피해자가 직접 '피싱 사이트'에 접속하도록 하는 수법이 많이 사용되고 있다. 이를 문자메시지(SMS)를 이용한 금융사기(Phishing)라는 의미로 스미싱(Smishing)이라고 부른다.

보통 피해자에게 인터넷 주소를 포함한 문자메시지를 보내 링크를 유도한 후 피해자의 스마트폰에 악성코드를 설치하거나 소액결제 인증번호를 범죄 조직에 전송하게 한다. 범죄 조직은 이를 이용해서 사이버 머니나 게임 아이템을 구입한 후 피해자에게 소액결제 요금이 청구되게 하는 것이다. 그런데 다음의 사건처럼 가짜 사이트에 피해자의 개인정보를 입력하도록 유도한 후, 그 정보를 이용하여 피해자의 은행 계좌에서 직접 돈을 빼내 가는 경우도 있다.

김○○ 씨는 최근 "개인정보가 유출됐습니다"라는 금융감독원 명의의 문자메시지를 받았다. 문자메시지에는 김 씨의 계좌번호가 정확하게 기재되어 있었다. 불안해진 김 씨는 문자메시지에 남겨진 은행 사이트에 직접 접속했다.

사이트에 접속해 살펴보니 개인정보 유출자가 피해를 당하지 않도록 공인인증서를 재발급해주는 사이트였다. 개인정보가 유출됐다는 뉴스가 계속 나오고 있었는데 아마 피해 방지를 위해 금감원이 대책을 세운 모양이라고 생각했다. 김 씨는 인터넷 뱅킹을 위한 정보를 입력하고 공인인증서를 재발급 받기 위한 절차를 밟았다. 문자메시지를 이용한 스미싱에 당한 것이다.

　문자를 보낸 일당은 김 씨가 가짜 은행 사이트에 입력한 정보를 이용해서 김 씨 명의로 공인인증서를 재발급 받은 후, 공인인증서와 김 씨가 입력한 기본정보를 이용해 통장에 있던 돈을 모두 빼내 갔다.

　여러분들도 은행 등의 명의로 보내진 '보안승급해야 한다'는 문자메시지를 한 번 정도는 받아보았을 것이다. 2013년 보이스피싱 피해금액의 절반 이상이 이 '보안등급 상향'과 관련된 문자메시지로부터 시작됐다고 한다. 앞으로는 다른 수법을 쓰겠지만, 이런 종류의 문자메시지는 스미싱이니 받는 즉시 삭제하거나 신고하기 바란다. 공공기관과 금융사는 문자메시지나 전화를 통해 개인의 정보를 요구하지 않는다. 이체를 요구하지도 않는다. 사기꾼들이 은행 사이트처럼 유도하는 가짜 사이트는 은행 사이트와 거의 똑같이 만들어져 있기 때문에 해당 사이트에 접속하는 순간, 이미 사기를 피할 수 없게 된다. 문자메시지를 받고 은행 사이트에 접속하는 일이 없도록 주의하기 바란다. 특히 스마트폰을 쓰는 사람들은 더욱 주의해야 한다. 이들이 함께 보내는 링크를 클릭해서는 안 된다. 가짜 사이트에 바로 연결되기 때문이다. 그리고 문자메시지를 통해 연결된 사이트에 기존 보안카드나 공인인증서와 관련된 정보를 입력해서는 절대 안 된다.

은퇴자를 노리는
창업컨설팅 사기

프랜차이즈 방식의 사업이 성행하고 있다. 엄격한 의미에서 사기라고 보기 어렵지만, 프랜차이즈 본사나 컨설팅업자들이 경험이 적은 사람들을 상대로 정보의 불균형 상태를 이용하여 사업을 함으로써 해를 끼치는 경우가 매우 많다.

넘치고 넘치는 빙수, 커피전문점 언제 터질까

익숙한 거리를 걷다 보면 가게들이 놀라울 정도로 자주 바뀐다는 사실을 느낀다. 누군가의 대출금, 누군가의 퇴직금으로 문을 열었을 가게가 금세 망한 것이다. 장사에 경험도 없는 사람들이 호기롭게 뛰어들었다가 제대로 해보지도 못하고 망하는 것을 보면 안타까울 정도다. 부도난 자영업자 10명 중 8명이 50대 이상이라는 보도도 있었는데, 그 정도 나이가 되어 사업을 시작했다가 망하면 재기하기도 어렵다고 봐야 할 것이다. 치킨, 빙수, 커피전문점 등 프랜차이즈업체의 가맹점으로 사업을 시작하는 사람들의 경우도 어렵기는 마찬가지다. 한 집 건너 커피전문점 아니면 빙수집 아니면 치킨집이다. 수도 없이 생겨나는 프랜차이즈업체들을 보면 언제 터질지 모르는 폭탄을 보는 기분이다. 처음 시작할 때부터 속이 곯아 있는 가게들이 많아서 더 그렇다.

오랜 직장생활 끝에 회사에서 나온 사람들이 퇴직금을 비롯하여 이 돈 저 돈 끌어다 커피전문점이나 디저트류를 파는 전문점을 낸다. 인테리어비도, 권리금도, 보증금도, 비싼 월세도 겁내지 않는 듯하다. 대부분 프랜차이즈 형태로, 본사는 대개 인테리어 비용을 챙기고 가맹비를 받는다. 사업이 계속되는 동안에는 재료를 독점 공급한다. 본사로선 절대로 손해 보는 구조가 아니다. 반면 가맹점주의 입장에서는 나름대로 정상적인 프랜차이즈업체와 거래를 하는 경우조차 위험요소가 적지 않다. 그런 위험요소는 모두 가맹점주의 몫이다.

그중에서도 초기 투자금이 5~7억 원, 많게는 10억 원 가까이 드는 커피전문점의 경우는 더욱 심각하다. 광고도 많이 하는 유명 프랜차이즈업체는 괜찮을까? 커피전문점 시장이 10년 사이에 열 배나 커진 건 사실이다. 하지만 매장도 비례해서 또는 그 이상 많아진 탓에 가맹점을 엄청나게 모은 업체의 경우 최근 폐점이 많아지고 있다. 직영 형태로 운영하는 스타벅스 같은 경우에는 폐점을 하더라도 개인이 손해를 보는 일은 없다. 스타벅스는 2014년 15개의 매장을 오픈했고 8개의 매장을 철수했다. 그래도 회사 차원에서 전체적으로 이익을 내면 된다. 그러나 개인이 프랜차이즈로 사업을 시작했다가 문을 닫는 것은 전혀 다른 이야기다.

2014년 12월 15일 자 〈한국경제신문〉에는 다음과 같은 기사가 실렸다. 유명 커피전문점 브랜드 중 C브랜드는 2014년 50개의 점포를 오픈했지만 37개가 폐점했고, A브랜드는 40개를 오픈하고 25개가 폐점했다. T업체는 10개를 오픈했고 7개가 폐점했으며, H브랜드는 46개를 오픈했고 32개가 폐점했다. 기존 가맹점 전체 숫자에 비하면 폐점률이 낮다고 주장할 수도 있지만, 신규 오픈과 폐점을 비교하면 현상유지 상태로 들어섰다고 보아도 과언이 아니다.

더구나 프랜차이즈업체의 가맹점주는 장사가 안 된다고 해서 바로 폐점을 하기도 어렵다. 인테리어비용이나 권리금 문제도 있고, 임대계약상의 계약기간 동안 차임을 계속 내야 하는데 무려 5년간 계약하는 경우가 많아서다. 수억 원을 손해 보고 두 손 들고 폐업하는 곳도 있지만 울며 겨자 먹기로 버티거나 손해를 감수하고 있는 곳도 많다는 뜻이다. 그럼에도 폐점하는 곳이 상당하다는 것은 전체 시장이 성장하는 이상으로 업체들이 늘어나 시장 포화 현상이 나타나고 있다는 뜻이다. 유명 연예인들이 광고한 모 프랜차이즈 레스토랑은 사업을 시작한 지 얼마 되지 않아 폐점이 속출하여 한때 80개 이상이던 매장 수가 그 4분의 1인 20개 수준으로 줄기도 했다.

중소형 프랜차이즈는 투자금이 다소 적다는 점은 있으나 위험성은 매한가지다. 2~3억 원 정도를 투자하고 하루 10시간 이상 가게에 매달려도 이익을 내기가 쉽지 않다. 그런 마당에 자고 일어나면 주변에 커피전문점과 빙수집, 치킨집이 하나씩 생긴다. 견딜 방법이 없다. 그런데도 초기 투자비용 때문에 발을 못 빼는 상황이 되기 쉽다. 버틴다고 버텼으나 결국 투자비용을 날리는 경우도 많다. 다른 사람에게 넘기지 못하고 가게를 빼는 경우에는 투자금이 거의 다 날아간다. 점심시간에는 사람이 많아 보이지만 실제 매출은 권리금이나 투자비와 비교해서 얼마 되지 않는 경우도 부지기수다. 결국 2년 정도 고생만 실컷 하고 1억~2억 원의 손실을 본 채 폐업했다는 사람이 셀 수 없이 많다.

보증금도 돌려받지 못하는 커피전문점 사장님

벌써 몇 년 전 일이다. 김 사장은 여유자금에 대출까지 받아 판교에 프랜차이즈업체인 T커피전문점을 차렸다. "지금 여기를 놓치면 평생 후회한다"는 컨설팅업자의 말에 가진 돈을 긁어모아 차린 가게다. 장사가 잘될 거라는 말에 거액을 투자했지만, 문을 열자마자 견디기 어려운 적자가 이어졌다. '임대료, 관리비, 직원 및 아르바이트 인건비와 재료비, 전기·수도 등 각종 공과금을 내고 나면 남는 게 없다'는 수준이 아니었다.

당시 판교에는 고급 커피를 충분히 사줄 만한 유동인구가 없었다. '베드타운'에 지나지 않았기 때문이다. "10년이면 분당처럼 될 것"이란 전망은 나와도, 몇 년 내로 상권이 자리 잡을 것이란 전망은 나오지 않았다. 심지어 개통된 지하철역 주변에도 아직 건물도 들어서지 않은 나대지가 더 많을 정도였다. 주변 건물에는 '영업 중'이란 플래카드가 이리저리 붙어 있었다. 마치 그런 플래카드를 붙이지 않으면 영업을 하는 줄도 모를 거라는 듯이 말이다.

김 사장은 1년 만에 영업을 포기할 수밖에 없는 상태가 됐다. 가게를 양도하고 싶었지만 임대료가 엄청나게 높고, 장사가 전혀 되지 않는 커피전문점을 인수할 바보는 없었다. 일단 사람이 앉아서 커피를 좀 마시는 모습 자체를 보여주기 힘들었던 것이다.

그는 끝내 권리금도 모두 포기하기로 했다. 투입한 인테리어비도 모두 포기하고 설비도 포기하는 셈이 되어도 어쩔 수 없다고 생각했다. 그런데 그마저도 뜻대로 되지 않았다. 일반적으로 대형커피전문점을 차리는 경우 상대적으로 임대기간을 장기간으로 하는데 김 사장도 건물주와 임대차기간을 '5년'으로 정해둔 것이다. 그는 건물주에게 임대차계약을 해지해달라고 통사정했다. 그렇지만 건물주 입장에서도 상권이 형성되지 않은 상태에서 자칫하면 4년 이상 건물을 비워두어야 할 염려가 있었기에 동의해주지 않았다.

김 사장은 변호사를 찾아가 매달렸다. "변호사님, 제가 다른 건 하나도 바라지 않아요. 권리금이고 시설비고 다 필요 없습니다. 보증금만 받아서 나올 수 있으면 되는데, 어떻게 안 될까요?" 하지만 아무리 따져봐도 뾰족한 수가 없었다.

10억 원 투자한 커피전문점이 대박 나려면?

시내의 업무용 빌딩 안이나 근처에서 프랜차이즈 커피전문점을 열어보라며 투자를 권유하는 컨설팅업자들이 많다. 시내 대형 건물 인근에서 커피전문점을 차릴 경우 인테리어비와 권리금을 고려하면 투자비가 5억 원에서 10억 원에 이른다. 임대료가 수천만 원이고, 본사에서 파견하는 매니저와 6명 내외의 아르바이트생에게 나가는 비용만 1,000만 원을 훌쩍 넘는다. 재료도 본사에서 제공하는 가격으로 받아야 하기 때문에 액수가 만만치 않다.

그런 곳에는 "장사 되는 좋은 자리에 아낌없이 투자하라"는 컨설팅 업자의 말을 듣고 들어가는 경우가 많은데, 과연 대박이 날 수 있을까? 주중은 물론이고 주말에도 손님이 500명씩 들어야 제대로 유지하고 운영할 수 있는데, 주말에 텅텅 비는 오피스타운에서 과연 그 정도 매출을 올릴 수 있을까?

커피전문점이 많지 않던 초창기에 오픈한 경우와 과포화 상태에서 오픈한 경우는 상황이 완전히 다르다. 유명 프랜차이즈 커피전문점의 경우에도 주변에 다른 커피전문점이 들어서면서 타격을 받는 경우가 많다. 임대료가 높은 지역에 10억 원 가까운 투자를 한 만큼 적정한 이익이 나기 위해서는 거의 독점적인 영업을 해야 한다. 주변에 같은 수준의 경쟁 업체가 있어서는 곤란하다는 뜻이다. 그런데 지금 서울 지역의 주요 상권에 커피전문점은 말 그대로 포화 상태에 가깝다.

2014년 9월 16일 자 〈머니투데이〉 기사에 따르면 광화문우체국 반경 100미터 안에 스타벅스와 엔제리너스, 이디야, 커피빈, 투썸플레이스, 카페베네, 할리스, 탐앤탐스 등 10개 이상의 커피 매장이 있다. 그곳 매장 임대료는 월 5,000만 원에서 6,000만 원대라고 하니 임대료만 연 6억 원이 넘는다. 인테리어비용 등을 고려하면 대부분 적자를 면하기 어려운 상태라고 한다. 본사 직영점이라면야 광고 효과를 위해서라도 버텨야 할지 모르겠지만, 가맹점이 그런 지역에 들어간다고 할 때 새로운 업체들이 계속 생기면 버티기 힘들 수밖에 없을 것이다. 서울 강남 지역에서도 적자를 면치 못하지만 홍보 효과 때문에 본사가 어쩔 수 없이 유지하는 경우가 많다고 한다. 그런데도 컨설팅업자들은 개인에게 그런 곳을 '좋은 자리'라며 주저 없이 권하곤 한다.

컨설팅업체의 관심사는 컨설팅비뿐

프랜차이즈업체에 가맹하여 사업을 하라고 부추기는 사람들 중에는 사기꾼 또는 사기꾼이나 다름없는 사람들이 적지 않다. 컨설팅업자라는 사람들 중에서 특히 질 나쁜 사기꾼을 만나면 꼼짝없이 망할 수밖에 없다. 커피나 빙수, 치킨 가게는 경쟁이 매우 심한 업종이 되어버렸기에 이제 함부로 투자했다가는 돈을 벌기보다 손해를 보기가 더 쉬운 일이 됐다. 그럼에도 일부 컨설팅업자는 높은 권리금을 감수해야 돈을 벌 수 있다면서 임대료가 높은 지역의 대형 매장을 권하곤 한다. 이런 컨설팅업자로서는 그 매장이 장사가 잘 되든 안 되든 크게 상관할 바가 아니다. 다만, 그런 계약이 체결되었을 때 수천만 원의 컨설팅비를 가맹점주와 본사 양쪽에서 받기에 그 점이 중요할 뿐이다.

점포 하나가 매물로 나왔다. 권리금 1억 5,000만 원이다. 컨설팅업자 한○○ 씨는 프랜차이즈 가맹점을 알아보고 있는 김○○ 씨에게 "원래 권리금이 2억 원인데 싸게 나온 것"이라며 점포를 소개했다. 김 씨는 그 말을 믿고 권리금 1억 5,000만 원을 지급했다. 그런데 알고 보니 그 점포는 장사가 너무 안 되어서 기존 점주가 사업을 포기하려고

하는 자리였다. 더구나 기존 점주에게 가맹점을 소개한 사람도 한 씨
였다.

　기존 점주가 컨설팅업자 한 씨에게 장사가 너무 안 된다고 항의하자
한 씨가 "권리금을 받고 빠져나가게 해주겠다"며 인수할 사람을 찾아
준 것이다. 한 씨는 김 씨로부터 권리금 1억 5,000만 원을 받기로 했지
만, 기존 점주에게는 권리금약정서에 1억 원이라고 기재하라고 했다.
기존 점주는 적자가 나는 상황에서 어떻게든 빠져나가야겠다고 생각
하고 있기 때문에 5,000만 원을 컨설팅업자가 챙긴다고 해도 신경 쓸
상황이 아니었다. 계약이 이루어졌고, 김 씨는 권리금 1억 5,000만 원
을 주고 가게를 인수했다. 물론 보증금과 임대료는 별도다. 컨설팅업자
는 자기가 챙긴 권리금 5,000만 원을 프랜차이즈 본사 직원과 2,500만
원씩 나눠 가졌다.

　장사가 되지 않는 자리를 소개하고 소개료 명목으로 수천만 원을 챙
긴 뒤, 그 자리의 권리금을 받아주겠다며 새로운 피해자를 상대로 또
다른 사기를 친 것이다. 가게를 새로이 인수한 사람은 장사가 되지도
않는 곳에 거액의 권리금을 주고 들어가는 셈이다. 이런 식으로 진행되
면 인수한 사람들이 컨설팅업자에게 항의를 하기도 하지만, 그곳에서
'탈출'하기 위해서는 컨설팅업자의 '도움'이 필요한 상황이 되어버린
다. 새로운 인수자에게 떠넘기고 나가야 하기 때문이다. 쉽게 말해 '폭
탄 돌리기'가 계속되는 것이다. 하지만 그런 식으로 무한정 계속될 수
는 없으니, 마지막 인수자는 결국 완전히 돈을 날리게 된다. 그 과정에
서 컨설팅업자는 소개료와 자기 몫으로 뜯어낸 권리금을 계속해서 챙
긴다. 그리고 협력관계에 있는 사람들과 적당히 나누어 가지는 것이다.

창업시장에서는 이런 일들이 끊임없이 벌어진다. 컨설팅업자 말만 듣고 아무런 준비도 없이 프랜차이즈 사업에 뛰어드는 것이 얼마나 위험한지를 알아야 한다.

끝나지 않는 소개

30대 여성 최○○ 씨는 선배를 통해 알게 된 컨설팅업자 김○○ 실장을 통해 커피전문점 가맹과 영업장소를 일괄하여 소개받기로 했다. 김 실장은 커피전문점을 낼 만한 자리라며 점포를 소개하기도 하고 몇몇 프랜차이즈 본사와 연결을 해주기도 했다. 김 실장이 소개하는 업체 중에는 광고를 많이 하는 프랜차이즈 커피점들도 있었다. 김 실장이 해주는 말의 요지는 "권리금이 없는 곳은 그만큼 장사가 안 되는 곳이란 뜻이다", "권리금 무서워하면 돈 못 번다. 목 좋고 사람이 많이 다니는 곳으로 정해야 한다", "임대료 무서우면 장사 못 한다" 등이었다.

듣고 보면 다 그럴듯한 말이었기에 최 씨는 투자금이 너무 많이 든다는 말을 꺼내기 어려웠다. 김 실장은 종로 근처의 회사 건물, 대학로 외곽 등의 상가를 소개했다. 모두 권리금이 억 단위였다. 그런데도 영업이 잘될지 확신할 수 없는 곳들이었다. 회사 건물은 주말 영업이 불가능해 보였고, 대학로 외곽은 이미 한 업체가 망해서 나간 자리였다. 그 후 김 실장이 소개한 곳은 H대학 인근의 상가였다. 투자해야 하는 돈은 7억 원에서 8억 원이었다. 그러나 H대학 학생들조차 주변의 더 큰 대학인 K대학 쪽을 더 많이 이용하는 형편이었고, 더욱이 김 실장이 추천한 점포 위치는 H대학 학생들이 주로 이용하는 동선도 아니었다.

결국 최 씨는 투자를 포기했지만, 김 실장은 꾸준히 연락을 하고 있다. 최 씨가 5억 원 이상 투자할 돈을 갖고 있다는 점은 확인했으니 말이다. 언제가 됐든 투자하게 만들면 거액의 수수료를 받을 수 있으므로 '관리'를 하는 것이다. 그러면서 늘 하는 말이 있다. "지난번에 내가 소개했던 곳 다른 사람이 들어가서 대박 났잖아요." 김 실장은 앞으로도 최 씨를 계속 관리할 것이다. 어쩌면 최 씨가 프랜차이즈의 매운맛을 보고 떨어져 나갈 때까지.

사회 초년생을 위협하는
다단계 사기

사기성 다단계업체의 폐해에 대해서는 많이 알려졌음에도, 사회 경험이나 판단력이 부족한 사람들은 아직도 다단계업체의 먹잇감이 되고 있다. 일단 '교육'이라는 이름으로 세뇌를 받기 시작하면 "다이아몬드 회원이 되겠다"며 다단계업체의 종 노릇을 하게 된다.

다단계업체에 빠진 젊은이들

20대 초반의 지방대학 출신 김 군, 다단계 회사에 입사한 그는 아침마다 '성공할 수 있다'는 메시지를 주는 강의를 듣는다.

"KFC 아시죠? 그 창업자는 60세가 넘어서 사업에 망했지만, 다시 일어서기 위해 노력했습니다. 하지만 아무도 그를 상대해주지 않았습니다. 거절하고 무시했습니다. 무시당하고 거절당하면 약해지기 쉽습니다. 그러나 그는 끝까지 버티고 버텼습니다. 그래서 결국 투자자를 만나 오늘날의 켄터키 프라이드 치킨을 만든 것입니다. 당신도 포기하면 안 됩니다. 누가 말했던가요. 끝날 때까지 절대 끝난 게 아니라고. 누군가는 쉽게 포기할 수도 있습니다. 여러분 중 누군가는 엄청난 성공을 할 것입니다. 나도 처음에는 한 달 동안 단 한 건의 거래도 성사시키지 못한 적이 있습니다. 그러나 단 한 번도 포기한 적은 없었습니다. 당신도 이제 시작입니다. 도전하십시오. 실패도 있을 것입니다. 그러나 결코 포기하지 마십시오."

김 군은 강의를 듣고 나면 '반드시 다이아몬드가 되고 말겠다'며 의욕에 불타올라 전화를 걸기 시작한다. 김 군은 '다단계 판매업자'다. "진짜 좋은 회사가 있으니, 빨리 와"라는 친구의 전화를 받고 찾아갔다가 친구와 함께 다단계 판매업자가 되었다. 김 군은 비좁은 방에서 다섯 명의 다단계 판매업자 청년들과 같이 살면서 아침 7시면 출근을 했다. 아침 일찍 교육장(센터)으로 가서 '교육'을 받았는데 교육 내용은 주로 주변 사람을 설득하는 요령과 자신의 등급이 올라갈 때 얻게 되는 보상, 성공을 위한 방법론 같은 것들이다. 다이아몬드 회원이라는 사람들이 "목표를 설정하라. 목표를 위해 남들보다 더 노력해야 한다. 그래야 성공할 수 있다"며, 끝없는 반복·주입식 교육을 했다.

강의를 들을 때마다 김 군은 '나도 할 수 있다. 나도 다이아몬드가 될 수 있다'는 생각에 가슴이 벅차올랐다. 교육을 받고 나면 배운 대로 다른 판매원을 포섭하기 위한 작업에 돌입한다. 아는 사람에게 전화해서 "내가 다니는 곳이 정말 좋은 회사인데 마침 자리가 났어. 혹시 취직할 생각 있니?"라는 식으로 끌어들인다. 그러면 취업이 안 되어 고민 중이던 친구들 중 넘어오는 친구도 있게 마련이다.

김 군과 같은 다단계 판매업자들은 그들 자신이 다단계업체의 피해자들이기도 하다. 다단계업체가 "우리 회사에 들어오려면 일단 물건을 사야 한다"며 물건을 팔아먹기 때문이다. 다단계업체들은 김 군과 같은 피해자가 또 다른 피해자를 데려오도록 하는 방식으로 피해자를 연쇄적으로 만들어간다.

손쉬운 먹잇감, 청년들과 주부들

20대가 다단계업체의 주요 포섭 대상이 된 것은 대학 등록금 상승과 청년 실업난이 가장 큰 이유다. 다단계업체들은 경기가 안 좋아 취업이 하늘의 별 따기가 된 대학생들을 집중적으로 노렸다. 취직에 목마른 대학 졸업자들을 유혹해서 계속되는 교육 과정을 통해 '이걸로 성공할 수 있다'는 환상을 심어 다단계로 빠지게 한다. 다단계업자들의 교육은 집요하고 반복적이며, 심지어 최면적인 구석도 있다. 주변에서 많이 봤겠지만 사기성 다단계업체에 가입한 사람들은 주변 친구나 친인척들까지 끌어들여 여러 피해자를 만들고 최종적으로는, 주변 사람들로부터 버림받은 후에야 다단계에서 벗어난다.

이런 불법 다단계업체들은 대학 졸업생이나 갓 제대한 휴학생 등을 노리는데, 돈이 없는 학생들이 다단계 물건을 사도록 학자금 대출을 유도하는 경우조차 있다. 심지어 사채업자와 연결하여 사채를 쓰게 하기도 한다. 학생들을 범행 대상으로 삼아 완전히 피를 빼는 셈이다. 2012년경 '거마대학생'이라는 말이 널리 알려질 정도로 청년들이 본격적으로 다단계업체의 주요포섭대상이 된 이래 다단계업체에 연루된 피해 대학생은 매년 적어도 1만여 명, 피해액은 수백억 원에 이를 것이라고 한다. 사실상 진짜 피해자들은 그들의 가족일 것이다.

주로 가정주부를 타깃으로 하는 다단계 사기 업체들도 있다. 사회 경험이 많지 않은 사람들을 상대로 큰돈을 벌 수 있다고 최면적인 교육을 해서 끌어들이는 것이다. 사회 경험 없는 청년들처럼 주부들도 마찬가지 상황에 빠진다. 다단계업체의 말에 빠져서 물건을 살 뿐만 아니라 물건을 더 사기 위해 돈을 빌리고, 사채까지 쓰기도 한다. 교육을 받기 시작한 이후로는 빠져나오기가 어렵다. 겨우겨우 빠져나오는 이들도 있는데, 그때는 이미 피해가 너무 커져 있는 경우가 많다.

주부들은 사기성 다단계에 빠졌다가 가정불화로 파경을 맞기도 한다. 사이비 종교 단체에 발을 담근 것이나 다름없다. 다단계에 포섭된 사람들이 좋은 사업이 있다며 유혹할 때 단호히 거절하기 위해서는 불법 다단계업체의 위험성을 미리 알고 있어야 한다.

가정주부 유○○ 씨는 좋은 자리가 있다는 이웃 아줌마의 말을 듣고 다단계업체의 교육장에 갔다. 교육장에 가보니 회사가 굉장히 전도유망한 것 같았다. 강사로 나온 사람들이 힘든 과정을 견뎌내고 성공했다고 하는데, 그 사람들이 지금 벌고 있다는 돈은 듣기만 해도 놀랄 정도였다. 강사들은 열정적이었고 그들의 강의만 들어도 '나도 할 수 있다. 나도 최상위 등급으로 올라갈 수 있다'는 자신감이 생겼다. 유 씨는 심지어 합숙훈련에도 참여하여 교육을 받았고, 큰돈을 벌 것 같았다.

하지만 유 씨가 회사에서 산 물건들은 팔리지 않았다. '듣도 보도 못한' 건강식품이 하나에 40만 원이나 하는데 누가 선뜻 사주겠는가. 결국 본인이 사들인 물건은 집에 쌓여만 갔다.

이 회사의 '교육'에 빠진 가정주부들은 무려 6만여 명이었다. 이들은 등급을 높여야 한다는 생각에 사채까지 끌어다 쓰며 계속 제품을 떠안았다. 사채까지 쓰며 가치가 의심스러운 건강식품을 산 것은 '교육'에서 들은 이야기를 곧이곧대로 믿고 환상을 품었기 때문이다. 사채까지 쓸 정도가 되면 이미 피해를 회복하기 어렵다는 뜻이다. 그 지경에 이르렀다면, 뒤늦게나마 가족들이 안다 해도 되돌리기는 어렵고 가정불화로 치달을 수밖에 없다. 다단계판매로 성공할 수 있다는 환상에서 깨어나지 않는 한 그 끝이 어디일지는 너무도 뻔한 일이다.

믿음에서 시작된 다단계

사기 사건의 핵심은 믿음이다. 사기는 다른 사람을 속이는 범죄로, 이는 곧 당하는 사람 입장에서는 믿음의 배신이다. 피라미드 금융사기의 수법이 점점 교묘해지면서 종교인을 내세워 피해자들의 신뢰를 이용하는 경우도 생겼다. 사기꾼이 종교인을 이용하거나 사기꾼 자신이 종교인일 때, 피해자들은 의심을 하지 못한다. 특히 나이 든 어르신들은 더 그렇다. 사기꾼들은 그런 심리를 이용한다.

60대 중반의 여성 김○○ 씨는 자신이 다니던 교회의 목사님으로부터 "투자비 33만 원으로 전문회사가 기업을 창업시켜주는데 컴퓨터를 잘 몰라도 사이트에 접속해 클릭만 하면 보름 후부터 매일 3,000원씩 수당이 입금됩니다. 인터넷 광고 사업과 쇼핑몰 운영 등으로 고수익을 내는 겁니다"라는 말을 듣고 33만 원을 투자했다. 목사님이 자신에게 거짓말을 할 리는 없으니 아무런 의심 없이 그대로 했다. 실제 15일이 지나고 난 후부터 매일 수당 3,000원이 계좌로 입금됐다. 참 쏠쏠했다. 김 씨가 하루 3,000원씩 벌고 있다는 말을 들은 주변의 노인들도 동참했다. 이자로 따지면 연 300%도 넘는 데다가 돈이 꼬박꼬박 들어오는 것을 보았으니 절로 믿음이 간 것이다.

그런데 하루 3,000원씩 입금된 게 언제까지였을까? 기껏해야 한 달이었다. 그 후로는 입금이 제대로 되지 않았다. 대부분 사기 사건에서 이런 일이 발생하면, 처음에는 뭔가 실수가 있었나 보다 하고 기다린다. 그러다 계속 입금이 되지 않으면 그제야 항의를 하는데, 항의해봐도 '기다려달라'는 말을 듣게 될 뿐이다. 목사님이 소개한 이 다단계회사도 "신규 사업에 돈이 필요해 잠시 수당을 줄였으니 이해해달라"고 변명했다. 물론 그 후로도 돈은 제대로 들어오지 않았다.

이 사기단은 개척교회 목사를 끌어들여 경제적으로 어려운 사람들을 노렸다는 점에서 더 악질적이다. 목사들에 대한 신도들의 신뢰를 이용한 것이다. 이 사기단은 목사들에게는 아무런 투자금도 받지 않고 '대리점' 자격을 부여하고, 신입 회원을 소개할 경우 투자금액의 20%를 수당으로 지급해주었다. 목사들이 신도들을 적극적으로 소개하도록 하기 위해 이권을 준 것이다.

적극적으로 가담한 목사 일부는 사기 혐의로 입건됐는데 그중 한 목사는 매월 6억 원을 수당으로 지급받았고, 일부 목사도 매달 수천만 원씩을 수당 명목으로 받은 사실이 드러났다. 일반적인 다단계 사기와 다를 바 없었던 것이다. 이 수당이란 것은 후순위자의 돈에서 나왔다. 즉 후순위자로부터 투자를 받아 선순위자에게 지급하는 것으로, 이른바 '돌려막기' 방식이다. 이 사건의 피해자는 4만 명에 육박하고 피해액은 1,400억 원에 달했다. 33만 원 정도만 투자한 사람들도 있었지만, 그중 가장 큰 피해를 본 사람은 무려 10억 원 이상을 투자했다고 한다.

다단계 사기의 변형, 취업예치금 사기

다단계 사기단도 새로운 수법을 만들어내며 진화한다. 수법이 많이 알려지고 나면 아무래도 잘 통하지 않기 때문이다. 경기가 나빠지면서 20대 구직자들을 상대로 한 취업 사기도 많아지고 있다. 지나치게 높은 급여나 수익을 보장해준다고 하거나, 예치금이나 계약금을 요구할 경우 특히 조심해야 한다. 특히 취업자에게 예치금을 요구하며 대부업체를 알선해준다면, 백이면 백 몽땅 사기 업체라고 생각해도 무방하다.

신○○ 씨 일당은 인터넷 쇼핑몰 관리자를 모집한다는 홍보를 보고 찾아온 20대 구직자들을 상대로 사기를 쳤다. 이 사기 범죄의 피해자들은 모두 돈 없는 취업 희망자들이었다. 신 씨 일당은 "휴대전화를 팔면 다단계시스템을 통해 지속적으로 큰돈을 벌 수 있다"면서 대신 취업 조건으로 예치금을 내라고 해서 받아 챙겼는데, 친절하게도(?) 예치금을 낼 돈이 없는 젊은 구직자들에게는 대부업체를 알선해주었다. 신 씨 일당이 소개한 대부업체는 구직자들로부터 30%가 넘는 이자를 받았으니, 사실상 공범이라고 해도 과언이 아니다.

이 사건에서 사기꾼들은 피해자들과 취업계약을 할 때 '계약을 해약할 경우 20%만 환급한다'는 조건을 포함시켰다. 피해자들이 해약을 하려고 하면 계약금 500만 원 중 고작 100만 원밖에 돌려받을 수 없게 한 것이다. 결국, 고리로 대출을 받고 돈을 갚지 못한 피해자들은 신용불량자로 전락하여 제대로 된 업체에 취업할 길이 아예 막히고 말았다.

강력한 처벌의 필요성

앞서 살펴본 취업예치금 사기를 친 신 씨는 적발되기 1년 전 같은 취업 사기로 구속까지 됐지만 보석으로 풀려났다. 풀려난 뒤에 업체 이름만 바꿔 같은 사기를 또 쳤다. 이처럼 '큰돈'을 벌어본 사기꾼들이 범행을 반복하게 한 원인 중 하나는 소위 솜방망이 처벌이라고 본다. 그들은 '그까짓 것, 잠깐 살면 되지 뭐' 하는 식으로 처벌을 전혀 두려워하지 않는다.

이런 종류의 사기꾼들은 대체로 바지사장을 내세워 처벌수위를 낮추는 수법을 많이 쓰기 때문에 신 씨처럼 다시 입건되는 경우가 사실 흔치 않다. 사기꾼들 일부가 처벌받을 때 기소조차 되지 않았던 나머지 공범들은 업체 이름만 바꿔 직원으로 다시 일한다. 따라서 경찰이나 검찰이 '윗대가리 몇 명 처벌한다'는 식으로 수사범위를 한정하는 것은 수천, 수만 명의 피해자를 양산하는 원인이 되기도 한다. 전과가 생기면 자기 이름으로 다시 범죄를 저지르기가 껄끄러워지지만, 주범들만 처벌되므로 '실무자'들은 계속 활개를 치는 것이다. 수사기관에 적발된 불법 다단계 회사의 대표가 구속되어 재판을 받고 있는 와중에, 회사 이름만 바꿔 같은 수법으로 사기를 치는 경우도 있다. 이들은 큰돈을 사기 칠 기회를 어지간해서는 쉽게 포기하지 않는다.

근래에는 부실채권투자 등의 명목으로 수천만 원에서 수억 원을 투자받는 다단계 사기수법도 유행처럼 번지고 있다. 수백 명의 피해자로부터 100억 원이 넘는 돈을 사기 친 일당이 구속된 사건이 대표적인 사례다. 사기를 당한 사람들은 피해를 회복하지 못해 고통받고 있는 상황인데, 대표이사 한 명에게만 징역 3년 정도의 실형을 선고하고 나머지 조직원들은 기껏해야 집행유예를 내리는 판결이 났다.

현실이 이러하니 이와 같은 사기가 어떻게 근절될 수 있겠는가. 수십 여 가정을 완전히 파괴할 정도의 사기를 친 범죄자에 대한 형이 이 정도에 그치는 것이 과연 사회정의에 부합하는 일일까? 한 가정의 경제적 삶을 재기불능 상태로 만드는 이런 범죄에 대해 법원이 좀 더 심각하게 여겼으면 좋겠다.

최근 부실채권 다단계 사기를 친 사기꾼에 대한 재판에서 피해자들 상당수가 법원에 합의서를 제출하여 항소심에서 6개월이 감형되는 일조차 있었다. 공범들이 "구속된 대표이사가 나와야 돈을 벌어서 피해를 변제할 수 있다"며 피해자들을 구슬리고 협박하여 합의서를 제출하게 한 것이다. 어이없는 일이다. 사기꾼들 생리로 보면 당연한 일이겠지만, 대표이사가 감형된 이후에도 피해자들 중 추가로 변제받은 사람은 없었던 것으로 보인다. 피해자를 상대로 추가적인 사기를 쳤을 뿐아니라, 법원을 상대로도 사기를 친 것이다.

다단계로 돈 버는 사람은 고작 1%

공정위 발표에 따르면 2014년 기준으로 국내에서 영업 중인 다단계 판매업체는 117곳이었다. 2011년에는 72곳이었는데 꽤 늘어난 숫자다. 판매원의 수입은 어떨까? 2013년도 1인당 연평균 지급액을 보면 상위 1% 판매원은 5,000만 원대로 그들이 얘기하듯 '환상적인' 금액은 아니었다. 그렇다면 나머지 99% 판매원은 어땠을까? 이것이야말로 '환상적'이라 할 만하다. 연간 수입이 46만 9,000원에 불과했으니 말이다. 2011년을 기준으로 다단계 판매업체에 등록된 판매원 수는 415만 4,969명이었지만 이 중 실제 돈을 버는 판매원은 106만 1,389명뿐이었다. 공정위에 따르면 실제로 돈을 받은 판매원을 기준으로 했을 때 1인당 연평균 수당은 88만 8,000원이었다. 그나마 2010년보다 늘어난 것이 이 정도였다.

다단계업체에서 수당은 최상위 직급자들이 다 가져가는 구조였다. 1만 명 정도의 상위 1%가 전체 수당의 56.8%를 차지한다. 최상위 1%의 수당이 1인당 평균 5,000만 원대라고 했지만, 그 안에서도 사업 운영 주체들이 가져가는 걸 빼면 1% 안에 든다 한들 사실상 별것 없을 수도 있다는 이야기다. 상위 30~60%의 몫은 연간 9만 9,000원에 불과했다. 아무리 희망을 주고 용기를 북돋우며 포기하지 말고 끝까지 해보라고 한들, 다단계방식으로 돈을 번다는 것은 거의 불가능에 가까운 일이라는 뜻이다. 합법적인 업체가 이런 상황이니, 사기 업체의 경우는 더 말할 필요도 없을 것이다.

실력과 상관없이 당하는
사기 도박

도박이 위험한 것은 그 자체로 한 집안을 완전히 망하게 할 확실한 길이기 때문이다. 그런데 그보다 더 큰 이유는 도박에 빠지면 사기나 여러 범죄에 휘말리게 될 가능성이 높아진다는 데 있다.

여의사는 어떻게 40억 원을 사기도박단에 날렸나?

40억 원이다. 그것도 1997년의 일이니 정말 큰돈이다. 그때 돈 40억 원을 도박으로 잃은 사람이 있었다. 여자 의사였는데, 꽤 오래전 일이라 기억하는 사람은 많지 않을 듯하다. 그런데 금액이 워낙 컸고, 피해자가 대한민국에서 최고 엘리트라고 할 수 있는 의사, 특히 여자 의사여서 당시로서는 꽤 이슈가 됐던 기억이 난다.

그 여의사는 무려 20억 원을 이미 뜯긴 상태에서 나머지 도박채무 20억 원을 독촉받고 있었다. 그 상황에서 당시 유명 폭력 조직이 이 의사의 도박빚 문제에 개입해서 사건이 다른 방향으로 전개됐다. 여의사 측에서 도박빚을 없애주면 몇억 원을 주기로 하고 폭력 조직 쪽에 접촉한 것이다. 의뢰를 받은 이들은 흉기 등으로 돈을 딴 쪽을 위협해서 이 여의사가 상대방 쪽에게 주었던 부동산 권리필증과 5억 원을 갚겠다는 차용증서를 찾아오는 데는 성공했다. 그렇지만 결국 피해자인 여자의사는 구속됐다. 폭력조직에 대한 수사가 진행되던 중에 여의사가 도박으로 거액을 잃은 후 폭력 조직에 청부한 사실도 드러난 것이다.

수사 결과, 당시 이 의사를 상대로 40억 원을 딴 사람들은 사기도박단이었던 것으로 드러났다. 피해자는 사기도박단 특유의 수법인 '잃어주기'에 녹아내렸다. 사기도박단이 이 여의사와 도박을 하면서 돈을 잃어주고 다시 따기를 반복하면서 판돈을 키워나간 것이다. 도박은 나름대로 머리가 좋다는 사람들이 빠지기 쉽다. 두뇌회전이 빠르기로 소문난 개그맨들이나 예능인들이 도박에 빠지는 것도 그런 면이 있어 보인다. 머리가 비상한 사람들이 도박에 빠지거나 사기도박 피해자가 되기 쉽다는 뜻이다. 사기도박꾼들 앞에서 '내가 누군데?'라는 생각은 버려야 한다. 절대로 돈을 딸 수 없을뿐더러, 전 재산을 날릴 확률이 높다.

특수 콘택트렌즈는 홍콩 영화에서나 나올까?

한때 도박, 그중에서도 사기도박을 주제로 한 홍콩 액션영화가 큰 인기를 끌었다. 예컨대 〈도신-정전자〉 같은 영화 말이다. 도박에 쓰이는 카드에는 특수 안경을 쓴 사람만 볼 수 있는 마킹이 되어 있어서, 안경을 쓴 악당들이 당연히 이길 줄 알았다. 그런데 알고 보니 주인공은 특수 콘택트렌즈를 착용하고 있었고 그 마킹 외에 자신에게만 보이는 다른 마킹도 볼 수 있어서 도박에서 이긴다는 스토리다. 그 영화를 보면서 정말 영화에나 나올 법한 스토리라고 생각했다. 그런데 현실에서도 이런 일이 있었다. 2012년 수천 개의 사기도박용 카드와 특수 잉크, 특수 콘택트렌즈를 중국에서 밀반입한 조직이 경찰에 발각되어 처벌받은 사건이다. 이 밀반입 조직의 고객은 전국의 사기도박꾼들이었다.

사기꾼들은 돈을 딸 때는 물론 잃을 때도 상대방의 패를 알고 싶어한다. '먹잇감'인 사람에게 초반에는 돈을 잃어주는데, 이때도 상대방의 패를 알아야 의도한 대로 잃어줄 수 있기 때문이다. 그래서 뒷면 등에 미세한 표시를 해둔 소위 '목카드'나 '목화투'를 쓰는 고전적 수법은 물론 크기가 1cm도 안 되는 카메라와 무선진동기, 특수 잉크, 특수 렌즈까지 동원된다.

그런 사기판에는 애초에 걸음을 하지 않는 것이 당하지 않기 위한 최선이자 유일한 방책이다. 운이나 머리를 믿고 그런 데 끼어들었다가는 전 재산 날리기 딱 좋다. 사기도박은 '실력'의 문제가 아니다. 자기 도박 실력이 대단한 줄 알고 사기도박판을 기웃대면 결국 빈털터리가 되고 말 것이다.

사기 골프

골프를 치는 사람들은 대부분 어느 정도 경제력이 있는 이들이다. 사기꾼들 입장에서는 아주 매력적인 범행 대상이라는 뜻이다. 그렇기 때문에 사기 골프는 지금도 여전히 성업(?) 중이다.

골프 사기꾼들은 조직적으로 움직이는데, 평소 골프를 치며 사업가나 돈 많은 부자로 행세하면서 자연스럽게 재력가들과 접촉한다. 상대방 못지 않은 재력을 갖춘 듯이 행동해서 피해자들의 경계심을 푸는 것이다. 심지어 골프 사기꾼 중에는 지갑에 수십억 원권 수표를 넣고 다니며 재력가 행세를 하는 이들도 있었다.

사기꾼들이 타깃으로 점찍은 사람과 골프장(필드)으로 나가면 처음에는 친구들 간의 골프에서처럼 작은 규모의 돈내기로 시작한다. 그 과정에서 판돈을 조금씩 키우다가 상대방에게 큰돈을 따는 '재미'를 느끼게 해주는 것이다. 이런 친선라운드를 거치면서 이들은 잃은 돈에 대해서 군말도 없고 최상의 '매너'를 보여준다. 사기꾼들의 치밀하고 신중하게 계획된 골프시합이 계속되면 피해자는 자신의 골프 실력을 과대평가하고 상대방이 자신보다 실력이 못하다고 믿게 된다. 피해자는 점차 '저 사람 지갑에 있는 돈은 다 내 돈이다'라는 착각에 빠져드는 것이다.

사기꾼들의 의도대로 판돈이 커지다 보면 피해자의 재력에 따라 하루 판돈이 10억 원까지 되는 경우도 있다. 물론 골프를 오래 친 피해자들 중에는 골프 실력이 출중한 경우도 있지만, 절대 사기꾼들을 이기지 못한다. 사기꾼들은 실력만으로 시합을 하는 게 아니다. 마약이나 약물을 탄 음료수를 피해자들에게 몰래 먹이는 경우도 있다. 내 생각엔 그런 경우가 더 많지 않을까 싶기도 하다. 그러니 절대라는 말이 과장이 아니게 된다. 피해자들은 평소보다 무려 열 타 이상 더 치게 되는 등 플레이가 무너져 내리게 된다. 꼭 약물 때문이 아니라도 판돈이 올라가서 거액이 되면 대부분 사람은 초조함과 흥분으로 제 실력을 발휘하지 못하기 때문에 돈을 잃을 수밖에 없다. 일부 사기꾼은 그런 이유로 "사기가 아니다"라고 주장하기도 한다.

또 둘씩 편먹기 시합을 하는 때도 있는데, 사기꾼 2명이 한 팀이 되고 사기꾼 1명이 피해자와 같은 팀이 된다. 보통 '평소' 가장 실력이 좋았던 사기꾼 골퍼를 피해자와 같은 팀으로 묶어준다. 그래야 피해자가 안심하고 고액의 판돈에 동의하기 때문이다.

그러나 실제 시합이 시작된 뒤에는 피해자 편에 속한 사기꾼이 고의로 실수를 범해 패배하는 시나리오대로 진행된다. 고의로 실수를 범하는 사기꾼은 같은 팀을 이룬 피해자가 전혀 의심할 수 없도록 자책이나 자학을 심하게 하는 척하면서 "판돈을 올려서 복수전을 하자"고 부추긴다. 마침내 피해자가 돈을 다 잃어 더는 시합을 할 수 없다고 하면 돈을 빌려줘 가면서 더 잃게 한다. 물론 차용증을 꼭 받는다.

사기꾼들은 타깃이 된 피해자를 시합에 끌어들이는 데만 성공하면 게임 끝났다고 본다. 자신들의 실력을 속이기 때문에 실전에서 이기는 건 식은 죽 먹기이기 때문이다. 꽃뱀을 동원해 주의를 산만하게 하거나 약물을 먹여 집중력이 떨어지게 하니 프로골퍼가 온다고 해도 이들을 상대로 이길 수 있겠는가. 더구나 피해자가 사기꾼과 한 팀을 이루어 팀플레이에 나서기 때문에, 이변은 절대 일어나지 않는다.

돈 많은 척하고, 가벼운 칭찬으로 분위기 띄우며 접근하는 사람들과 쉽게 친분관계를 만드는 것은 위험하다. 골프연습장에서 처음 만난 사람들이라 하면 더 말할 필요도 없을 것이다. 그리고 돈내기를 하지 않으면 이런 사기를 당할 이유가 없다.

만약 사기를 당했다고 생각되면 즉시 고소하고 수사기관의 도움을 요청해라. 도박죄로 처벌받을 것이라고 지레짐작하고 겁먹을 필요 없다. 이런 경우 사기 피해자가 되는 것이지 도박사범이 되는 것이 아니다.

스크린골프 사기

스크린골프장에서 컴퓨터에 몰래 USB를 꽂아 프로그램을 심어둔 후 무선리모컨을 이용해 사기 친 조직이 적발된 적이 있다. 스크린골프장 컴퓨터를 무선리모컨 하나로 조종해서 공이 날아가는 거리와 방향을 마음대로 조종하며 내기 골프를 친 것이다. 피해자가 아무리 평소 언더파를 치는 실력이라 해도 돈을 잃을 수밖에 없다. 이 첨단 수법을 쓴 사기꾼들은 잡힐 때까지 3억 원 가까운 돈을 사기 쳤는데, 피해자 중 한 사람은 하룻밤에 1억 원을 날렸다고 한다.

조직적으로 진행되는 골프 사기에서는 분업이 기본이다. 이 사건에서도 분위기 잡는 바람잡이가 피해자의 주의력을 흩뜨리면, 리모컨 담당이 피해자의 눈을 피해 조작을 했다고 한다. 이 조직은 프로그램과 특수 리모컨을 시중에도 유통시켰다. 물론 스크린골프업체에서도 이런 문제에 대비하고 개별 스크린골프장에서도 나름대로 대책을 세웠겠지만 사기꾼들은 언제나 새로운 수법을 만들어낸다는 걸 잊어서는 안 되겠다.

도박 피해자의 말로

도박판에서 보내는 시간이 많아지면 이런저런 약점도 많이 생긴다. 사기도박 조직에 속아 돈을 잃는 것뿐만 아니라 여러 가지 추가적인 피해를 보게 된다.

도박장에서는 자기도 모르게 마약에 중독될 가능성도 있다. 판단능력이 흐려져 정상적인 사고를 할 수 없게 되면 큰돈도 선뜻 걸게 되므로, 사기도박 조직은 피해자에게 흥분제나 마약을 몰래 먹이기도 한다.

또 전문 사기도박단에는 항상 꽃뱀 역할을 하는 여자들이 끼어 있기 때문에 꽃뱀에게 당할 가능성도 높다. 꽃뱀을 동원하는 것은 피해자의 판단력을 흩뜨리려는 목적도 있지만, 약점을 잡아 고소나 고발을 못하게 하려는 이유도 있다. 가정이 있는 남자들은 가정파탄을 우려하여 사기를 당하고도 아무런 법적 조치를 취하지 못하는 경우가 적지 않기 때문이다.

도박장 이면에는 폭력배들이 존재한다. '도박빚은 법적으로 갚을 의무가 없다'는 말이 도박장에서 통하지 않는 이유는 도저히 견뎌낼 수 없는 폭력이나 위협이 존재하기 때문이다. '오함마(커다란 망치)'로 위협을 당하는 일까지는 겪지 않더라도 도박장에서 빚지고 버틸 수 있는 사람은 많지 않다. '나름 머리 좋고 도박 실력 좋은' 사람이라 자부해도 그런 곳에서 돈을 벌어 나올 가능성은 없다.

꼭 사기도박만 그런 건 아니지만, 도박판에서 돈을 잃은 피해자는 판돈을 마련하기 위해 여기저기 거짓말을 하고 돈을 빌리는 사기를 치거나, 회사 돈에 손을 대기도 쉽다. 그 자신이 또 다른 범죄자가 되는 것이다. 사기도박판에 끼었다가는 인생 자체가 파멸된다.

쓰레기 땅에 속는
기획부동산

곧 전철이 지나가고 고속도로가 생기는 좋은 땅이 있다고 한다. 몇 배로 오를 땅이란다. 어지간하면 무시하겠는데 자기도 이미 투자를 했다는 친구의 말에 귀가 얇아진다. 그 친구를 따라 부동산 사무실까지 찾아가 본다. 세련된 화술의 직원들이 브리핑을 멋지게 해준다. 화려한 사무실에서 사모님, 사장님 대우를 받으며 차 한잔을 마시고 나니 함께 간 친구가 투자하라고 부추긴다.

　이 정도의 상황만으로도 가계약금을 지급하거나 계약을 체결하는 사람들이 있다. 부동산 소재지에 가보지도 않고 말이다. 기획부동산 사기의 전형적인 모습이다. 예전에는 텔레마케터를 이용하여 무작위로 전화해서 사기를 쳤지만 요즘은 달라졌다. 매수인을 소개해주는 사람에게 수수료를 준다며 일반인을 직원으로 모은 다음, 그들의 지인들을 상대로 사기를 치는 경우가 많다.

5,000만 원짜리 쓰레기 땅 지분

기획부동산업체들은 쓸모없는 싸구려 땅을 개발 호재가 있다는 식으로 속여서 파는 업체들이다. 기획부동산 사기꾼들은 투자가치가 없는 덩어리 큰 부동산을 매입한 후 "도로개설이 예정되어 있다", "올림픽 개최 특수가 있다"는 등의 거짓말을 동원해 팔아넘긴다. 주로 100평에서 300평 정도로 쪼개거나 지분으로 소규모로 매각하는 수법을 사용한다. 규모가 작으면 투자도 쉽게 할 수 있기 때문이다.

문제는 기획부동산업체들이 파는 부동산은 사실상 개발이 불가능한 토지라는 점이다. 경사가 심한 돌산 같은 경우도 있다. 또 겉보기에는 문제가 없지만, 건축규제가 있는 곳인 데다가 도로에 접하지 않은 '맹지'인 경우도 있다. 피해자들이 그 부동산을 가지고 있어봐야 건축물을 지을 수도 없고, 따라서 다른 사람에게 팔기도 어렵다는 뜻이다.

기획부동산업체는 매우 조직적으로 크게 운영되는 만큼 피해 규모도 상당히 크다. 그런데 피해자들은 "부동산은 묵혀두면 언젠가 오른다"는 그들의 말만 믿고 마냥 기다린다. 그래서 사기를 당한 사실조차 모르는 경우도 많다. 즉, 피해 확인이 쉽지 않다는 특징이 있다.

예전에는 기획부동산에서 공유지분 이전 방식을 취하는 경우가 많았다. 피해자에게 해당 부동산을 분할한 지도를 보여주고는, 곧 예정도대로 분할등기가 된다고 하면서 팔아먹은 것이다.

　이게 무슨 뜻인고 하니, 이혼소송을 할 때 가정법원에서 가능한 한 부동산이나 재산을 나누게 하는 것을 생각해보면 된다. 공유지분으로 공동 소유하게 하는 걸 피하는 것이다. 두 사람 뜻이 맞지 않으면 해당 부동산을 처분하거나 관리하기가 어렵기 때문이다. 예컨대 이혼하는 두 사람이 상가를 2분의 1씩 공동 소유하는 것으로 해두면 어떻게 되겠는가? 안 그래도 서로 못 잡아먹어 안달하며 으르렁거리는 사람들이 임대료나 관리비를 어떤 식으로 처리할지 눈에 뻔히 보이지 않는가? 싸움만 더 하게 될 뿐이다. 그래서 가정법원에서는 특별한 이유가 없으면 각자가 처분할 수 있도록 재산을 나누어 갖도록 해주기 위해 노력한다.

　그런데 기획부동산 사기꾼이 판 부동산 중에는 공유지분의 지분권자가 무려 100명이 넘는 경우도 있다. 이걸 어떻게 처분할 수 있을까? 이론상 지분권자 1명이 나머지 99명으로부터 지분권을 다 사면 되겠지만, 그런다고 해도 팔릴 가능성은 없는 땅이다. 지방에 좋은 땅이 있다는 전화는 무시하기 바란다. 주변 사람들의 권유도 무시하기 바란다. 요즘 기획부동산은 다단계 형식으로 진행되기 때문에 300만 원짜리 전기담요가 아닌 5,000만 원짜리 쓰레기 땅을 사게 된다.

다단계 기획부동산

　예전에는 기획부동산업체에서 무작위로 전화해서 꾀기만 해도 사기가 잘도 먹혔다. 부동산 소재지에는 가보지도 않고 수천만 원씩 투자하는 피해자들이 많았던 것이다. 그렇지만 기획부동산이 문제 되고 언론에 수법이 많이 소개되자 예전의 수법은 통하지 않게 되었다. 그러자 기획부동산업자들은 다단계 판매회사의 수법 등을 도입했다.

"귀하가 매수한 경기도 여주시 소재 부동산은 기획부동산업자에 의한 사기로 해당 기획부동산의 임직원에 대한 수사가 진행 중입니다. 피해자가 너무 많아서 직접 조사가 어려워서 서면조사를 합니다. 서면질문에 간략히 답변을 하여 중앙지방검찰청 담당 검사실로 보내주기 바랍니다."

유○○ 씨는 이와 같은 서면조사서를 받고 나서야 자신이 사기를 당했다는 사실을 알았다. 좋은 부동산이 있는데 투자해보라는 같은 회사의 직원 김 과장의 소개로 투자했는데 이게 무슨 일인가 싶었다. 유 씨의 항의에 김 과장은 부동산업체에 알아보고 나더니 "실제로 그 정도 가치는 한다"며 기다려보라고만 했다. 기획부동산에서 하는 말 그대로였다. 그렇지만 4년이 지난 지금까지 반값에도 팔릴 기미가 없다. 거래 자체가 아예 없다.

이처럼 주변 사람의 소개로 지방의 부동산을 샀는데 알고 보니 기획부동산이더라는 경우가 많다. 기획부동산업체가 높은 수당을 준다고 하여 많은 사람을 끌어들여 그들과 그 주변 사람에게 가치 없는 땅을 비싸게 파는 것이다. 대상이 '땅'이라는 점을 제외하면 기존 다단계업체의 기법과 거의 유사하다.

기획부동산 사기꾼들이 쓸모없는 땅의 지분을 팔 때 다단계 방식을 취하면 '장점(?)'이 많다. 피해자와 가까운 사람들을 통해 피라미드 또는 다단계 형식으로 사기를 치면 기획부동산업자들이 고소당하는 일이 줄어든다. 피해자들이 중간에 소개한 사람과의 관계 때문에 고소를 하지 못하는 경우도 많기 때문이다. 또 사기꾼들 대신 중간에 소개한 사람들이 사기꾼들의 변명을 전달하며 시간을 끌어주기도 한다. 또 여러 사람을 이용하므로 많은 사람을 상대로 대규모 사기를 칠 수 있다는 것도 장점이다.

수당이나 프리미엄을 받기로 하고 주변 사람들에게 기획부동산업체의 설명을 그대로 전하고 부동산을 사게 하는 사람들은 사실상 기획부동산업체의 공범이다. 일반 다단계업체에서 일하는 경우 주변 사람들로부터 경원시될 뿐이지만, 기획부동산업체를 위해 일하는 경우에는 처벌을 받을 수 있다.

펀드식 기획부동산

직접 부동산을 사라고 하면 거부감을 갖지만 얼마 정도 여유자금을 '투자'하라고 꾀면 넘어가는 사람들이 많다. '펀드식'은 이런 사람들을 대상으로 "부동산에 간접적으로 투자하면 연 24~36%의 투자이익이나 이자를 받을 수 있다"면서 투자자를 모으는 수법이다.

피해자들은 일반적인 부동산투자보다 적은 돈을 들여도 된다는 것과 사채이자만큼 높은 이익이나 이자를 배당으로 지급한다는 말에 위험성이 적다고 생각한다. 그래서 마치 금융기관의 펀드와 비슷한 것처럼 생각하고 투자한 사람이 많다. 하지만 이런 펀드투자를 권유하는 이들은 기본적으로 기획부동산 사기꾼들이다. 이런 유형의 사기꾼들은 투자자들을 최대한 늘릴 때까지는 약속한 이익을 나누어준다. 물론 피해자들로부터 받은 원금을 가지고 돌려막기를 한 것이다. 이런 식으로 신용을 쌓은 후 투자자들을 최대한 늘린 후에는 돈을 빼돌려 잠적하는 수법이다. 기획부동산 회사는 폐업을 하면 그만이다. 피해자가 찾아가기도 힘들어진다.

부동산이 아니라 부실채권으로 종목을 달리한 경우도 있다. 부실채권에 투자해 월 2~3%의 수익금을 준다고 하며 다단계 방식으로 투자금을 모아 수백억 원이 만들어지자 순식간에 '먹튀'를 하는 것이다.

이처럼 펀드식 투자 사기에 잘 당하는 이유는 피해자들이 상대적으로 적은 돈으로도 투자할 수 있다며 쉽게 생각하기 때문이다. 큰돈을 투자하는 것에는 조심스럽지만, 비교적 적은 돈에 대해서는 쉽게 믿고 쉽게 사기를 당한다는 것을 보여준다.

부동산회사와의 거래를 조심하라

부동산에 대해 잘 알지 못하면서 화려한 사무실의 '컨설팅' 또는 '투자개발'이라는 이름의 회사를 믿고 돈을 투자하는 것은 금물이다. 특히 그런 부동산회사와 직접 거래를 하는 것은 조심해야 한다. 정상적인 거래가 아닐 가능성이 높고 일반 개인이 감당하기 어려운 문제가 많이 발생할 수 있다. 부동산과 관련하여 '컨설팅'이란 이름이 들어간 곳은 그 회사 직원 대부분이 부동산중개와 관련하여 무자격자라는 의미라고 보면 된다.

개인이 부동산 거래를 할 때 '공인중개사'를 통해서 하면 상대적으로 위험성이 적다. 그러나 부동산업체를 표방하는 '회사'와 거래하는 것은 이야기가 다르다. 계약 당사자가 회사인 경우, 민사적으로는 법적 책임을 회사를 상대로 물어야 한다. 그런데 컨설팅 또는 투자개발이란 상호를 사용해 매각하고자 했던 부동산들의 거래를 대략 마치면, 그 사기꾼들은 영업했던 사무실을 닫고 법인도 폐업시킨다. 그러면 피해자들은 항의할 곳조차 찾을 수 없다. 물론 형사적으로는 거짓말을 하고 사기를 친 개인을 찾아서 책임을 묻게 되겠지만, 민사적인 책임을 묻기 어렵다는 것은 돈을 찾기 어렵게 만드는 요소다. 부동산회사와 거래를 했다가 사기를 당한 경우 계약서에는 피해자의 이름 외에 계약한 회사의 이름, 그 회사의 대표자 이름만 나오기 때문에 실제로 누가 피해자를 상대로 사기를 친 것인지 특정조차 못 하는 경우도 있다.

한 부동산회사에서 사기를 치던 사람들은 나중에 다른 이름의 회사를 차려 같은 방식의 사기를 치기도 한다. 기획부동산의 원조로 S인베스트먼트라는 회사가 손꼽히는데, 여기에서 일하던 임직원들이 나와서 새로운 기획부동산회사를 많이 차렸고 같은 수법으로 많은 피해자를 양산했다. '통하는 방식'이 생겨서 큰돈을 사기 칠 기회라고 여겨지면 그 수법이 순식간에 확산된다는 뜻이다. 업계도 좁아서 사기꾼들이나 그 밑의 직원들끼리 서로 잘 아는 사이이기도 하다.

이런 사람들은 고소·고발을 당하는 일이 워낙 많고 민사소송을 당하는 일도 많기 때문에 소송을 두려워하지도 않는다. 결과적으로, 일단 당하고 나면 피해 회복이 어렵다. 부동산회사를 표방하는 업체와 거래하는 것에 대해 충분히 주의를 기울이기 바란다.

말도 못하고 당하는
꽃뱀 사기

'꽃뱀'은 '성관계를 가진 후 남자를 협박하거나 속여서 남자들로부터 돈을 뺏어내는 여자' 정도로 이해하면 된다. 성폭행이나 간통이라고 하며 상대방을 괴롭혀서 돈을 받아내는 사람들이다. 간혹 언론에 보도되는 것을 봤을 터인데, 우리 주변에서 이런 사건으로 고민하는 사람들이 뜻밖에 많다. 비유적으로 말하자면, 꽃뱀에 물리는 사람이 산에서 진짜 뱀에 물리는 사람보다 훨씬 많다. 언론에 간혹 꽃뱀 사건이 소개되지만 뉴스에 나오는 건 극히 일부일 뿐이다. 고소 이전에 돈을 주고 끝내는 경우가 많고, 간혹 고소까지 가더라도 합의를 하고 끝내는 경우가 훨씬 많기 때문이다. 최근에는 성폭행 등에 대해 친고죄 규정을 폐지했기 때문에, 일단 고소가 되면 '꽃뱀'이라는 것을 밝혀내기 전에는 재판을 받고 전과자가 될 확률도 높다.

세종시에 공무원들이 본격적으로 내려간 이후, 공무원 사회에 한동안 꽃뱀 경계령이 내려지기도 했다. 가족은 서울에 두고 독신으로 내려온 공무원들에게 접근하는 꽃뱀들이 많을 것이라는 예상 때문이었다. 공무원들이 꽃뱀들 때문에 고통받는 일이 드물었더라면 이런 '경계령'이 내려질 이유도 없었을 것이다.

2011년 도미니크 스트로스 칸 사건

아마 많은 이들이 기억할 것이다. 2011년 도미니크 스트로스 칸 국제통화기금(IMF) 전 총재가 성폭행 미수 혐의로 미국에서 구속됐다. 스트로스 칸은 차기 프랑스 대통령 후보로 유력한 정치인이었는데, 이 사건으로 정치적으로 엄청난 타격을 받았을 뿐만 아니라 유죄 판결이 나는 경우 장기간의 징역형도 예상되는 상황이었다. 가난한 호텔 여종업원을 성폭행하려고 했다는 혐의와 관련해서 스트로스 칸이 빠져나올 수 있는 구멍은 그리 많아 보이지 않았다. 끝장이라는 느낌이 강했다. 그런데 극적인 반전이 있었다.

수사 과정에서 그를 고소한 호텔 여종업원의 진술이 오락가락했다. 사건 직후 겁에 질려 숨어 있었다는 호텔 종업원이 사실은 스트로스 칸의 방을 포함해 객실 2개를 더 청소한 후에야 호텔 매니저에게 사건에 대해 알렸던 것이다. 또 감옥에 있는 남자친구에게 전화를 해서 "걱정하지 마. 이 남자는 돈이 많아"라고 말한 녹취록이 공개됐고, 정부 보조금을 더 받기 위해 친구의 자식을 자기 자식으로 허위 등록했다는 등 이 여종업원의 말을 신뢰하기 어려운 측면이 계속 드러났다. 결국 뉴욕주 법원은 '사건 정황에 중대한 변화가 있다'며 스트로스 칸에 대한 가택 연금을 해제했고, 스트로스 칸은 프랑스로 떠날 수 있었다. 미국 법원은 호텔 여종업원의 진술(말)을 신뢰할 수 없는 이상, 피해자라고 주장하는 그녀가 스트로스 칸으로부터 돈을 뜯어내기 위해 의도적으로 접근했을 수 있다는 판단을 한 것이다.

스트로스 칸이 이런 함정에서 벗어날 수 있었던 것은 '행운'이라고 밖에는 할 수 없을 것이다. 그저 아시아의 어느 나라에서 출장을 간 남자였다면 이런 식으로 빠져나올 수 있었을까?

나이트클럽은 꽃뱀들의 아지트

나이트클럽은 꽃뱀들의 아지트와도 같다. 가볍게는 '바(bar) 알바'라는 신분을 감추고 당신의 지갑을 노리는 신종 꽃뱀들이 있다. 또, 마음이 맞아 모텔까지 같이 가서 자고서는 아침에 일어나 "너 누구야!"라며 화를 내고 누군가에게 전화하여 "나 강간당했어"라고 소리 지르며 같이 잔 남자를 황당하게 하는 꽃뱀들도 있다.

바 알바들은 "따로 나가자" 또는 "따로 한잔 더 하자"고 이야기하면서 '술자리 이후의 뭔가'를 기대하도록 해놓고 자기가 정해둔 바로 남자를 데리고 간다. 그러고는 그 바 업주와 짜고서 고액(보통 100만 원 이상)의 술값을 지불하게 만든다. 바에서는 가짜 술을 내놓거나 피해자가 화장실에 간 사이 술을 버리거나 하는 경우도 많다. 얼결에 카드 결제를 하고 난 뒤 다음 날 '당했다'고 생각해도 고발까지 하는 사람은 많지 않다. 그래서 이런 수법을 쓰는 바나 바 알바가 의외로 많다.

　나이트클럽에서 만난 여자들과 쉽게 모텔에 가본 경험이 있는 남자들은 모르는 여성과 모텔에 가는 것을 두려워하지 않는 것 같다. 그렇지만 노소를 불문하고 나이트클럽에서 여자를 잘못 만나 강간 전과가 생기거나 합의금으로 수천만 원씩 깨진 사람들이 많다는 건 기억해두었으면 한다. 이 사람들이 공통으로 하는 얘기가 이것이다. "그동안은 아무 일도 없었는데…."

　그러나 열 번 중 한 번만 '잘못된 만남'이어도 지옥 같은 경험을 할 수 있다. 참고로, 형법 등이 개정되어 이제는 강간 피해자와 합의를 해도 처벌을 받고 강간 전과가 남는다. 강간죄나 준강간죄로 고소당한 경우, 꽃뱀이라는 것을 증명하지 못하는 한 합의하기 위해 돈은 돈대로 쓰고서도 전과자가 되는 것이다.

모텔에 같이 걸어갔어도 강간죄로 고소당할 수 있다

　모텔에 같이 걸어갔는데 강간죄로 고소당하면 어떨까? 어떤 사람들은 "아니, 어떻게 같이 술 마시고 같이 모텔에 갔는데 강간이 성립한다는 게 말이 되느냐?"고 말한다. 그런데 현실에선 그런 경우에도 강간으로 인정되는 경우가 있다.

　고소당한 남자는 분명 나이트클럽에서 부킹 후 마음이 맞아서 술도 더 마시고, 모텔에도 같이 가서 성관계를 가졌다고 하는데 준강간으로 기소까지 된 사건이 있었다. 술에 취해서 정신이 없는 여자를 데려가 여자의 의사와 상관없이 성관계를 가지면 준강간죄로 처벌받는다. 여성이 성관계를 거절할 의사표시조차 제대로 할 수 없는 상황을 이용했다는 데 대해 처벌하는 것이다. 준강간은 강간과 동일하게 처벌된다.

이런 사건이 있었다. 사건기록을 보면 실제로 피해자라고 주장하는 여자도 나이트클럽에서 상대방을 만나서 부킹을 했고, 마음이 맞아서 같이 나와 바에서 양주 한 병을 더 먹었다고 인정했다. 그렇지만 성관계를 가질 생각은 없었는데 남자가 자신을 데리고 모텔에 데려가 성관계를 가졌다고 주장한 것이다. 그런데 과연 이 여자가 성관계를 가질 생각이 없었던 것인지는 알 길이 없다. 남자 입장에서는 술 마시고 모텔에 같이 갈 때까지 성관계에 대해 동의를 받은 것이 분명한데, 아침에 일어나 보니 강간범이 된 셈이다.

물론 여성이 성관계를 생각하지 않았는데, 취한 상태를 이용해서 남자가 간음하는 경우 강력하게 처벌해야 한다. 그런데 문제는, 여성이 동의를 해놓고 나중에 기억을 못 하는 경우조차 남성이 처벌받을 수 있다는 것이다.

모텔에서 남자가 옷을 벗고 샤워하는 사이에 여자가 팬티 한 장 걸치지 않고 뛰쳐나간 사례도 있다. 남자로부터 강간을 당할 뻔했다는 것이다. 모텔까지 같이 갔는데 강간이 되겠느냐고 하는 이들도 있지만, 모텔에 같이 갔더라도 거기에서 성관계를 거부하는데 억지로 하려고 했다면 강간이 된다는 것이 법원 입장이다.

문제는 정말 강간을 당할까봐 옷을 벗고 뛰쳐나오는 경우도 있지만, 그렇지 않은 경우도 있을 수 있다는 것이다. 예컨대 강간을 당했다며 고소를 한 여성이 이렇게 주장한 경우가 있었다. "성관계 중에도 나는

가방을 메고 있었다. 만약 합의하에 성관계를 했더라면 가방을 메고 있었을 리가 없다. 강간을 당한 것이 분명하다." 그런데 그 여성의 친구도 예전에 강간을 당했다며 고소를 한 적이 있고, 마찬가지로 가방을 메고 있었다고 진술한 사실이 있다면 당신은 어떻게 생각하겠는가?

강간이나 준강간 또는 강제추행 혐의로 고소당하는 경우는 빠져나가기가 결코 쉽지 않다. 명백하게 거짓 고발임이 눈에 확 뜨이는 아주 드문 경우를 제외하고는 말이다. 그리고 실제로 준강간인지 여부를 구별해내기도 쉽지 않다. 그래서 이런 경우 변호사들도 무죄를 끝까지 다투라고 권하기가 참으로 어렵다.

앞서의 모텔 사건과 관련해서 나이트클럽의 웨이터와 바의 사장도 두 사람이 마음이 맞아서 나갔다고 진술했다. 하지만 결과적으로 '여자가 취해 있었던 것 같다'는 것이 이유가 되어 남자는 준강간 혐의로 기소가 됐다. 다시 한 번 강조하지만, 이런 상황을 이용하고자 하는 사람들에게 걸리면 빠져나오기가 결코 쉽지 않다는 것이다. 상대방이 많이 취했다고 생각되면 절대로 성관계를 가져서는 안 된다. 길을 걷다가 비틀거리거나 엘리베이터에서 벽에 기대고 있는 CCTV 영상이 바로 준강간의 증거가 된다. 그런 영상이 있다면, 빠져나온다는 것은 거의 불가능에 가깝다.

조직폭력배와 꽃뱀들

최근 꽃뱀 사건들은 보면 여자들이 개인적으로 움직이는 것이 아니라 다른 남자들, 심지어 조직폭력배들과 함께 조직적으로 움직이는 경우가 드물지 않다. 꽃뱀은 단독범인 경우에도 고약하지만 조직적으로 움직일 때는 비할 바 없이 무섭다. 조폭들은 순간적으로 몰아붙여서 생각할 틈도 주지 않는다. "각서를 써라", "집으로 찾아가겠다", "회사에 알리겠다" 등 소리를 지르며 폭력을 휘두르는 사람들 앞에서는 누구라도 간이 콩알만 해질 것이다.

지방의 한 조직폭력 단체는 미성년자를 '꽃뱀'으로 내세워 나이트클럽에서 부킹을 통해 만난 남자와 모텔 등에서 성관계를 맺게 한 후 협박하는 수법을 썼다.

조직폭력배들은 미성년자 오빠 행세를 하며 "동생이 성폭행당했으니 합의금으로 2억 원을 내라"고 피해자를 협박하고 폭행했다. 피해자가 2억 원을 마련할 수 없다고 하자 사건 브로커와 함께 미성년자 '꽃뱀'을 시켜 피해자를 미성년자 강간 혐의로 고소까지 했던 것이다.

이 사건에서 가장 눈여겨볼 부분은 "미성년자를 강간했다"며 허위로 고소한 부분이다. 조폭과 사건 브로커는 여학생의 치마를 찢어 성폭행당한 것처럼 꾸미고 치밀하게 범행을 준비했다고 한다. 다행히, 그 사건에서는 강간을 한 것이 아니라는 점이 밝혀져서 조폭과 사건 브로커 그리고 미성년자인 여학생까지 공갈 등의 혐의로 처벌받았다. 그렇지만 이 정도로 조직화된 집단에게 걸렸을 때 빠져나갈 수 있는 사람이 몇이나 될까? 나이트클럽에서 처음 만난 여자들과 모텔에 가는 것이 얼마나 위험한 일인지 다시 한 번 되새길 필요가 있다.

시골 술집이나 다방 꽃뱀

농촌의 다방 하나가 한 마을을 풍비박산 내버린 이야기들은 지겨울 정도로 흔하다. 내가 만난 어떤 영감님은 조그만 술집의 중년 마담에게 빠져 돈을 주는 것은 물론이고, 심지어 부동산에 저당권 설정을 해주기도 했다. 저당권까지 설정해주다니 이건 정말 흔한 일이 아니다. 본인도 나중에 후회를 했기에 형사고소도 했겠지만, 가족들 입장에선 얼마나 황당한 일이었겠는가? 이런 상황에 그의 부인과 아들은 의외로 담담했는데, 아들 말을 들어보니 "아버지가 이러신 게 한두 번이 아니다"는 것이었다.

당시 검사는 "그 가족들은 참 안됐지만, 영감님이 좋다고 준 것을 이제 와서 어떻게 하겠느냐"며 무혐의 처분을 했던 것으로 기억한다. 당시 검찰 수사관은 본인 집안에도 그런 피해자가 있기라도 했는지 그 마담의 목소리도 듣기 싫다며 짜증을 내다가 나중에는 거의 키보드를 집어 던질 뻔했다. 그래도 그 마담을 형사처벌할 방법은 없었다.

푹 빠져서 사랑한다고 하고, 사랑하면 증거를 보이라고 하는 고전적인 수법에 넘어간 것이지만, 좋아서 또는 사랑해서 준 것을 나중에 마음이 바뀌었다고 해서 사기라고 할 수는 없다는 것이었다. 물론 증여계약을 취소하거나 해제하는 식으로 민사상으로 대응할 방법이 있는 경우도 있겠지만, 되찾아올 수 있다고 장담할 순 없다. 민사소송에서 이겨도 돈을 다 써버리거나 숨겨두면 찾아올 방법이 없다.

혹시라도 꽃뱀들이 돈 등을 요구하는 경우에도 차용증을 확실히 작성하고, 그 빌려달라고 하는 용도나 이유도 적어두면 나중에 도움이 된다. 다만, '애정관계나 불륜관계를 유지하는 동안만 증여를 인정하고 관계가 종료되면 증여를 해제한다'는 조건은 무효이기 때문에 넘겨준 부동산을 찾아오기 어려울 수 있다. 나름대로 머리 쓴다고 그런 약정을 하는 사람들도 있는데 큰 도움이 안 되는 일이다.

경찰 전문 꽃뱀

경찰이나 공무원들은 의외로 꽃뱀 사건의 피해자가 되기 쉽다. 경찰들이 한 여자에게 연쇄적으로 피해를 당한 사건이 있다. 한○○라는 여성은 경찰공무원시험 준비 인터넷 카페에서 경찰 이○○ 씨를 알게 되어 사귀었다. 그런데 경찰 이 씨와 헤어지게 되자, 한 씨는 "이 씨로부터 성폭행을 당했다"고 진정서를 제출했다. 심지어 이 씨가 근무하는 파출소에 찾아가 파출소장과의 면담을 요청하는 등의 방법으로 이 씨를 압박했다. 결국 이 씨는 한 씨에게 돈을 건네야 했다.

이후 한 씨는 다른 경찰 박○○ 씨와 만났다. 박 씨와도 헤어지게 되자 박 씨가 근무하는 경찰서로 찾아가서 "경찰한테 성폭행을 당했다"며 소란을 피우고 고소까지 했다. 박 씨 역시 합의금을 건네야 했다. 그게 끝이 아니었다.

한 씨는 다시 경찰인 정○○ 씨를 사귀기 시작한 것이다. 그런데 한 씨에 대해 알고 있던 동료 경찰이 정 씨에게 한 씨의 과거 행적에 대해 이야기해주었다. 충격을 받은 정 씨가 헤어지자고 하자 한 씨는 또 정 씨로부터 강간을 당했다며 고소를 했다. 하지만 이번에는 한 씨가 무고 혐의로 기소됐다. 꼬리가 너무 길었던 것이다.

수사 전문가들인 경찰들이 왜 처음부터 한 씨를 무고로 고소하지 못하고 합의금을 주고 끝냈을까? 경찰은 물론 공무원들은 자칫 인사상 큰 불이익이 있을 것을 두려워하여 부당한 고소·고발에도 약해지기 때문이다. 경찰만이 아니라 군인이나 일반 공무원도 마찬가지다. 대기업 직원들은 더 말할 것도 없다. 국내 최고의 기업들에 다니는 직원들은 "인사팀은 자사 직원이 불미스러운 사건에 연루됐다고 하면 이를 그냥 넘어가지 않는다. 그만두거나 승진 등에서 불이익을 받을 수 있다"고 말한다. 억울해도 돈을 주고 해결하려는 사람들이 많은 이유다.

범죄수사의 경험이 많은 경찰조차도 사실을 밝히지 못하고 합의를 할 수밖에 없는 게 현실이다. 성폭행 등으로 고소를 당했을 때 "억울하더라도 피해자와 합의하라"는 조언을 듣게 되는 것도 이 때문이다. 경찰조차도 꽃뱀의 고소를 무고라고 밝히지 못하고, 자칫 자신이 강간이나 강제추행죄로 처벌받을 수 있다고 생각하는 판이니 더 말해 무엇하겠는가.

"여성과 함부로 잠자리하지 마라." 이런 조언만이 해결책일까? 아니면 엄격한 증명이 없는 경우 무죄추정의 원칙에 따라 무혐의 처분 또는 무죄 선고를 하는 것이 궁극적인 해결책일까? 다소 애매한 점이 있을 때만이라도 불구속수사를 원칙으로 한다면 피해자들이 직장을 잃을 두려움에 눈물을 머금고 합의하는 일이 많이 줄어들 것이다.

위험한 술자리

40대 남성 이○○ 씨는 후배 서○○ 씨의 주선으로 20대 여성 2명과 술을 마시게 됐다. 술을 마시던 중 서 씨가 선배 이 씨에게 비아그라를 건넸다. 서 씨는 이 씨에게 비아그라를 먹게 한 뒤, 여자들이 잠깐 자리를 비운 틈을 타서 여자들의 술잔에 하얀 가루약을 탔다. '물뽕'이라는 여성용 최음제라고 하는데, 정말 듣던 대로 효과가 대단했다. 얼마 지나지 않아 여성들이 이 씨와 서 씨에게 대담한 스킨십을 하기 시작한 것이다.

서 씨는 선배 이 씨에게 드라이브 가서 여자들과 성관계를 하자고 제안했다. 물뽕을 먹은 여자들의 반응을 본 이 씨는 서 씨를 따라나섰다. 서 씨는 차를 몰고 인근 공원 근처로 간 후 여성 한 명을 데리고 차에서 내렸다. 그리고 이 씨는 자기 파트너인 여성과 차에서 성관계를 가졌다. 파트너 여성은 최음제의 효과 때문인지 매우 적극적이었다.

그런데 얼마 후 서 씨가 되돌아와 성관계를 갖지 못했다며 이 씨에게 자리를 비워달라고 하더니, 차에 자기 파트너인 여자를 끌고 들어가 강제로 성관계를 했다.

문제는 이틀 뒤에 터졌다. 여성들의 지인이라는 사람이 연락을 해와서 "당신들 두 사람이 함께 강간을 했으니 특수강간"이라는 것이었다. 이 씨는 "후배 서 씨가 강제적으로 성관계를 한 것은 맞지만 나는 아니다"라고 말해보았지만, 소용이 없었다. 서 씨가 강간할 때 함께 있었기 때문에 공범이라는 것이었다. "당신은 보고만 있었지 말린 것도 아니지 않느냐"고 하는데 이 씨는 할 말이 없었다.

이 씨는 놀라서 '큰일 났다'며 서 씨에게 연락을 했다. 서 씨도 사색이 되어 고민하다가 이 씨와 함께 자신이 잘 아는 경찰을 찾아가 상의를 해보았다. 아니나 다를까 경찰은 "이 씨도 특수강간이다. 입건이 되면 합의하느라 돈은 돈대로 들고 또 징역까지 살아야 한다. 약까지 먹였으니 보통 일이 아니다. 고소가 되기 전에 합의를 하는 것이 최선이다"라고 조언을 해주었다. 이 씨는 5,000만 원을 합의금으로 건네고 사건을 무마해야 했다.

그런데 이 씨 사건은 제보를 받은 검찰이 수사를 시작하면서 반전됐다. 모든 것은 한 편의 잘 짜인 각본이었다. 서 씨와 여성들은 모두 한 패였다. 심지어 이 씨가 서 씨와 함께 만난 경찰 역시 한 패였다. 그는 서 씨의 부탁에 따라 "특수강간이니 합의하라"고 조언한 것이었다. 서 씨 등은 술자리에서 호기심과 성욕을 자극하여 판단력을 흐리게 한 후 이 씨가 빠져나가지 못할 함정을 친 것이다. 이 씨는 후배 서 씨가 마약성 약물을 사용하는 '범죄' 행위를 한다고 하는데도 '호기심'과 '성욕' 때문에 위험성을 제대로 인식하지 못한 것이다.

실제로 친구가 범죄행위를 하는데 그 행위를 막지 않고 그 자리에 함께 있었다면 공범이 된다. 어떤 범죄냐를 막론하고 말이다. 범죄행위를 하려는 사람이 있으면 막아야 하고, 막지 못한다면 최소한 자리를 피해야 한다. 그렇지 않으면 특수강간과 같은 중범죄의 공범으로 처벌받게 된다. 만일 사기가 아니었다면 이 사건에서 경찰이 해준 조언은 정확한 것이었다.

참고로, 서 씨가 여성들의 술잔에 탄 흰 가루는 설탕이었다고 한다.

꽃뱀에게 당하지 않으려면

첫째, '위험한 곳'에 가지 않는 것이다.

범죄를 예방하는 것만이 아니라 자기 몸을 지키는 제1수칙이 '위험한 곳에 가지 않는 것'이다. 잊지 말기 바란다. 나이트클럽에는 분명히 꽃뱀 또는 제비족이 섞여 있다. 어제 만난 사람, 오늘 만난 사람이 꽃뱀이 아니었다고 해서 내일 만날 사람이 꽃뱀이 아니길 기대해서는 안 된다. 꽃뱀이 넘쳐나는 세상이다. 위험한 행동, 약점 잡힐 행동을 하는 것이 범죄 피해를 유발한다. 낯선 사람들의 접근을 조심해야 한다.

둘째, 우연히 알게 된 상대방을 쉽게 믿어서는 안 된다.

나이트클럽만 문제 되는 것이 아니다. 요즘은 등산을 하면서 접근하거나 골프연습장에서 필드에 한 번 같이 나가자며 접근하는 경우가 적지 않다. 상대는 '선수'이거나 '조직'일 수 있다. 처음 만나 또는 한두 차례 만나 술자리를 같이하고, 술에 취해 분위기 맞춰주고 음담패설도 싫지 않은 듯 다 받아주는 모습에 '오늘 뭔가 좋은 일이 있겠는걸' 하고 생각하면 곤란하다.

셋째, 잘못될 경우 어떤 대가를 치르게 되는지를 생각해야 한다.

나이트클럽에서 만난 여자와 술 한잔 더 하고 모텔에 같이 갔던 사람이 있다. 아침까지 아무 문제가 없었다고 한다. 그런데 점심 무렵 여자가 고소를 했다. 자기가 술에 취한 걸 이용해서 모텔에 데려가 자기도 모르는 사이에 강간을 했다고 말이다. 그 남자는 고민하다가 결국 큰돈을 주고 합의를 했다. 이런 경우는 무척 흔한데, 나는 합의금으로 9,000만 원까지 지급한 예를 본 적이 있다.

넷째, 적극적으로 수사기관의 도움을 받는 것이 피해를 키우지 않는 방법이다.

아무리 봐도 꽃뱀이라고 생각된다면, 터무니없이 많은 금액을 요구한다면, 또는 반복적으로 돈을 요구한다면 더욱 그렇다. 일단 돈을 받고 나면 더는 미련을 갖지 않는 꽃뱀 조직도 있지만 여자를 이용해서 계속 괴롭히는 악질들도 있다. "미치겠네"라고 한숨을 팍팍 쉬어봐야 해결되지 않는다. '꽃뱀이었구나'라고 판단되면 경찰에게 도움을 청하는 등 적극적으로 대응해야 한다. 남들에게 알리지 않고 조용히, 돈도 들이지 않고 끝낼 수 있다는 순진한 환상은 버려야 한다.

다섯째, 술에 취해 판단력이 약해지면 안 된다.

술에 취해 평소에 하지 않던 행동을 할 때 위험에 쉽게 노출되기 마련이다.

되돌리기 어려운
혼인 사기

상대방의 말을 의심한다는 것은 어려운 일일 수도 있다. 하지만 상대방이 어떤 사람인지 제대로 모르면서 그가 하는 말을 의심 없이, 아무런 확인도 하지 않고 믿는다면 어떤 결과가 초래될지 알 수 없다. 때로는 심각한 결과를 가져올 수도 있다.

경찰이라고 자신을 소개한 남자

김○○ 씨는 우연한 기회에 경찰대 출신으로 경위 계급이라는 경찰 연○○ 씨를 만나 사귀게 되었다. 얼마 후에는 결혼을 약속하고 부모님 상견례까지 했다. 아파트는 연 씨가 구입하기로 했지만, 연 씨가 돈을 바로 마련하기 어렵다고 해서 김 씨가 빌려주었다. 결혼한 뒤에 거주할 아파트 구입과 웨딩 촬영 등에 필요한 돈을 포함해서였다.

연 씨는 그 후로도 돈을 빌려달라고 하는 일이 많았는데, 공무원들이 박봉이라는 사실을 잘 알고 있었기에 김 씨는 크게 신경 쓰지 않았다. 그런데 그런 일이 계속되자 뭔가 이상하다는 생각이 들었다. 의심을 하기 시작한 김 씨는 그제야 연 씨에 대해 알아보기 시작했다.

알음알음으로 경찰대 관계자와 연락이 닿았는데, 경찰대 관계자는 듣자마자 이상하다고 했다. 그가 말하기를 "구체적으로 확인해보지 않더라도 연 씨가 말하는 그의 나이와 경찰대 기수는 전혀 맞지 않는다"는 것이었다. 김 씨는 충격을 받고 연 씨에게 따져 물었다. 그러자 연 씨는 이런저런 핑계를 대며 김 씨와 만나는 것을 피했다. 답답해진 김 씨는 연 씨가 근무한다는 대구지방경찰청에 직접 확인해보았다. 그랬더니 연 씨는 그곳에 근무하고 있지도 않았고, 심지어 경찰도 아니었다. 수사 결과, 연 씨는 지방대 체육과 출신으로 대학 졸업 후 아무 직업도 가져본 적이 없는 말 그대로 백수였다.

김 씨는 연 씨가 진짜 경찰인지 아닌지를 왜 진작 확인해보지 않았을까? 돌이켜 보면, 두 사람은 우연히 고속버스에서 만난 사이에 불과했다. 그런데도 김 씨는 연 씨가 이야기하는 것을 전혀 의심 없이 믿었다. 단지 고속버스에서 만나 이야기하기 시작한 것이 인연의 전부였는데, 사귀기 시작하고 결혼까지 준비한 것이다.

남자가 실제 결혼할 생각도 없으면서 결혼하자고 여자를 유혹한 후 잠자리만 하는 경우 예전에는 혼인빙자간음죄로 처벌됐다. 그렇지만 혼인빙자간음죄에 대해서는 2009년 위헌결정이 났다. 성관계 자체는 성인 남녀 간에 자유로운 결정으로 하는 것이므로, 결혼하자는 약속을 했느냐 아니냐에 따라 성관계한 남자를 처벌하는 것은 시대에 맞지 않는다고 본 것이다. 이제는 결혼하자는 말에 속아 성관계를 맺었을 경우 성관계 자체를 이유로 상대 남성을 처벌할 근거는 없어졌다. 하지만 결혼하자며 상대방을 속여 돈을 가로챈 경우에는 당연히 사기가 된다. 신뢰할 수 있는 사람이라고 쉽게 믿는 것은 사기를 당하는 지름길이다.

미국 의대 재학 중인 재벌가 딸

재벌 딸이나 아들인 척하며 상대방으로부터 호감을 얻고 돈을 뜯어내는 사기 사건도 생각보다 자주 일어난다. 명품으로 도배를 하고 그럴듯한 언변으로 재벌가 자제 흉내를 내는 것이 그런 사기를 치는 사람들의 기본적인 수법이다. 명품으로 치장한 외모와 언변, 고급차와 사치스러운 씀씀이만 보고 상대방을 평가하고, 믿는 사람들이 많기 때문이다.

사기꾼들이 명품으로 도배를 하는 것은 사기를 치기 위한 준비물이다. 한편, 그런 명품들을 사고 유지할 수 있는 것도 사기 쳐서 돈을 만들어내기 때문이다. 자기가 힘들여 번 돈이 아니니까 그만큼 막 쓸 수 있는 것이다. 돈 씀씀이만 보고 재벌가나 재력가일 것이라고 쉽게 믿어서는 안 되겠다.

30대 남성인 오○○ 씨는 우연한 기회에 미국에서 공부하고 있다는

29세의 여성 이○○ 씨를 만나게 됐다. 이 씨는 재벌가의 딸로 미국에서 의대에 다닌다고 했다. 그녀의 옷과 가방, 신발 모두 명품 일색이었고 간혹 사설 경호요원을 대동할 때도 있었다. 이 씨의 세련되고 교양 있는 말투나 행동을 보면, 평범한 사람은 역시 아니었다. 오 씨는 이 씨가 원하는 공부를 마칠 때까지 경제적으로 지원해주었다. 이 씨가 집안에 손을 벌리지 않고 공부를 하고 싶다고 했기 때문이다. 3년 동안 그런 관계가 지속되었다.

그런데 어느 날 이 씨와의 연락이 끊겼다. 갑자기 잠적해버린 것이다. 오 씨는 뭔가 이상하다는 생각에 고소를 했는데, 수사 결과 드러난 사실은 오 씨를 황당하게 했다. 이 씨는 중학교를 졸업하고 바로 서울에 와서 술집 도우미 등 유흥업소에서 잔뼈가 굵었으며, 고급 룸살롱 마담 자리까지 오른 인물이었던 것이다. 이 씨가 오 씨에게 이야기한 모든 것이 거짓이었다. 그 세련되고 기품이 느껴지던 말투조차 꾸며낸 것이었다. 피해자 오 씨는 이 씨가 들려준 말 이외에 오 씨에 대해서 확인해본 것이 없었다. 물론 사기 행각을 벌인 이 씨가 의심의 여지도 없을 만큼 재벌가의 교양 있는 딸 연기를 했기 때문이기도 하지만, 오 씨는 끝까지 이 씨의 말을 의심 없이 믿으면서 3년 동안이나 사기 피해를 당한 것이다.

이 씨에게 사기를 당한 사람은 오 씨만이 아니었다. 이 씨는 결혼을 전제로 오 씨 외에 다른 남자도 동시에 만나고 있었고, 그 피해자로부터도 거액을 뜯어낸 사실이 수사 과정에서 밝혀졌다. 사기를 쳐서 얻어낸 돈으로 사치스러운 생활을 하고, 그 화려한 겉모습을 통해 또 다른 피해자를 만나는 식이었다.

인터넷 동호회의 잘못된 만남

인터넷 카페나 동호회에서 사기를 당하는 사람들도 많다. 인터넷을 통해 중고물품을 산다고 해서 항상 사기를 당하는 건 아니지만, 사기 사건이 끊이지 않는다. 믿지 못할 사람들이 항상 섞여 있지만, 믿을 수 있는 사람인지 아닌지를 딱히 검증할 방법도 없다. 인터넷 동호회 등을 통해 만나는 사람들 중에는 당신에게 상상도 못 할 피해를 주는 사람도 섞여 있을 수 있다. 단지 자동차용품이나 아이돌 가수 공연 티켓 정도를 사기당한 사람들도 있지만, 인터넷 동호회에서 만난 사람에게 결혼 사기를 당한 경우도 있다.

30대 중반의 여성 민○○ 씨는 인터넷 동호회에서 두 살 연하의 남자 계○○ 씨와 만나 연인이 됐다. 계 씨는 소위 명문대 경제학과를 졸업한 인재로 무역회사에 다니고 있는 데다가 서울에서 30평 아파트에 전세로 살고 있는 준비된 신랑감이었다. 민 씨는 몇 개월간 연애를 한 끝에 계 씨와 결혼했다. 취미도 같았고, 계 씨가 집도 있고 안정적인 직장을 가졌기 때문에 결혼까지 큰 난관이 없었다. 결혼 후 두 사람은 계 씨가 구해놓은 전세아파트에서 살았다.

신혼이 시작되고 몇 개월이 지나서였다. 평소처럼 출근했던 계 씨가 전화를 했는데 갑작스럽게 일본 출장을 간다는 것이었다. 그런가 보다 했는데, 며칠 후 민 씨는 집에서 계 씨의 여권을 발견했다. '여권이 집에 있는데 일본 출장?' 민 씨는 놀라서 시댁에 연락했다. 시댁에서는 엉뚱하게도 계 씨가 일본 출장을 가서 마약사범으로 오해를 받아 귀국을 못하고 있다는 것이다. 뭔가 잘못됐음을 직감한 민 씨가 확인해보니 계 씨는 구속되어 있는 상태였다. 갑작스럽게 일본 출장을 갔다던

날, 계 씨는 법원에서 징역형을 선고받고 구속된 것이었다.

계 씨가 구속된 사실이 들통 나자 시댁에서는 보석을 청구하려면 3,000만 원을 공탁해야 한다며 민 씨에게 돈을 요구하기 시작했다. 급한 마음에 민 씨는 전세금을 돌려받아 공탁금을 마련하려고 했는데 황당하게도 민 씨가 살고 있던 집이 전세가 아니라 월세였다. 집주인에게 급한 사정이 있어 전세를 빼겠다고 했더니 집주인이 무슨 소리냐고 반문했던 것이다. 지금까지 민 씨가 계 씨에 대해 알고 있던 것은 모두 거짓이었다. 명문대 경제학과 출신도 아니었고 무역회사 직원도 아니었다. 계 씨가 구속된 것은 사기 혐의로 기소되어 유죄 판결이 내려졌기 때문이었다. 민 씨는 사기꾼에게 돈만 날린 것이 아니라 속아서 결혼까지 한 것이다.

민 씨는 사기결혼을 이유로 혼인취소소송을 제기하여 승소했다. 위자료 5,000만 원과 손해배상 6,000여만 원, 그리고 마련했던 혼수품을 돌려받으라는 판결도 받았다. 그러나 주변 모든 친지와 친인척의 축하 속에 결혼까지 한 사실 자체가 취소될 수는 없었다.

국제결혼 사기

국제결혼을 추진할 때 동남아 등의 여성 여러 명을 단시간 내에 만나보고 그중 한 사람을 선택하는 방식이 일반적이다. 그런데 그런 방식의 결혼은 사실상 매매혼이 아니냐는 비판을 많이 받고 있다. 특히 한국 남성의 나이는 많은데, 결혼하려는 상대 여성은 스무 살을 갓 넘긴 경우가 많아서 더욱 비판을 받는다. 더구나 한국어도 제대로 못하기에, 그녀들이 낯선 땅에서 겪는 어려움은 상상을 초월한다고 한다. 나이 많은 남편과 시댁 식구들의 태도, 이웃의 차별 때문에 회복할 수 없는 상처를 입는 경우도 있고, 범죄나 다름없는 학대를 당하는 일도 자주 발생한다. 국제결혼을 해서 입국한 여성이 자살하거나 심지어 살해당한 경우도 있다. 이런 문제가 생각보다 심각할 뿐만 아니라 빈발하다 보니 국제결혼의 피해자인 여성들에 대한 우려의 목소리가 적지 않다.

그런데 이와 반대로 한국인 남성들이 피해자가 되는 경우도 적지 않다. 여기에서는 국제결혼 과정에서 피해를 본 남성들에 대해 주로 살펴보고자 한다.

국제결혼중개업체를 통해 결혼하는 경우 상대방에 대한 정보는 오직 중개업자의 말뿐이다. 신뢰할 만한 업체를 선택하는 것이 최선일 수밖에 없는데, 국제결혼과 관련한 문제는 계속해서 생기고 있다. 중개업체에서 소개한 여성이 처녀라는 설명과 달리 이혼한 사람이거나 아이 엄마이거나 심지어 한국 남자와 결혼했던 사람인 경우도 있다. 이런 사기성 결혼으로 피해를 보았다고 하더라도 손해배상을 받기 어려운 경우가 대부분이다. 국제결혼중개업체가 비용이나 수수료 등을 전액 지불받고 난 후에는 돈을 돌려주려 하지 않기 때문이다. 그래서 이와 관련한 문제가 소송으로 이어지는 경우도 많다.

마흔 살의 농촌 총각인 노○○ 씨는 국제결혼을 하기로 마음먹었다. 요즘은 국제결혼을 하는 사람들도 많고 동남아에서 시집온 여자들이 시부모님 모시고 잘 사는 모습을 TV에서도 많이 봤기 때문이다. 주변 사람들도 예전처럼 외국인에 대한 거부감이 없었다. 노 씨는 국제결혼중개업체를 소개받은 후 업체 사장과 함께 베트남으로 가서 신붓감을 만났다. 현지에서 소개받은 신붓감 B 씨는 20대 초반의 나이에 상당한 미모를 가진 여성이었다. 우리말도 어느 정도 한다는 점이 특히 마음에 들었다. 노 씨는 결혼을 결심하고 곧바로 B 씨와 결혼식을 치르고 현지에서 신혼여행도 갔다.

결혼식을 치렀다고 하지만 베트남에서 정식 혼인신고를 하기 위해서는 남편이 베트남 현지 정부기관에서 면접을 치러야 한다고 했다. 노 씨는 먼저 한국으로 돌아와 면접 날짜만 기다렸다. B 씨와는 국제통화를 하며 신혼 기분을 냈다. 그런데 어느 순간부터 B 씨는 통화를 할 때마다 돈 이야기를 꺼내더니 별의별 핑계로 돈을 보내달라고 하기 시작했다. 명목은 다양했다. 생활비, 가족의 병원비 등등. 그리 큰 액수는 아니었고 결혼식까지 올린 상태였기 때문에 노 씨는 의심 없이 돈을 보내주었다. 결혼중개업체가 나서서 한국에서의 혼인신고를 해주었기에 더 안심할 수 있었다.

몇 개월 후 드디어 베트남에서의 면접 날짜가 잡혔고 노 씨는 합격했다. 그런데 신부인 B 씨는 이전보다 더 많은 돈을 요구하기 시작했다고 한다. 노 씨는 답답한 마음에 여기저기서 돈을 빌려서까지 보내주었지만, B 씨는 한국으로 오지도 않았다. 그 후로도 B 씨의 돈 요구만 계속됐다. 지친 노 씨는 B 씨와의 결혼을 포기했다. 결과적으로 돈만 날렸을 뿐 아니라 이미 해놓은 혼인신고도 소송을 통해 무효화해야 했다. 그런데 이런 경우 국내에서 한 혼인신고가 무효라고 볼 근거가 없다고 하여 혼인무효소송에서 승소하지 못하는 경우도 있다. 만약 국제결혼을 한 남성이 사망하면 형식상으로는 국내에 입국하지도 않은 여성이 상속인이 되어 그 재산의 상속인이 되기 때문에 황당한 결과가 생길 수도 있다.

혼인의사 없는 여성들의 국제결혼

국제결혼을 하고 입국까지는 했지만, 실제 혼인의사가 없는 여성들도 많다. 애초부터 한국에 합법적으로 입국하기 위한 방편으로만 삼는 경우도 있다. 한국에서 일해서 돈을 벌고 싶은 사람은 많은데, 입국이 쉽지 않기 때문에 발생하는 일이다. 혼인한다고 입국하더라도 실제로는 빨리 취업을 하여 돈을 벌려는 목적을 갖고 있기 때문에 결국은 한국인 남편과 어떤 식으로든 헤어지게 된다. 이런 목적이 명백히 드러나는 경우에는 외국 여성이 국내에 와서 일시적으로 함께 살았더라도 법원은 혼인무효를 인정하기도 한다. 이런 경우 여성이 아예 입국하지 않는 경우보다 낫다고 할 것도 없다. 입국하는 경비도 다 국제결혼을 한 남자가 내기 때문이다.

결혼이란 상대방의 진실한 의사를 확인하지 않고는 진행될 수 없다. 물론 한국으로 시집와서 잘 살아보겠다는 외국인 여성들도 있지만 꿈 많은 젊은 아가씨들이 말도 통하지 않는 한국 남자와 살겠다고 하는 것은 쉽지 않은 결정이다. 남자 입장에서도 마찬가지의 어려움이 있다.

소개업자를 통해 국제결혼을 했다가 잘못되어 소개업자를 상대로 손해배상청구소송을 하는 경우도 많다. 그런데 결혼한 외국인 여성이 입국해서 몇 개월 정도 같이 살다가 남편으로부터 폭행을 당하거나 학대를 당했다는 핑계를 대며 가출해버리는 경우에는 소개업자의 불법을 입증하기가 쉽지 않다.

미리 이혼까지 계획하고 결혼하여 입국하는 경우도 있다. 입국해서 잠시 같이 살다가 취업을 하기 위해 가출하는 것이다. 합법적인 이혼을 하기 위해 심지어 남편의 폭력을 유도하는 경우도 있다고 한다. 남편의 폭력 등 남편의 잘못으로 이혼하는 경우 불법체류자가 되지 않기 때문이다. 소개업자나 브로커의 말만 믿고 말조차 통하지 않는 사람과 결혼한다는 것은 사실 굉장히 위험한 일이다.

상대방의 신분을 확인하라

부실저축은행 사건으로 구속된 저축은행 사주 ○○○ 씨가 서울대생 행세를 하며 살았다는 이야기는 유명하다. 그는 젊은 시절 서울대 출신 군대 동기로부터 제대할 때까지 들은 서울대 이야기를 바탕으로 서울대생 행세를 하면서 서울대 교수의 주례로 명문 여대 출신 여성과 결혼까지 했다고 한다. 그 정도라면 누구라도 속을 수밖에 없었겠지만, 오늘날까지 그런 사기 사건이 사라지지 않는 것은 '확인하지 않은 사실도 믿어버리는' 사람들이 사라지지 않기 때문이다. 상대방을 그의 직장에서 또는 그의 직장 동료들과 함께 만나거나 상대방의 선후배 또는 친구들과 함께 만난 적도 없는데, 상대방의 말만으로 직장이나 출신 학교를 믿을 때 어처구니없는 피해를 보게 된다.

앞서 얘기한 재벌 딸 행세를 한 여자는 외모가 특별히 뛰어난 것은 아니지만 명품 옷차림에 사설 경호원까지 두고 재벌 딸 연기를 했다고 한다. 경찰대 출신인 척한 남자는 자신이 경찰대 몇 기이고 어느 경찰청에서 일하고 있다는 식으로 그럴듯한 설명을 구체적으로 해서 의심을 피했다고 한다. 명문대 출신에 무역회사 직원이라고 속인 사기꾼도 매일 '무역회사로' 출근을 했다고 한다. 피해자로서는 속지 않을 수 없었다고 하겠지만, 상대방의 외모나 말을 빼면 실제적으로 확인한 게 아무것도 없었던 셈이다.

사기꾼들은 상대방이 일단 자기 말을 믿기 시작하면 그럴듯한 거짓말을 끝없이 해댄다. 피해자가 한 번 믿기 시작하면 헤어나오기가 어렵다는 뜻인데, 처음에 아무런 확인을 하지 않는 것이 그만큼 위험하다는 얘기다. 신뢰할 만한 이유가 없는데도 그저 믿어버리고, 그러다 보니 정이 들어 결혼까지 결심하는 것은 안타깝다고만 말할 수 없는 행동이다.

이런 피해는 금전적인 면에만 그치는 것이 아니다. 피해자의 주변 사람들이 모든 사정을 알게 된다는 것이 더욱 심각한 피해이기도 하다. 사기꾼과 결혼식을 올리고 혼인신고까지 하는 경우는 물론, 아이까지 낳고 사는 경우도 있다. 그렇게 많은 일이 일어난 후에 사기라는 걸 알게 되면 어떻게 되돌릴 것인가. 더욱이 아이가 태어났을 경우에는 어떻게 할 것인가. 혼인은 인륜지대사라고 한다. 거기에 걸맞은 신중함이 필요하다. 애초에 자신이 잘 아는 사람이나 주변 사람들을 통해 신분이 명확히 확인된 사람을 만나야 이런 황당한 피해를 막을 수 있다.

참고로, 유부남이나 유부녀가 자신이 결혼한 상태인 것을 속이고 결혼하자며 사귀고 성관계를 맺는 경우 정신적 피해에 따른 손해배상을 청구할 수 있다. 혼인빙자간음죄가 위헌결정이 나서 폐지되긴 했지만 구제할 방법이 전혀 없는 건 아니다. 속아서 결혼을 준비하는 등 피해를 당했다고 생각되면, 어쩔 수 없다고 쉽게 단념하지 말고 가능한 한 이른 시일 안에 적극적으로 대응할 필요가 있다.

부모의 심리를 악용하는
입시 사기

자식을 의대에 합격시킬 수만 있다면, 돈을 아까워할 사람은 없다고 해도 과언이 아닐 것이다. 입시 관련 사기꾼들은 그런 심리를 이용하여 거액을 가로챘다.

의대 편입에 교수까지 시켜준다고?

모 잡지사 대표인 김○○ 씨는 재력가로 소문난 최○○ 씨에게 딸을 D대학 의대에 편입시켜주겠다는 제안을 했다. 최 씨는 자식을 의대에 편입시켜준다는 말을 처음에는 믿지 않았다. 그렇지만 잡지사 대표가 하는 말인 데다가 김 씨를 통해 D대학 교학과장과 B대학 전 이사장 명의의 '의대편입확약서'까지 받고 나니 더는 의심할 수는 없었다. 요구하는 돈이 엄청나지만 단지 의대 편입만 시켜주는 게 아니라 의대 교수 자리까지 준다는 데야 돈을 아낄 일은 아니었다. 최 씨는 일곱 번에 걸쳐 김 씨가 요구하는 돈을 입금해주었다. 김 씨는 최 씨의 딸이 합격했다는 소식을 전해주며 편입합격증까지 주었다. 편입합격증에는 D대학 총장의 직인까지 찍혀 있었다.

그러나 편입시켜주겠다는 것은 애초부터 거짓말이었다. 최 씨는 김 씨 등에게 계속 속아 돈을 지불하다가, 2010년 3월 D대학 의대가 발표한 합격자 명단에 딸의 이름이 오르지 않은 것을 확인한 뒤에야 사기를 당한 것을 알게 됐다.

있지도 않은 기여입학제도로 의대에 편입시켜주겠다, 의대 교수를 시켜준다는 말에 속아 40억 원이 넘는 돈을 사기당한 것이다. 쉽게 믿어지지 않는다는 사람도 있을 것이다. 그렇지만 '대한민국이란 사회가 다 그렇다. 돈이 들어서 그렇지 아는 사람들만 아는 루트가 다 있다. 다만, 돈이 많이 들 뿐이다'란 생각을 갖고 있는 사람들이 적지 않다. 사기꾼들은 그런 믿음을 이용했다. 더구나 이 사건에서는 D대학 직원까지 포함된 '드림팀'이 나서서 사기를 쳤으니 최 씨 입장에서는 그런 생각이 확신으로 변했던 것이다.

최 씨가 40억 원이 넘는 돈을 보낸 것은 불과 몇 개월 사이였다. 편입시험과 그 결과가 나오는 일정에 따라 계속 사기를 당한 것이다. 그 과정에서 최 씨는 말이 새어나가면 될 일도 망친다는 생각에 아무런 확인도 할 수 없었다. '비공식적으로 진행하는 일'인데 어떻게 확인을 하겠는가? 그러니 계속 속아서 무려 40억 원이란 돈을 사기당한 것이다. 김 씨가 당시 B대학 이사장 명의로 된 '의대편입확약서'와 D대학 총장 직인이 찍힌 편입합격증까지 건네주었으니 최 씨는 속절없이 믿을 수밖에 없었던 것이다.

그런데 이 사건은 이때부터가 오히려 더 의미 있다. 최 씨는 딸의 의대 편입이 실패로 돌아가자 기여입학금 등의 명목으로 준 돈을 돌려달라고 요구했다. B대학 전 이사장 측은 돈을 돌려주겠다는 내용의 각서와 차용증까지 작성해주었지만, 약속과 달리 돈을 돌려주지 않았다. 결국 최 씨는 이들을 상대로 40억 원 중 일부만 우선반환을 요구하는 소송을 냈다.

B대학 전 이사장 조○○ 씨 측은 "부정입학을 위해 돈을 준 것은 불법원인급여이므로 도박할 돈을 빌려준 사람이 돈을 돌려받을 수 없는 것과 마찬가지로 돈을 돌려달라고 할 수 없는 것"이라는, 그럴듯한 주장을 하며 재판 과정에서 치열하게 다투었다. 그러나 법원은 "학부모 최 씨가 불법을 위해 돈을 줬다면 일반 민사 법리상 그 돈을 돌려받지 못하는 것이 옳지만, 조 전 이사장이 별도의 차용증과 각서까지 썼다면 그 내용을 이행하는 것까지 사회질서에 반한다고는 볼 수 없다"며 최 씨의 청구를 받아들여주었다. 차용증과 각서가 없었더라면 민사소송을 통해서도 돈을 돌려받지 못할 뻔한 것이다. 사기를 당한 후 피해를 회복하기가 얼마나 힘든 일인지 잘 보여주는 사건이다.

확인조차 할 수 없는 일을 믿고 돈을 주는 것은 사기를 당하겠다고 작정한 것이나 다름없다. 최 씨는 대학교 관계자까지 나섰기에 안 믿을 수가 없었다고 할지도 모른다. 그러나 애초에 믿기 어려운 제안을 받았음에도 바로 거절하지 못하고, 아무런 확인조차 할 수 없음에도 계속 믿고 돈을 주었기 때문에 거액의 피해를 본 것이다. 불법적이지만 너무나도 매력적인 제안에 마음이 흔들리면, 사기 피해자가 될 수밖에 없다. 이런 경우 사기를 당하고도 자칫 민사소송에서 패소할 위험마저 있으니 주의해야 한다.

참고로, 속여서 믿게 하기 위해 그럴듯한 사람들을 동원하고, 위조된 서류를 주는 것은 사기계에서는 매우 흔한 일이다. 그러니 그럴듯한 요소를 '확인'했다고 해서 확신을 가지는 것도 위험한 태도다. 최 씨가 받았던 편입합격증도 D대학 교학과장이 총장의 직인을 몰래 찍어 만든 위조문서였다.

특별전형으로 서울 시내 대학에 입학시켜준다?

대학교수들과 입학사정관에게 청탁해서 학생들을 수시모집에 합격시켜주거나 심지어 의대에 편입시켜주겠다며 학부모 24명으로부터 15억 원을 받은 일당이 2015년 초 구속기소된 사건이 있었다. 배○○ 씨와 이○○ 씨는 2013년부터 울산에서 학생들 스펙을 관리해준다는 입시컨설팅업자로 활동하며 이 같은 사기 행각을 벌였다. 이들은 몇 명 되지 않는 입학사정관들이 학생부 종합전형을 통해 원하는 학생을 마음대로 선발할 수 있다며 큰소리쳤다. 실제로 입학사정관제도 자체를 신뢰하지 않는 학부모들은 이들의 말을 믿고 1인당 1억 5,000만 원에서 많게는 3억 4,000만 원을 주었다가 피해를 본 것이다.

배 씨와 이 씨는 유력 정치인이나 대학 이사장 등과의 친분을 과시하기도 했는데, 황당하게도 이 둘은 교도소 동기로 고졸 학력에다 입시제도에 대한 전문지식도 없는 사람들이었다. 이들은 재력이 있는 척, 유력인사를 잘 아는 척하며, 입학사정관제를 신뢰할 수 없다는 점을 어필하는 것만으로도 그토록 큰돈을 사기 칠 수 있었다. 이들은 자신들의 사기 행각이 들통 나더라도 자녀의 입시에 악영향을 줄 것을 우려한 학부모들이 고소하지 못할 것이라고 믿었다고 한다.

서울에서도 명문 대학의 사외이사 등을 잘 안다며 강남 일대의 학부모들로부터 거액을 뜯어낸 일당이 체포되어 처벌받은 사건이 있었다. 이들은 고3 학생의 학부모들에게 연락을 해서 "합격생 중 입학등록을 하지 않는 경우가 있는데, 해당 대학교에 미리 예치금을 넣어두면 미등록 학생 대신 특별전형이나 추가합격생 명목으로 뽑아줄 수 있다"며 거액을 받아냈다. 이들 일당은 마지막까지 의심을 피하기 위해서 대학 마크가 인쇄된 봉투에 합격증 등 서류를 넣어 해당 학교 우체국을 통해 피해자에게 보낼 정도로 치밀했다. 피해자들은 입학식 때까지 자녀들이 합격한 것으로 알고 있었다고 한다.

거기서 끝이 아니었다. 이 사기꾼들은 합격증을 보내주고 나서는 "합격했으니 기숙사에 배정되게 해주겠다"고 속여 추가로 기숙사비를 받아내기도 했고, "학교 측과 이야기해서 학점을 딸 수 있게 해준다"며 '학점취득비'라는 것을 받아내기도 했다. 부정한 방법으로 입학은 하더라도 성적이나 실력이 안 되어 학교 수업을 따라가지 못할 테니 "리포트만 제출하면 학점을 주도록 해주겠다"고 속인 것이다. 쉽게 고소하지 못할 것이라고 생각하고 끝까지 사기를 친 것이다. 이들이 사기를 쳐서 받아낸 돈은 드러난 것만 해도 20억 원 정도였다.

불법을 제안받고 돈을 준 사기 피해자들은 스스로 불법을 저질렀다는 생각에 고소나 고발도 꺼리는 경향이 있다. 사기꾼들은 그런 심리를 이용한다. 이런 악랄한 사기를 친 조직이 같은 방법으로 반복해서 사기를 칠 수 있었던 것도 바로 그 때문이다.

음대 교수의 사기

입학사정관제도 도입으로 마음만 먹으면 대학교 측이 원하는 학생을 합격시킬 수 있다는 의심을 하는 사람이 많아지고 있다. 그런데 입학사정관제도와 상관없이 예전부터 재량에 따른 판단이라는 명목으로 원하는 학생을 입학시킨다는 의심을 받던 사람들이 있다. 예·체능계 교수들이다. 자신이 가르친 제자의 실기 점수를 직접 높게 줄 수 있으니 말이다. 적정한 학생을 선발하는 일은 오직 '양심'에 맡겨져 있었다고 봐야 한다. 요즘은 실기시험에 응시하는 수험생이 누구인지 알지 못하도록 커튼 뒤에서 악기 연주를 하도록 하는 것이 일반적인데, 오죽하면 이런 지경에 이르렀겠는가. 물론 커튼 뒤에서 연주를 해도 자기가 가르친 학생은 다 구별이 된다고 하니 별 의미는 없다고 하겠다.

그런데 그런 정도의 행태를 넘어 자신이 속한 음대에 부정으로 입학시켜주고 싸구려 악기를 비싼 악기라며 2억 원 가까운 거액을 받아 가로챈 교수가 있다. 모 예술종합학교의 B 교수의 사례로, 이를 보면 음대 부정입학에는 고액 불법과외와 사기 사건이 긴밀하게 연결되어 있다는 것을 알 수 있다.

B 교수는 고등학생 A 군에게 레슨을 해주고 자신이 속한 학교에 합

격시켜주었다. 대학교수가 고등학생에게 레슨을 해주는 것 자체가 법으로 금지된 불법과외다. B 교수는 음대 입시를 준비하던 A 군이 고등학교 3학년이 되자 악기를 사주겠다고 하고 그 부모로부터 1억 8,000만 원을 받았다. 그리고 실기에서 A 군에게는 최고점을 주고 불합격시킬 학생에게는 최저점을 주는 수법으로 A 군을 합격시켰다. B 교수는 A 군을 합격시킨 후에도 A 군 부모로부터 8,000만 원을 더 받아냈는데, A 군이 합격하도록 도와준 동료 교수들이 있다면서 인사 명목으로 요구했던 것이다.

B 교수가 불법레슨을 한 것은 A 군 한 명만이 아니었다. 2006년부터 5년 동안 여러 명의 학생을 상대로 불법레슨을 했다. 이들 학생에게 특정 악기점에서 악기를 사도록 하고, 그 악기점으로부터 리베이트를 받기도 했다. 부정입학을 이용한 사기로는 종합선물세트와 같은 사건이었다. 사실 이 사건에서 가장 큰 피해자는 B 교수로부터 최저점을 받은 학생이다. 그 교수로 인해 합격할 가능성이 원천봉쇄되고, 그간의 노력이 한순간에 물거품이 됐다는 점에서 말이다. 광역수사대가 수사를 할 당시 B 교수로부터 불법과외를 받은 해당 학교의 입학생은 19명으로 밝혀졌다. 그 숫자는 해당 전공의 학생 정원을 고려하면 엄청난 숫자였는데, 정원의 반에 가까웠던 것이다.

예능계는 입시 비리가 만연해 있다는 의심을 많이 받고 있다. B 교수 사건은 그중 극히 일부가 터져 나온 것에 지나지 않는다고 보는 사람이 많다. 음대의 경우 실기시험 부정을 없앤다고 칸막이를 치고 공정한 심사를 한다고 했지만, 제자의 특성이나 미리 정한 약속 등을 통해 누가 심사를 받고 있는지 정도는 얼마든지 알 수 있다고 한다. 또한

예 · 체능계 대학에서는 교수의 영향이 절대적이기 때문에 학생들이 피해를 보더라도 수면 위로 드러나지 않는 경우가 많다. 언제쯤 이런 악순환의 고리가 끊어질까? 대한민국은 신뢰 또는 공정성이라는 측면에서 아직도 후진국이다.

참고로 일부 음대에서는 실기테스트를 할 때, 예컨대 콘트라베이스의 경우 콘트라베이스 지도교수가 점수를 주면, 바이올린 등 다른 악기 지도교수는 그 점수를 참고해서 입시생의 점수를 주는 관행이 있었다고 한다.

예 · 체 능 입 시 브 로 커 들

예 · 체능계 입시와 관련하여 "대학교수와 이야기가 다 됐다"며 돈을 요구하는 강사나 입시 브로커들이 있다. 나도 실제로 특정 대학교수에게 돈을 가져다준 적이 있다는 예 · 체능계 전문 강사를 만나본 적이 있다. 그런데 그가 말하는 전문 브로커로서의 비결은 '합격해도 크게 의심받지 않을 만한 아이를 합격시킨다'는 것이었다. 그는 이렇게 말했다. "다른 학생 부모들이 다 쳐다보고 있는데 전혀 가능성도 없는 애를 어떻게 뽑습니까. 요즘이 어떤 세상인데요. 교수들도 크게 무리하지 않고 합격할 만한 애들 부모한테 돈을 받습니다." 즉, 자칫 수준이 너무 떨어지는 학생을 뽑으면 불합격한 학생의 부모가 반발하고 문제삼을 수 있기 때문에 합격해도 이상할 것이 없는 정도의 학생 부모들로부터만 돈을 받는다는 것이다. 그런데 문제는 '합격할 만한' 수준의 학생들이 전공에 따라 정원의 몇 배, 많게는 수십 배가 된다는 것이다.

교수에게 돈을 먹여 합격시켜준다며 돈을 받아간 브로커들은 합격을 시켜주지 못하는 경우에도 돈을 돌려주지 않는 경우가 많다. "교수한테 한 번 준 돈을 어떻게 되찾아오나? 그 교수가 내년에는 안 뽑아줄 수 없을 것"이라는 식으로 시간을 끌며 돈을 챙기는 것이다. '바닥'이 좁은 곳이기 때문에 학부모들이 교수나 대학 측에 문제를 제기했다가는 학생의 미래가 없어진다고 생각하여 고소나 고발을 하기 어려워한다는 점을 이용한 사기다.

실력을 보아 합격할 만한 학생의 부모로부터 돈을 받고 합격시키는 것도 사기인 것은 분명하다. 교수에게 인사를 하지 않으면 불이익을 받을 수밖에 없다는 협박과 돈을 주면 뽑아준다는 사기가 함께하는 것이다.

브로커들은 자신들이 대학교수에게 '돈을 먹여' 합격시켜준다고 큰소리치지만 실제로는 돈만 받아 챙기는 경우도 많다. 교수에게 준다며 돈을 받아간 후 학생이 합격하면 교수에게 돈을 주었기 때문에 합격한 것이라고 생색을 내고, 불합격하면 "다른 쪽에서 더 많은 돈을 쓰는 바람에 안 됐다"는 식으로 변명하는 것이다.

실제로 교수에게 돈을 주는 경우에도 학부모에게 받은 돈 전부를 전달하지 않고 일부만 전달하는 경우도 적지 않다. 아니, 대부분이 그렇다고 해야겠다. 학부모가 교수에게 '돈을 받았느냐'고 묻기 어려울 뿐더러 '얼마를 받았느냐'고 묻기는 더 어렵다는 점을 악용하는 것이다.

비슷한 수준의 아이들이 많은데 자기 아이의 합격을 위해 돈을 써서라도 입학시키겠다는 것은 결국 다른 아이가 부당하게 불합격하도록 만든다는 의미일 수도 있다. 결코 있어서는 안 될 일이다.

대학 운동부 입시 비리

1980~90년대 대학 스포츠는 정점을 달렸다. 기억할지 모르겠지만 중앙대 농구팀이나 연세대 농구팀은 명문 실업팀을 제압할 정도였다. 야구나 축구 같은 인기 스포츠는 대학리그의 시합이 스포츠뉴스에서도 대접받을 정도였다. 대학 스포츠팀은 대학을 홍보하는 최고의 수단이었다. 그런 분위기였던지라 대학교 측에서 고등학교 유망주들을 데려가려면 억 단위 스카우트 비용이 든다는 말이 나오기도 했다. 그런데 초고교급 선수들을 데려가려면 해당 고교의 감독이 지정하는 다른 선수들도 데려가야 한다는 것이 불문율이었다. 이른바 '끼워 넣기'였다. 원래 끼워 넣기는 대학 측이 유망주인 선수를 데려가기 위해서 다른 3학년 선수들도 함께 데려가라는 취지였는데 이것이 어느 순간 역전됐다. 즉, 끼워 넣기로 대학을 가는 학생의 부모들은 거액을 마련해서 대학에 돈을 지급하게 된 것이다. 그러면 그 돈이 어디로 갈까? 일부는 유망주 선수의 스카우트비로 지급되고, 고등학교팀 지도자들과 대학교팀 지도자들에게 가는 것이다. 즉, 끼워 넣기로 자식을 대학에 보내려는 부모가 유망주 부모와 고등학교·대학교 감독 등과 관계자들에게 돈을 주고 아이를 대학에 보내는 셈이었다. 그래서 고등학교·대학교 감독이나 대학 관계자들이 이런저런 명목의 돈을 만지기도 했다. 당시는 다 관행이라고 했지만, 최근에도 프로야구 감독 출신이 구속되는 일도 있었다.

요즘 대학 스포츠는 예전 같은 인기를 누리지 못한다. 프로농구, 프로야구, 프로축구, 프로배구 등이 넘쳐나기 때문이다. 그러나 자식을 명문 대학에 입학시키고 싶어 하는 부모들에게 끼워 넣기는 여전히 유혹으로 작용한다. 대학에 가서 운동을 하지 않더라도 어떻게든 버티면 명문대 졸업생이 되는 것이니 말이다. 돈은 있지만 아이가 도저히 공부로는 대학을 못 간다고 판단한 부모들에게 대학 스포츠팀은 부정입학의 통로가 되는 셈이다. 끼워 넣기로 입학한 학생들은 운동부로 입학하지만 운동부로 활동하지 않고 곧 일반 전공으로 돌아선다. 졸업은 눈치껏 알아서 한다. 교수들도 운동 특기자로 입학했다고 하면 어지간히 관대하게 대해준다.

　대학 입장에서도 운동부 정원이 정해져 있기 때문에 운동부로 입부했지만 부상 등을 이유로 운동을 그만두었다고 처리하는 것이 더 낫다. '추가' 정원이 생기는 것이니 말이다. 고등학교 감독과 대학교 감독들의 끈끈한 관계는 이런 관행을 오랫동안 유지시키는 동력이다. 대학 스포츠팀을 통한 부정입학은 예전보다 더 기승을 부릴 수 있는 여건이다. 전국대회 4강 진출팀의 선수들에게만 주어졌던 대학 특기자 자격이 폐지되고 선수 선발이 대학 자율로 바뀐 것이 그 계기라면 계기다. 스포츠팀을 통한 부정입학이 재량에 맡겨진 셈이다. 장래 발전 가능성이란 말로 실력이 부족한 선수를 뽑을 재량이 생긴 것이다. 입학사정관제에 따른 대입 선발과 비슷한 문제다.

미국 명문대 입학 사기

　사기성 유학컨설팅업체도 있다. 국내에서 대학 가기가 힘든 사람들을 상대로 하는 사기다. 자신들만이 알고 있는 노하우로 적당한 스펙을 만들어 외국의 유명 대학에 입학시켜주거나, 우선 적당한 대학에 들어간 다음 국내 유명 대학으로 편입하게 해준다고 꼬드기는 수법이다. 수험생이나 학부모는 외국 대학에 대한 정보가 전혀 없는 상태에서 단지 외국의 좋은 대학에 갈 수 있다는 말에 현혹된다. 그렇지만 일단 컨설팅비를 내고 '컨설팅'을 따르다 보면, 학생의 인생이 어떤 식으로 풀려나갈지는 아무도 모른다.

성적이 그리 좋지 않은 아이를 미국으로 보내 대학에 입학시켰다고 해서 아이 인생에 빛이 드는 것은 아니다. 입시 위주 교육과 스펙으로 입학은 하더라도 미국 대학의 커리큘럼을 제대로 따라가지 못하는 경우가 적지 않다. 미국 명문대에 입학한 한국인 학생들이 중도에 학업을 포기하는 비율이 40%를 훨씬 넘는다. 토론식 수업을 쫓아가지 못하고, 가혹할 만큼 많은 독서량을 따라가지 못할 뿐 아니라 영어로 리포트와 논문 형식의 글을 써야 하는데 이를 해내지 못하기 때문이라고 한다.

한국에서 명문 고등학교를 나온 학생들조차 퇴학을 당하는 일이 발생할 정도다. '자기 글'을 쓸 줄 몰라서 다른 사람의 도움을 받다가 부정행위로 간주되어서다. 하물며 국내에서 성적이 좋지 않아 국내 대학을 가지 못한 학생을 일단 미국에 보낸 뒤 나중에 명문대에 입학 또는 편입시켜준다는 약속은 애초에 사기성일 가능성이 높다. 미국에 간 이후 아이가 제대로 따라가지 못하거나 자신들이 요구하는 스펙을 맞춰주지 않았다고 하면 그만이다.

혹시라도 대학에 들어간다고 한들 방금 말한 것처럼 대학생활이 절대 녹록지 않다. 미국의 대학에 입학한다는 것이 최종적으로 성공하는 것은 아니다. 미국에서도 명문대는 졸업률이 매우 높지만 하위권으로 갈수록 졸업률이 낮아진다. 그 이유는 중하위권 대학의 커리큘럼이 어려워서가 아니라 강의 등 기본적인 서비스 수준이 낮고 학생들에 대한 관리가 소홀하여 학생들이 실망하기 때문이다. 의욕이 떨어진다는 것이다. 미국의 중하위권 대학에 보낸다는 것은 그런 문제에 봉착한다는 뜻이다.

그렇지만 사기꾼들은 그런 정보는 알려주지 않는다. 당장 미국의 어느 대학이든 어학연수원이든 들어가 생활하게 하고, 그동안 관리해준다며 컨설팅비를 받는 것에만 관심이 있다. 최근에는 미국 명문대를 졸업해도 현지에서 취업이 잘 안 된다. 국내 대기업들도 미국이나 영국의 명문대를 나온 사람들을 과거처럼 과대평가하지도 않고 채용률도 예전 같지 않다. 이젠 미국 대학을 졸업한다고 해서 그 자체로 '성공'이라고 보던 시절은 갔다.

입시 관련 사기를 막으려면

애초에 부정입학을 제안하는 사람들은 사기꾼이라고 보면 된다. 입학 관련 사기꾼들은 실제 입학생이 확인될 때까지 피해자들이 사기였다는 것을 확인할 수 없다는 점을 노리는 것뿐이다. 전산화되고 관리가 철저해지면서 성적을 위주로 학생의 입학을 결정하는 시스템에서는 부정입학이 쉽지 않다. 의대에 부정한 방법으로 입학시켜준다는 것은 불가능에 가까운 일이다. 더구나 의대 같은 경우 입학을 시켜준다고 해서 버틸 수 있는 곳도 아니다. 입학이 된다 하더라도 아무런 의미가 없다는 말이다.

부정입학을 시켜주겠다는 사람들 중 대학 직원 등이 끼어 있다고 해도 마찬가지다. 몇 장의 서류나 대학 직원을 믿고 수억 원에서 수십억 원을 지급해서는 안 된다. 그런 식으로 돈을 갖다 바쳤지만 결국 사기로 드러났을 때, '부정입학을 시도했다'는 죄 때문에 공개적으로 돌려달라고 하지도 못하고 끙끙 앓기만 할 수도 있다. 또 돌려달라고 해도 민사소송에서조차 고생만 할 가능성도 많다. 입시 관련 사기꾼들은 그런 점을 악용하는 것이다.

예 · 체능계 대학의 경우 불법과외를 하는 대학교수는 입학비리의 예비음모에 준하여 바로 해직시켜야 한다. 그리고 그런 비리가 반복되는 경우 해당 대학에 강력한 징계를 해야만 입시비리가 줄어들 수 있다. 가뜩이나 돈 있는 집 아이들만 예 · 체능을 공부할 수 있다고 할 정도의 교육환경 아닌가. 어려운 처지에서 재능을 바탕으로 미래를 준비한 학생들이 불법과외나 레슨에 이은 부정입학으로 피해를 보는데도 이를 바로잡지 못한다면, 대한민국은 정말 미래가 없다고 해도 과언이 아니다. 부정입학에 관여한 교수는 어느 대학에서도 강단에 설 수 없게 해야 하고, 어떤 보조금도 받을 수 없게 해야 한다. 또 대학교수에 의한 부정입학이 발각된 대학은 존폐의 기로에 선다는 것을 느끼게 해야만 비리가 없어질 수 있다.

입시제도 자체가 사기 같다

더 큰 문제는 다양한 입시 사기꾼들보다 대학이나 대입제도 자체일 수도 있다. 지인 중 한 분은 "입학사정관이라는 제도가 아니라 사정관

(면접위원)을 수입해 와야 한다"고도 얘기했다. 그분 말씀이 "대한민국에서 자식 관련한 부탁을 들어주지 않는 것은 원수가 되겠다는 뜻이고 또 높으신 분 뜻에 맞춰주는 성향의 사람들이 적지 않으니, 공정성을 담보할 수 있겠느냐"는 것이었다. 공감되는 말이 아닐 수 없다.

비슷비슷한 학생들 중에 누가 어떤 기준으로 뽑혔는지 알 수도 없는 시험전형은 우리에게 많은 의심을 던져준다. 정말 '그들만의 리그가 있을지도 모른다'는 의심 말이다. 그런 의심을 하던 사람에게 몇억 원이란 돈을 요구하며 합격시켜준다고 하면 속아 넘어가기가 쉬울 것이다.

지금 우리나라에서는 각종 '전형'을 만들어놓고 학생을 선발하고 있지만 일반 국민들은 그 전형에 맞는 학생들을 제대로 뽑고 있는 것인지 신뢰하기 어렵다. 입학사정관이 학원에서 자기소개서 작성방법 등을 강의하는 게 대한민국의 현실이다. 실제로 서울 시내 유명 사립대학 입학사정관이 강남의 모 학원에서 강의를 하다가 적발된 일도 있었다. 그 수업을 들은 학생들 중 그 입학사정관이 속한 대학에 합격한 경우도 있다. 그 입학사정관은 학생들의 자기소개서를 읽어보고 첨삭을 해주기도 하고 어떤 식으로 작성하는 것이 유리하다는 조언도 해주었다고 한다. 이런 입학사정관제도가 공정하길 기대할 수 있을까? 이처럼 드러난 문제 외에 학교 내부에서 재량이라는 이름 아래 은밀히 진행되는 과정 역시 우리 사회가 통제할 수 있을까? 물론 입학사정관제를 유지하는 대학들은 입학사정관 시스템의 공정성을 자신한다고 주장하고, 당국은 입학사정관이 학원 강의를 하는지 아닌지를 강사 명단을 통해 확인한다는 등의 대책을 이야기한다. 그렇지만 제도의 공정성과 신뢰성에 대한 의문은 사그라지지 않고 있다.

2010년, 강남의 한 스피치학원 대표가 모 방송국 아나운서에게 "형, 혹시 Y대 수시 접수하면 연락 주세요. 집사람이 입학사정관인 거 아시죠? 후배 덕 좀 보시죠"라는 트위터 메시지를 보냈다가 사회적으로 큰 반향을 일으킨 사건이 있었다. 물론 가까운 사이의 사람에게 공개적으로 보낸 메시지를 액면 그대로 받아들이는 건 지나치게 고지식하다고 볼 수도 있다. 하지만 우리 사회는 이런 메시지만으로도 불공정한 내부관계가 있다고 의심하고도 남을 상황이란 것이 문제다. 미국에서도 유색인종이나 유대인의 비율을 낮추기 위해 시작됐다는 입학사정관 제도가 한국에서는 더욱 기괴한 제도로 되어가는 것은 아닌지 우려스럽다. 실제로 지방의 수재들이 자기 힘으로 명문 대학을 가던 것은 이제 먼 옛날의 일이 되어버렸다.

잘못된 믿음이 부르는 종교인 사기

사이비 종교의 위험성은 아무리 강조해도 지나치지 않다. 사이비 종교에 빠져들어 전 재산을 정리하여 단체생활을 하면서 그 종교 지도자의 뜻을 신의 뜻처럼 받들고 사는 사람들도 있다. 사이비 종교를 이끄는 자가 여성 신도들을 성적으로 착취하는 경우도 있다. 그런 사기종교 단체만이 아니라 이단이라고 하지 않는 단체에 소속된 지도자들조차 개개인이 사기나 다름없는 행태를 보이는 경우도 있다.

물론 그러한 문제가 꼭 종교 문제라고 볼 수는 없을 것이다. 그렇지만 금전적인 부분에서 정상 범위를 넘어선 현금 등이 문제가 된다면 이 책에서 언급되는 사기의 한 유형에 해당한다고 할 수 있다. 다음 살펴보는 것은 종교인들이 종교적 권위와 이미지를 내세우고 신도들의 믿음을 이용하여 병을 치료한다며 사기를 친 사건들이다. 종교와 직접적인 상관은 없지만, 종교인임을 내세워 사기를 치는 경우다.

불치병을 낫게 해준다는 목사 부부의 소금물 관장

목사 조○○ 씨와 그 아내 강○○ 씨는 불치병 환자들에게 소금물 관장 등을 해주는 치료캠프를 운영하던 중 2015년 2월 6일 구속됐다. 이후 7월 24일에 조 목사는 징역 2년에 집행유예 3년을 받고 풀려났으며, 그의 아내 강 씨는 불법 의료행위를 주도한 점이 인정돼 징역 3년에 처해졌다.

조 목사 부부는 소금물로 관장을 시키고 소금과 간장만을 섭취하게 하면서 불치병도 고친다는 식으로 사람들을 현혹했다. 이들은 대한민국 최고의 투수였던 최동원 선수도 자신들의 도움으로 수명을 더 연장했다는 식으로 선전했다. 한 번 참가하는 데 120만 원을 받았고 피해자가 드러난 것만 해도 누적하여 무려 7,000명 이상이라고 한다. 피해액역시 40억 원 정도가 계좌를 통해 드러났지만 현금으로 지급한 사람들까지 고려하면 훨씬 더 클 것이라고 한다. 피해자들은 해당 캠프를 일회성으로 찾은 것이 아니라 치료를 위해 꾸준히 참여해야 한다는 꼬임에 빠져 지속적으로 이런 시술을 받은 것이다.

조 목사 부부는 말기암 환자 등 절박하고 절실한 사람들의 약한 마음을 이용했다. 이들은 난치병 환자들에게 소금물 관장을 해주고 단식을 시킨 것에 그치는 것이 아니라 자신들의 치료캠프에 와 있는 동안에는 환자들이 처방받은 약도 먹지 못하게 했다고 한다. 무면허 의료 행위를 하면서 의사의 처방도 따르지 못하게 한 것이다.

최동원 선수도 사망하기 몇 개월 전까지 이들에게 소금물 관장을 받았다고 하던데, 대장암 환자였던 그가 얼마나 고통스러웠을까를 생각하면 참 안타깝다. 조 목사 부부는 최동원 선수를 비롯하여 꼭 살아야겠다는 난치 또는 불치병 환자들의 그 절절한 마음을 이용하면서 자신들이 종교인이라는 점을 내세워서 신뢰하도록 했다. 아마도 기독교 신자인 환자들은 더욱 절실한 믿음을 가졌을 것이다. 조 목사 부부는 한의사를 캠프에 불러서 환자들의 신뢰를 더욱 높이기도 하는 등 치밀한 수법을 썼다.

120만 원을 주고 소금물 관장을 해서 얻은 것은 무엇이었을까? 의사들이 방송에 나와서 하는 말은 대부분 같았다. 설사를 하게 되니 장이 깨끗해진다는 착각을 하게 될 뿐이라는 것이다. 영양섭취를 해서 병과 싸워야 하는 사람들을 아무런 의료지식도 없는 목사 부부가 그럴듯한 말로 속여 큰돈을 받아낸 후안무치한 사기다.

문제는 이런 범죄가 드문 것이 아니라는 점이다. 의학 관련 아무런 자격도 없는 목사가 신도들에게 치료를 해준다며 의료행위를 하고 돈을 받아내는 사건이 끊이지 않는다. 이는 신도들의 믿음을 이용하기에 가능한 것으로 보인다. 말기암 등 현대의학으로도 치료가 어려운 상황에 있는 환자들의 심정이야 오죽하겠는가. 그렇지만 이런 사기 때문에 돈도 날리고 환자 본인의 고통만 가중되는 경우가 적지 않다. 심각한 경우 갑작스럽게 사망할 수도 있다. 환자를 10일 동안 굶기고 관장을 시켜 설사하게 만들면서 소금이나 간장만 먹인다고 생각해보라. 병원에서 처방받은 약도 먹지 못하게 하면서 말이다. 이런 종류의 사기꾼들은 마지막 지푸라기라도 잡고 싶어 하는 사람들의 절실함을 이용하는 것이라는 점에서 정말 악질적이다.

암 환자도 낫게 한다는 특수 한방주사액의 정체

'스님들은 한의학이나 한방에 정통하다'는 막연한 생각을 갖고 있는 사람들이 있다. 평소에는 그런 것에 관심이 없다가도 암에 걸린 이후 그런 이야기를 더욱 믿고 싶어졌을 수도 있다. 그렇지만 스님은 종교인이지 의사도, 한의사도 아니다. 스님은 한의학에 정통할 것이라거나 '정통한의학이나 정통의학이 범접할 수 없는 민간요법이 존재한다'는 신화는 그 신화를 팔아 돈을 벌어먹는 사람들과 그 주변 사람들이 계속 퍼뜨리기 때문에 이 사회에서 사라지지 않고 있다.

암 환자인 김○○ 씨는 한의학에 정통하다는 승려를 소개받았다. 승려인 ○○○ 씨는 "산삼이 들어 있는 효험 있는 주사액이 있는데 3개월만 맞으면 바로 좋아진다"고 했다. 김 씨는 승려가 말한 '산삼이 든 특수 한방주사액'을 맞고 고통에서 해방되길 간절히 바랐다. 하지만 주사를 맞았음에도 차도는 없었고, 오히려 병세가 악화되어 사망에 이르고 말았다.

승려 ○○○ 씨가 주사한 주사액은 제조책인 모 씨가 만든 것이었는데, 사용기간이 4년이나 지난 마취제 리도카인과 수돗물이 들어 있었다. 그리고 제조방법이 극히 비위생적이었다. 수돗물로 주사액을 만들었다니 무슨 말을 더 하겠는가.

가족 중에 암 환자가 있는 사람들은 잘 알겠지만, 암 판정을 받고 병원치료를 해도 빠른 효과를 보지 못하는 사람들은 주변 사람들로부터 별의별 민간요법이나 '특효약'을 전해 듣게 된다. 죽음의 공포에 시달리는 암 환자와 그 가족들은 절박한 심정에 혹시나 하는 마음에서 그런 약이나 치료법을 찾게 된다. 거액의 치료비도 마다치 않는다. 승려 ○○○ 씨는 암 환자와 그 가족들을 속이고 수돗물 마취제 주사 한 방에 50만 원에서 100만 원을 받은 것이다.

마치 현대의학으로 치료할 수 없는 병을 낫게 해줄 수 있는 지식이 있는 것처럼 환자와 가족들에게 거짓말을 해서 돈을 받아내는 사기꾼들은 악질 중의 악질이다. 더구나 그런 무면허 치료를 받다가 사망한 사람들 중에는 꾸준히 병원치료를 받았더라면 낫거나 생존기간이 더 늘어날 수 있는 사람들도 있다. 그런데 사기꾼들은 "나를 만났으니 이제 3개월만 있으면 좋아진다"는 식의 허황된 거짓말로 환자가 병원치료를 받기보다 '수돗물로 만든 주사액'을 맞게 한다. 그런 점에서 이런 사기는 살인이나 다를 게 없다.

여러 환자가 사망한 이 사건에서 피해자들은 모두 불교 신자들이었다. ○○○ 씨가 치료한 사람들 중에는 말기암 환자도 있었지만 일부는 제대로 된 치료를 받았을 경우 완치도 가능한 사람들이었다.

목사들 중에도 돈을 목적으로 불법 의료행위를 하다가 처벌을 받은 경우가 있다. 한의사 자격이 있다고 오랜 세월 거짓말을 해가며 십수억 원의 부당이득을 취한 목사도 있고, 외국에서 의대를 나왔다고 하면서 오랜 기간 암 치료, 손가락 절제 수술, 지방 제거술, 탈모 치료, 전립선 시술까지 온갖 불법 의료행위를 해온 목사도 있다. 손톱으로 박 박 긁어 피부밑까지 심각한 상처를 내고 암이나 병을 낫게 해주겠다고 하거나 그 상처에 부항 시술까지 하는 목사들도 있다. 수법이 비슷한 걸로 보아 다른 사람의 예를 듣거나 보고 배우는 것이 아닌가 하는 생각이 들 정도다. 이런 사람들은 치료비를 요구하고도 모두 헌금이라고 한다.

의학이 발달했다고는 하지만, 의사들의 치료를 통해서도 쉽게 고칠 수 없는 불치병이나 난치병이 아직 많이 있다. 그러니 그와 같은 환자들이 마지막까지 인간으로서의 존엄을 지킬 수 있도록 더 폭넓은 관점에서 의료 서비스를 제공해야 한다. 말기암 환자라면 고통을 줄여주고 삶을 의미 있게 마무리하게 해줄 수 있는 서비스가 필요하다. 아직 우리 의료계와 우리 사회가 그런 서비스를 제공하지 못하는 데 문제가 있다. 그러나 그렇다고 해서 종교인들이나 무자격자로부터 치료를 받는 것은 제 발로 사기꾼을 찾아가는 것에 지나지 않는다. 비합리적인 생각이 자신만이 아니라 가족까지 피해자로 만드는 것이다.

목숨을 사기당하다

안수기도라는 말이 참 부정적으로 들린다. 원래 의미와는 다르게 황당할 정도의 폭력적인 행위를 안수기도라고 부르며 사람의 생명까지 빼앗는 사이비 종교인들이 많기 때문이다. 종교적인 믿음으로 치료하겠다며 종교인을 찾아가기 전에, 안수기도라는 이름하에 얼마나 많은 피해자가 발생했는지만이라도 확인해보길 권한다. 인터넷 검색창에 '안수기도'라는 단어를 입력하면 다음과 같이 그야말로 까무라칠 정도의 정보들이 검색된다.

초등학교 6학년 김○○ 군은 교회에서 안수기도를 받았다. 귀신을 쫓아낸다는 이유였다. 30대의 여 목사 이○○ 씨와 전도사 등 세 명이 안수기도를 했는데, 발로 김 군의 배를 밟고 얼굴을 주먹으로 때리는 것이었다. 안수기도를 하는 동안 이 목사는 헌금을 많이 해야 귀신이 빨리 떨어진다며 안수기도가 이루어진 일주일 동안 김 군의 부모로부터 1,000만 원 상당의 돈과 금반지 등을 받았다.

병으로 고통받던 중국의 조선족 주○○ 씨는 어떤 목사가 안수기도를 통해 난치병도 치료해준다는 소문을 들었다. 중국에서 선교활동을 한 바 있는 목사 노○○ 씨였다. 주 씨는 노 목사의 안수기도로 치료를 받으면 나을 수 있으리라는 믿음을 가졌다. 주 씨는 노 목사를 찾아 한국까지 왔고, 고대하던 안수기도 치료를 받게 됐다. 목사 노 씨는 교회에서 주 씨 입에 수건을 물리고 주 씨의 양쪽 팔다리를 붙잡아 움직이지 못하게 했다. 그리고 소위 안수기도를 했다. 안수기도는 네 시간 동안 계속됐다.

우울증으로 고통받던 30대 여신도 김○○ 씨는 30대의 젊은 목사 고○○ 씨로부터 안수기도를 받았다. 고 목사는 김 씨의 머리를 때리고 목젖을 손가락으로 누르기도 했다. 그는 김 씨의 배 위에 올라타서 소위 안수기도를 했는데, 김 씨가 안수기도 중에 저항하여 중단되지 않도록 하기 위한 것이었다. 김 씨는 몸부림치며 고통을 호소했지만 고 목사의 안수기도는 중단되지 않았다.

안수기도를 통해 치료를 할 수 있다며 무지막지한 폭행을 가해 피해자를 죽게 만드는 사건이 '계속' 발생하고 있다. 피해자들은 난치병이나 불치병을 앓는 환자가 대부분이다. 절박한 사람들이 '믿음'에 의지하게 되어 안수기도로 치유의 권능을 행사할 수 있다는 사람들을 찾는 것이다. 치료를 해준다는 목사들은 돈을 받긴 했지만 모두 피해자의 자발적인 헌금이었다고 주장한다.

안타까운 것은, 이런 말도 안 되는 안수기도를 받겠다며 찾아가는 환자들 대부분이 자신이 직접 가거나 신자인 가족이 데려가는 경우라는 것이다. 심지어 피해자의 어머니가 목사 등과 함께 아들에게 소위 안수기도를 하다가 아들을 사망에 이르게 한 사건도 있었다. 안수기도는 결코 폭행이나 상해행위여서는 안 된다. 죽지 않는 것이 이상할 정도의 폭력을 가하면서 종교를 들먹거리는 것은 정상이 아니다. 과연 정상적인 교회에서 정상적인 종교인이 안수기도를 한다며 제어되지 않는 폭력을 휘두를까?

앞서 얘기한 초등학생 김 군은 계속되는 폭행을 견디지 못하고 끝내 사망했다. 조선족 주 씨는 계속되는 폭행을 당한 후 탈진 상태에 빠졌고, 그 상태에서 잠이 들어 다시 깨어나지 못했다. 부검 결과 주 씨의 사망 원인은 복부 대동맥 파열이었다. 우울증을 치료하고 싶어 했던 여신도 김 씨도 목사의 계속되는 폭행 끝에 사망했다. 안수기도라며 가혹하고 집요한 폭행을 해서 소중한 생명을 빼앗은 목사들은 모두 상해치사 등의 혐의로 처벌받았다.

불안을 파고드는
무속인 사기

2011년 30대의 여성 김○○ 씨는 친구와 함께 50대의 여자 무속인 오
○○ 씨가 차린, 소위 '신당'을 방문했다. 이후 김 씨는 혼자서도 오 씨
를 자주 찾아가게 됐다. 무속인 오 씨는 김 씨와 이야기를 나누며 김 씨
의 집안 사정이나 성격을 파악했다. 그러다가 어느 순간부터 김 씨에
게 불길한 점괘를 내리기 시작했다.

　"네 남편 귀신이 붙었어. 네 남편 곧 딴 년하고 바람난다."

　"친정엄마가 곧 저승사자 만나게 생겼다."

　"네 시아버지 교통사고로 객사하게 생겼다."

　"이게 다 네 탓이야. 네가 신병이 들려 그런 거야."

평소 김 씨가 나쁜 점괘를 얼마나 두려워하는지 잘 알고 있던 오 씨는 더욱더 섬뜩한 점괘를 내놓아 김 씨를 불안에 떨게 했다. 그러고는 "장군이 오셨는데 큰 굿을 해야 한다. 안 하면 네 아이 둘도 같이 죽어!" 라고 말하며 거액을 요구하기도 했다.

자식들이 죽는다는 말에 김 씨는 큰 굿에 필요하다는 거액의 돈을 마련하기 위해 필사적으로 움직였다. 아들이 둘 다 죽을지도 모른다는 공포는 김 씨가 제대로 된 생각을 할 수 없게 만들었다. 그런 식으로 김 씨는 1년 반 동안 오 씨에게 무려 30차례 가까이 굿값을 가져다주었다. 있는 돈을 모두 털어 오 씨에게 주던 김 씨는 나중에는 굿값을 치르기 위해 주변 사람들로부터 돈을 빌렸고, 마침내는 사채업자에게 돈을 빌리게 됐다. 그런 식으로 마련해서 오 씨에게 가져다준 돈이 무려 2억 원에 가까웠다.

그러던 어느 날 김 씨의 남편에게 채권추심업체 직원이 찾아갔고 남편은 그제야 김 씨가 사채까지 빌려서 무속인에게 돈을 갖다 바치고 있다는 것을 알게 되었다. 김 씨의 남편은 김 씨가 전 재산을 거의 다 날렸다는 사실을 알고 엄청난 충격을 받았다. 김 씨의 남편은 김 씨와 이혼을 했다. 남편이 바람피울 것이라며 겁주는 데 속아서 무속인에게 돈을 갖다 바쳤는데, 그 사실이 들통 나서 이혼을 하게 됐으니 아이러니가 아닐 수 없다. 경찰 조사 결과 김 씨는 무속인 오 씨가 굿을 하는 것을 본 적도 없다고 한다.

천도재 값 177억 원

대학병원 직원이던 최○○ 씨는 평소 마음이 심란해 견디기 힘들었다. 3년 전부터 집안에 우환이 계속됐기 때문이다. 남편과 친정어머니, 시어머니까지 차례로 병으로 쓰러졌다. 걱정이 많았던 최 씨는 신사동에 있는 점집을 소개받아 찾아갔는데, 최 씨의 집안 사정을 들은 무속인 김○○ 씨는 최 씨의 불안한 마음을 더욱더 흔들어놓았다. 조상 천도재를 지내지 않으면 친정부모가 객사한다는 것이었다. 김 씨는 기도비 명목으로 무려 5억 원을 요구했는데, 최 씨는 가족을 살린다는 생각으로 전 재산을 정리하고 대출까지 받아 기도비 5억을 마련해주었다.

하지만 이것은 시작일 뿐이었다. "기도를 멈추면 지금까지보다 더 큰 화가 미친다"는 김 씨의 말에 최 씨는 병원 공금에 손을 대기 시작했다. 서류를 위조하여 건강보험공단으로부터 병원으로 지급된 진료비를 빼돌린 것이다. 3년간 최 씨가 횡령한 금액은 무려 172억 원이었고, 이 돈은 모두 무속인 김 씨가 받아 가로챘다. 이 사건으로 무속인 김 씨는 물론이고, 최 씨도 '특정경제범죄 가중처벌 등에 관한 법률' 위반(횡령)으로 구속됐다.

무속인 사기의 특성

무속인은 누가 자격을 공인해줄 성질의 것이 아니다. 본인은 무속인이라고 주장하지만 실제로 어떤 지식이나 능력이 있는지는 누구도 알수 없다. 한 예로, 최근 보험금을 타기 위해서 조선족 중국 교포를 살해한 혐의로 구속됐던 30대 여성 무속인은 원래 법무사 사무실에서 실장으로 일하던 사람이었다. 주변 사람들이 "그 여자가 무슨 무속인이냐"라고 할 정도다.

타인의 삶에 저주를 퍼붓는 무속인들, 절박해서 점이라도 보고 싶어하는 사람들을 신병에 걸렸다며 끌어들이는 무속인들, 거액을 주고 굿을 해야 한다는 무속인들은 제대로 된 무속인이 아닐 가능성이 크다. 그렇지만 사기꾼들은 '무속인을 찾아오는 사람의 심리'를 잘 알고 있다. 피해자의 이야기를 듣다 보면 그 심리를 잘 알 수밖에 없다. 무속인을 지속적으로 찾는 사람들은 자신의 사는 이야기를 풀어놓기 마련이고, 그러다 보니 무속인은 그가 처한 상황이나 심리를 꿰뚫게 된다. 자기 사는 이야기를 풀어놓는 사람 중에서 사기 피해를 보는 사람이 나오기 마련인데, 특히 무속인이 하는 말을 잘 믿고 두려움을 잘 느끼는 사람이 큰 피해를 보기 마련이다. "정성이 부족하다"는 말에 놀라 어디 가서 돈도 잘 빌려오는 그런 사람은 두고두고 사기 무속인의 밥이 된다.

성격이나 처한 상황에 따라 다르겠지만 일반인들로서는 이해하기 힘든 황당한 거짓말을 믿고 거액을 갖다 바치는 일도 있다. 이 비슷한 이야기를 앞서 들어본 것 같지 않은가? 바로 사이비 종교에 빠진 사람들과 같다. 사이비 종교에 의한 사기 피해자나 무속인에 의한 사기 피해자들은 심리적인 구조가 비슷하다. 전 재산을 갖다 바치기 십상이고, 심지어 횡령이라는 범죄까지 저질러서 돈을 갖다 바치기도 한다.

무속인을 찾는 사람은 자신의 상황과 관련해서 무속인이 해주는 말을 듣고 방향이나 방법을 찾으려는 '마음의 준비'가 된 사람들이다. 상황이나 기질, 심리가 무속인에게 빠져들기 쉬운 상태다. 불안하고 고통스러울 때 옆에서 "용한 사람 있는데 한번 만나볼래?"라고 부추기면, 유독 솔깃해하는 사람들이 있다. 사기꾼들에게는 그 약한 구석을 잽싸게 파악하는 능력이 있을 뿐 아니라 그 약한 구석을 증폭시키는 능력까지 있다.

힘없는 노인을 노리는
건강식품 사기

고시 공부를 할 때 친한 친구 따라 한약을 한번 지어먹은 적이 있다. 그 친구가 한약을 지어먹었는데 싸고 괜찮은 것 같다고 해서 나도 택배로 시켰다. 경동시장의 어떤 주소지에서 내가 사는 집으로 약이 배달되어 왔는데, 박스에 '촉명탕'이라고 쓰여 있었다. 그때 내가 주문한 건 '총명탕'이었는데 말이다. 약 이름도 모르는 사람이 만들어서 보낸 것임을 대번에 알 수 있었다. 그 안에 도대체 뭐가 들었는지 무슨 재료로 탕약을 만들었는지 알 수 없었지만, 한 가지는 확실했다. 한의원에서 지은 약은 절대로 아니라는 것이다. 돈이 아까웠지만 뭔지도 모른 채 먹을 수가 없어서 그냥 버리고 말았다.

그때 내가 산 '촉명탕'은 건강에 도움이 되지는 않았지만, 다시는 정체불명의 의약품을 사지 않도록 해주었으니 그 값은 한 셈이다. 나야 그런 깨달음(?)을 얻었지만, 엉터리 약에 속는 사람은 여전히 줄지 않고 있다. 특히 나이 많은 어르신들이 건강식품이나 의약품의 과장된 광고에 잘 속아 넘어가시곤 한다.

순수 자연산 약재로 만든 정력제?

정력에 좋다는 건강식품은 유행을 따라 품목만 바뀔 뿐 매년 새로 나온다. 물론 요즘은 의식 수준이 높아져서 예전처럼 황당한 정력제를 찾는 사람은 많지 않다. 좋은 음식을 섭취하고 나쁜 음식을 멀리하며 과음ㆍ과식을 피하고 적당량의 운동을 하는 것으로 건강을 유지하려는 사람들이 늘어나고 있다.

그렇지만 아직도 정력제라는 의미로서의 건강식품을 찾는 사람들이 많다. 사기꾼들은 소비자들의 흥미를 끌 만한 내용물을 넣고 만들었다는 광고를 해가며 제품을 팔지만, 그 특이하고 흥미를 끄는 내용물은 아예 들어 있지도 않다. 오히려 건강에 치명적인 것들이 들어 있을 가능성이 매우 높다. 집에서 키보드를 두드리며 정력이나 체력을 강화할 생각을 하는 것보다는 병원에서 진단을 받고 치료방법을 선택하는 것이 합리적이다. 어떤 원료로 만든 것인지도 모르는 약을 먹었다가는 생명이 위태로워질 수 있다.

김○○ 씨는 2011년부터 인터넷 홈페이지에 '암사슴 태반, 인삼, 동충하초를 말려서 갈아 넣은 순수 자연산 한방 발기부전 치료식품'이라는 광고를 올려 팔았다. 김 씨가 올린 광고에 따르면 효능이 정말 대단하다. 발기부전을 해결해줄 뿐만 아니라 만성피로까지 없애준다는 것이다. 홈페이지엔 효과를 보았다는 사용자들의 후기도 많았다.

그런데 이 약을 먹은 사람들 중 일부는 심각한 부작용으로 위험한 상태가 됐다. 조사 결과 이 약에는 한방성분은 전혀 들어 있지 않았고, 단지 중국산 비아그라 성분이 정상치의 여덟 배 정도나 들어 있었다. 이 약 한 알만 먹어도 비아그라를 한 번에 여덟 알을 먹는 셈이다. 심혈관 질환이 있는 사람이라면 치명적인 수준이다. 그런데도 김 씨는 100% 한방성분이어서 부작용도 없으니 2~3일에 한 알씩 장복하라고 권하기까지 했다. 한 알에 1만 2,000원인 이 약을 산 피해자는 수천 명이었고 피해액은 5억 원이 넘었다. 참고로, 홈페이지에 올라왔던 '효과를 보았다'는 후기는 모두 김 씨 동료들이 올린 것이었다.

약국의 사기꾼

대부분의 약국에서는 약사들이 전문적인 지식을 바탕으로 정성껏 설명을 하고 필요한 약을 판매한다. 그런데 예전에는 일부 대형 약국의 경우 하얀 가운을 입고 있긴 하지만 약사가 아닌 사람들이 많았다. 그 행태를 보면 사기꾼이나 다름없는 경우도 있었는데, 이런 약 판매원들에게 가장 좋은 손님이 할아버지, 할머니들이었다. '비싼 약'을 팔수 있기 때문이다. 그 비싼 약들은 포장만 그럴듯한 제품들로, 신뢰할만한 제약사 제품이 아닌 경우도 있었다.

예전 내가 고시 공부를 하던 때 신림동의 대형 약국인 G약국에서 인상적인 장면을 목격했는데, 지금까지도 잊히지 않는다. 고시생들의 영원한 친구인 모 드링크제를 사러 갔을 때였다. 할아버지, 할머니가 그약국을 찾아와서 어디가 아프다고 하소연을 하며 상담을 받고 계셨다. 그런데 그 상담을 해주는 사람이 약사가 아니고 판매원이었다. 사실 그 어르신들은 병원에 가서 의사를 만나 진료를 받아야 하는데, 약사도 아닌 사람한테 진료를 받았던 것이다.

머리에 기름을 발라 올백으로 넘긴 그 약 판매원은 우선 드링크제를 하나씩 따서 두 분께 권하고, 잠시 후 혈압을 재어드렸다. 그러고는 두 분 얘기를 조금 듣고 나서 이렇게 말했다. "할아버지 정말 잘 오셨어요. 오늘 할아버지 저 만나서 사신 거예요. 저 조금만 늦게 만나셨어도 돌아가셨다고 봐야 해요." 나는 그 황당한 말에 쳐다보지 않을 수가 없었다. 그 판매원은 누가 보건 말건 전혀 신경도 쓰지 않고 말을 이었다. "이게 좀 비싸기는 한데, 이거 드셔야 돼. 다른 것 아무리 드셔도 안 되는 거야." 그러더니 선반에서 약 한 박스를 꺼내 할아버지 앞에 들이밀었다. 이름도 들어본 적 없는 회사의 약이었다.

'자식이 같이 왔으면 저런 사기는 안 당할 텐데' 하는 생각이 절로 들었다. 도대체 약사도 아닌 사람이 상담을 하고 약을 권한다는 게 말이 되는가? 도대체 그런 약품 판매원의 정체는 뭘까? 약국 운영자와의 관계는 어떻게 되는 걸까? 어쨌든, 그런 사람들이 상담을 하고 약을 권하는 것은 그 자체로도 범죄다. 노인들을 상대로 한 사기나 다름없다. 애초에 가격을 터무니없이 비싸게 책정해서 정상적으로는 팔리지도 않을 약을 노인분들이나 판단력이 떨어지는 사람에게 '말빨'로 팔아먹는 것이 아닌가. 그 자체가 바로 사기꾼들의 행태다. 부작용이 심각하지 않더라도, 먹어봐야 큰 효과도 없는 약을 수십만 원씩 받아먹고 판다면 그것이 사기 아니고 뭐겠는가.

요즘도 약국에서 그런 약 판매원들이 사기꾼 같은 짓을 하는지 모르겠지만, 내가 본 그런 행태는 노인 상대 사기의 전형적인 예였다. 그런데 당시 그 약국에서 진짜 약사들은 약 판매원들의 그런 말도 안 되는 짓거리를 지켜보고만 있었다. 아마 그들도 월급을 받는 처지이기에 약국 사장의 눈치를 보느라 그런 사기행태를 적극적으로 지적하지 못했으리라 짐작할 뿐이다.

무료검진 사기

나이 많은 어르신들께 공짜로 검진이나 치료를 해준다고 하면서 정체불명의 약을 비싸게 팔아먹는 자들이 많다.

70대의 영감님 오○○ 씨는 연세가 많아 여기저기 아프곤 했는데, 건강검진을 무료로 해주는 곳이 있다는 주변 사람들의 말을 듣고 찾아갔다. 일종의 건강기능식품 홍보관이었는데, 의학박사가 최신 의료기기를 이용해 건강검진을 해주는 곳이라 했다. 손가락을 그 기기에 끼우기만 해도 과거와 현재의 병명은 물론, 앞으로 어떤 병에 걸릴지 예측할 수 있다는 것이다. 원래 그 기기를 이용한 건강검진비는 60만 원이지만 무료로 해주었고, 의사와 영상통화를 통한 검진까지 해주었다.

검진 결과 오 씨는 중풍과 치매증세가 있다고 나왔다. '다른 병도 아니고 중풍과 치매라니….' 오 씨는 걱정이 태산같았다. 그런데 홍보관 직원이 말하길, 초기이므로 치료약을 통해 고칠 수 있다는 것이었다.

약값은 69만 원인데, 물론 싼 것은 아니지만 60만 원짜리 건강검진을 무료로 받은 걸 생각하면 절대 비싼 게 아니라고 직원이 친절하게 설명해주었다. 그뿐만이 아니었다. 홍보관에서는 제휴 병원에서 진료를 하는 경우 병원비를 30% 할인해주고, 장례서비스도 제공하며, 회원으로 가입하면 3박 4일로 중국 여행을 보내준다고 했다. 오 씨는 치료약을 구입했다. 그런데 나중에 그 홍보관을 찾은 사람들과 이야기를 하다 보니 뭔가 이상했다. 병명은 모두 다르게 나왔는데 치료약은 다 같았던 것이다.

수사 결과 손가락을 끼기만 하면 모든 병명을 알 수 있다는 최신 기기는 단순한 혈류측정기였고, 의학박사는 가짜였다. 사기꾼들은 중한 병이라고 겁을 주고는 치료 명목으로 건강기능식품을 사게 한 것이다. 판매총액은 수십억 원에 달했다. 피해자가 수천 명 이상이었던 것이다.

당시 이 사건이 이슈가 됐던 것은 그 사기꾼 일당과 함께 진짜 의사도 입건됐기 때문이다. 공범으로 입건된 의사는 영상통화를 통해 사기꾼들의 작업을 도왔다. 의사가 사기꾼들과 공모해서 노인들을 속였다는 점에서 사회에 충격을 던져준 사건이었다. 나이 든 노인들을 상대로 "중풍(또는 치매)에 걸렸다"고 미끼를 던진 뒤 "자녀들을 힘들게 해서는 안 된다"고 부추겨 엉터리 약을 파는 사기꾼들이 활개 치지 못하도록 해야 한다. 그러려면 주범만이 아니라 공범들까지도 강력하게 처벌할 필요가 있다.

왜 주로 노인을 타깃으로 삼는가

사기꾼들은 남녀노소를 가리지 않는다. 그렇긴 하지만 전문 분야에 따라 노리는 타깃이 따로 있다. 건강식품 사기에서는 노인들이 주요 타깃이 된다. 노인들은 친절을 가장한 접근에 약한 경향이 있다. 자식도 사회도 신경 써주지 못하는데, 친절하게 다가와 "아버님", "어머님" 하며 마음을 써주는 데다가 무료라는 말에 더 마음이 약해진다.

한때는 서울에도 노인들을 상대로 각종 건강기구 등을 파는 조직이 넘쳐났다. 아마 다들 기억할 것이다. 그 조직들은 '테라피'니 '바이오' 니 하는 이름이 들어간 의심쩍은 사무실을 차리고, 입구에 커다랗게 '무료'라고 써 붙여놓는다. 그러고는 입소문으로 노인들을 끌어모아 휴지나 라면을 나눠주면서 환심을 산다. 얼마간 그러고 나서는 뭔가를 공짜로 받았다는 노인들의 심적 부담감을 이용해 제품 판매를 시작한다. "저 할아버지는 몸에 좋은 약을 얼마치 샀어요"라는 식으로 노인들 사이의 경쟁을 조장해서 돈을 뽑아내기도 한다. 이들이 파는 제품이란 주로 건강보조식품, 안마기, 매트 등이었는데, 싸구려 건강식품을 만병통치약이나 되는 것처럼 속이고, 별 기능도 없는 안마기나 매트 등을 터무니없는 가격에 파는 수법이었다.

대도시에서 활동이 주춤해진 이런 조직들이 최근에는 노인들이 많이 사는 농촌 지역을 집중적으로 공략하고 있다. 할머니·할아버지들이 이런 사람들에게 속아서 비싼 값에 건강 제품을 사고 나서는 그 대금 때문에 고민하는 일이 많다. 더불어, 도시에 있는 자녀들이 이런 사정을 알고 한숨을 쉬는 경우도 늘고 있다.

농촌 노인들이 사기를 잘 당하는 이유

　농촌 출신들은 잘 알 것이다. 부모님이 시골에서 얼마나 많은 일을 하시는지…. 시골의 어르신들은 어깨 인대가 닳아서 팔을 들지 못할 정도이고, 무릎관절을 너무 많이 써서 닳고 닳아 인공관절을 끼워 넣는 수술을 해야 하는 지경인 사람들이 많다. 그런 몸으로도 평생 해온 노동의 습관으로 아무리 말려도 일을 찾아서 하시는 분들이다. 이분들의 병은 대개 고질적이어서 고통을 수반하는 게 보통이다. 이런 분들에게 "우리 어머니, 무릎관절 아프시죠? 어깨도 아프시죠? 온몸에 신경통 없는 데가 어딘지 말하는 게 더 빠르죠?"라며 살갑게 대하는 이들이 나타난다면 얼마나 반갑겠는가. 더욱이 아픈 곳을 싹 낫게 해준다는 약도 '특별히 싸게' 준다니 얼마나 고맙겠는가.

　이런 심경을 잘 알고 있는 사기꾼들은 시골 노인분들을 앉혀놓고 이렇게 말한다.

　"어머니, 자식이 아무리 좋아도 자식이 아무리 효자라도 어머니 아픈 것 못 고쳐줘요. 나이 더 들어서 아들 고생시키고 싶으세요? 이런 것 쓰시고 건강해지셔야 아들한테 고생 안 시키는 거예요. 며느리가 어디 시골에 찾아오기나 해요? 서울 가서 손주라도 보시려면 아픈 데 없이 잘 걸어 다니셔야 되는데 왜 그렇게 방법을 몰라. 이걸 드셔야 한다니깐? 어머니 용돈 좀 달라고 해서 딴 데 쓰지 말고 이런 데 쓰셔야 되는 거야."

　사기꾼들은 이런 말로 노인들 간에 경쟁을 붙이기도 한다.

　"아유, 우리 어머니. 이거 꽤 비싼데 괜찮겠어요? 아드님이 용돈 잘 부쳐주나 봐요. 효자네, 효자."

여기에 관광을 시켜주고 사은품까지 안겨가면서 노인들을 공략하면 노인들로서는 쉽게 혹할 수밖에 없다. 더구나 나이 드신 분들은 '구경시켜주고 선물도 주는데, 미안해서라도 좀 사야지 어떻게 해'라는 식으로 생각한다. 그런 것까지 다 알고 있는 사기꾼들은 노인들이 안 당할래야 안 당할 수가 없게 작전을 펼친다.

요즘 건강식품 사기꾼들은 의료법 위반으로 처벌받는 것을 피하기 위해서 효능은 과장하지만 결코 '약'이라고는 설명하지 않는다. 문제의 소지를 없애는 것이다. 그렇지만 약도 아닌 건강식품을 만병통치약처럼 과장하는 것 자체가 위법으로, 처벌되어야 하는 범죄에 속한다. 따라서 이런 피해를 봤다면 적극적으로 고소하는 등의 대응을 할 필요가 있다. 그런데 노인분들이나 그 자녀들이나 이미 속은 걸 어떻게 하겠느냐고 넘어가는 경향이 있다. 이런 종류의 사기꾼들은 '아파서 자식에게 짐이 되고 싶지 않다'는 노인들의 심리를 교묘하게 이용한다는 점에서 악질적이다. 꼭 신고하기 바란다. 피해자가 더 늘어나는 것을 막기 위해서라도 말이다.

'직빵' 약은 위험해!

건강원을 운영하는 사람들이 관절염에 특효라는 탕약 등을 만들어 팔다가 처벌받는 일이 계속되고 있다. 이들은 스테로이드를 다량 포함한 탕약을 제조해 마치 신경통, 관절통, 손발저림에 특효약인 것처럼 판다. 위험한 일이다.

몇 년 전 노인들을 상대로 관절염 특효약을 팔던 사기꾼들이 잡힌

적이 있는데, 정말 말 그대로 성업 중이었다. 약을 사기 위해 노인분들이 길게 줄을 서서 대기할 정도였다. 노인분들이 계속 찾는 데는 다 이유가 있었다. 통증에 정말로 효과가 있기 때문이다. 그것도 즉시 효과를 발휘한다. 효능이 하도 '신통방통'하여 먹어본 노인분들이 신경통이나 관절염으로 고생하는 주변 사람들한테도 적극 소개해주었다.

신통방통한 효과는 어디서 나온 걸까? 바로 스테로이드라는 성분이다. 그 사기꾼들은 이런저런 한약 재료에 스테로이드를 잔뜩 넣어 탕약으로 만들어서 관절염에 '직빵'이라고 하며 팔았다. 스테로이드는 즉각적인 효과를 나타내기 때문에 노인분들도 처음에는 감탄을 한다. 그러나 스테로이드는 치명적인 부작용이 있기 때문에 의사들도 극히 주의해서 사용하는 약품이다. 인터넷에서 검색해보면 스테로이드를 오남용한 결과 손가락이나 발가락이 이리저리 휘어진 사진들을 볼 수 있는데 정말 끔찍하다. 스테로이드는 소화기관에도 큰 부담을 주는데, 이런 부작용도 알고 있던 사기꾼들은 탕약을 팔 때 노인분들에게 소화제를 함께 주기도 했다.

나이가 들수록 관절염이나 신경통으로 고생하는 사람이 많기 때문에 노인분들 사이에는 '어디 약이 좋다더라' 하는 소문도 많은 편이다. 그런데 거기 약을 먹으면 바로 싹 낫는다는 곳은 정말 조심해야 한다. 스테로이드는 아이들 아토피 등 피부질환에서도 즉각적인 효과가 있지만, 장기간 사용하면 심각한 부작용을 일으킬 수 있다. 그래서 의사들도 복용에 절대적인 주의가 필요하다고 강조한다. 피부병 관련해서도 '어디어디 약이 잘 듣는다더라' 식의 소문이 많은데, 그처럼 즉각 효과를 내는 곳이 있다고 하면 우선 주의할 필요가 있다.

스테로이드의 부작용을 모르던 시절에는 개소주 등에 스테로이드를 넣어 파는 사람들도 많았다. 오래전 친구 아버지께서 정년퇴임 후 건강원을 인수하셨는데, 나중에 친구에게 듣자니 스테로이드도 함께 인수하셨다고 했다. 당시에는 스테로이드를 개소주 등에 넣는 것이 당연한 일처럼 여겨졌던 듯하다. 과거처럼은 아니라고 하지만 아직도 몰래 스테로이드를 넣은 약을 특효약이라며 파는 사람들이 있다고 하니 주의해야 한다. '너무 효과가 좋다'고 하면 한 번쯤 의심해봐야 한다. 더욱이 정식 의사나 약사가 아닌 사람이 판다면 더 말할 것도 없다.

노인을 상대로 한 건강식품 사기를 막으려면

첫째, 가족과 사회의 관심이 중요하다.

노인분들이 사기 범죄로부터 스스로를 지키길 기대하는 건 어려운 일이다. 정보력이나 말발에서, 사기 치려고 작정한 이들을 이길 수 없으니 말이다. 그러므로 의약품이나 건강보조식품에 대해서는 자녀들이 나서서 부모님과 진지하게 대화를 나눠야 한다. 이때 자녀들은 병원을 통한 치료와 약국을 통해 처방받는 약품 외에 소문으로 찾아가는 곳들은 위험할 수 있다는 점을 꼭 말씀드려야 한다. 노인들의 체면이나 염치 같은 심리를 이용하여 엉터리 약이나 건강보조식품, 건강 관련 제품을 수십만 원에서 수백만 원에 파는 나쁜 인간들이 많다는 것도 자주 설명해드리고, 한의사나 약사가 아닌 사람들로부터는 약이나 건강식품을 절대로 사지 마시라고 이야기해야 한다. 약사가 아닌 판매원이 상담하고 판매하는 약국이 요즘도 가끔 있는데, 약국에 가서 일반 의약품을 살 때는 반드시 약사를 찾으라는 것도 당부드리자. 특히 동네를 찾아 떠돌아다니는 건강식품 판매단의 설명을 듣고 약을 사시는 일이 없도록 강조해서 말씀드려야 한다. 농촌을 찾아와서 조직적으로 파는 사람들은 대부분 신뢰할 수 없는 사람들이라는 점을 기억하자. 나중에 환불을 받고 싶어도 불가능한 경우가 대부분이라는 뜻이다. 심지어 신고를 해도 잡기가 어렵다.

둘째, "쉽게 나을 수 있다"는 말에 현혹되어서는 안 된다.

주변 사람이 그 약을 먹고 바로 나았다고 해도 마찬가지다. 병원치료를 통해서도 쉽게 나을 수 없는 난치성 질환이나 노환은 어떤 치료를 받든 큰 효과가 나기 어려운 경우도 있다. 병원에서 처방받는 약으로도 쉽게 낫지 않는 질환을 성분이 뭔지도 잘 모르는 건강식품을 먹고 나을 수는 없다. 건강식품이라고 하면서 엄청난 효능을 갖고 있다고 선전하는 사람은 100% 사기꾼이라고 보면 된다.

셋째, 방송이나 신문 잡지에 나온 제품이라 해서 믿어도 된다는 뜻은 아니다.

사기꾼들은 홍보 · 광고성 기사나 방송 내용을 이용하는 경우가 많다. 그러니 방송에 나왔다며 홍보 비디오를 보여주는 것에 속으면 안 된다. 업체 관계자와 함께 찍은 유명 연예인들의 홍보사진도 마찬가지다. 그것이 제품을 신뢰해도 된다는 이유가 되지는 못한다. 어차피 그 연예인도 홍보비를 받고 사기에 이용된 것뿐이다.

그 외에 중요한 한 가지는 담당 공무원들이 관심을 갖고 단속을 철저히 해야 한다는 것이다. 물론 노인분들이라고 해도 흔히 알려진 사기수법에, 특히 반복적으로 당하신다고 하면 다른 사람들 탓만 할 수는 없다. 그렇지만 그토록 많은 노인들이 계속해서 사기를 당한 데에는 공무원들의 안일한 대응에도 책임이 있다. 사기가 아니라 단지 건강식품 판매 정도로만 여기고 단속을 느슨히 했기 때문이다.

판단력이 떨어지는 노인들을 상대로 품질을 믿을 수도 없는 약품을 만병통치약인 양 선전하며 판매하는 것은 사기행위다. 노인들을 상대로 사기 치는 것은 범죄 가운데서도 가장 나쁜 유형이라고 봐야 한다. 노인 인구 비중이 갈수록 늘어나는 추세인 만큼, 이대로라면 사기 피해자도 점점 늘어날 것이다. 정부의 적극적인 대응책이 필요하다. 또 가족도 부모님과 자주 대화를 나누고, 홍보관 등이 생겼다는 얘기를 들으면 즉시 신고를 하는 등 적극적으로 대응해야 한다.

자영업자를 유혹하는
인터넷 광고 사기

인터넷 광고 명목의 사기가 극성이다. 이 사기꾼들은 회사나 제품을 알리고 싶어 하는 사람들에게 전화 또는 방문 판매 형식으로 접근하여 손님이 크게 늘도록 해주겠다고 유혹한다. '스폰서링크'니 '파워링크'니 '키워드등록'이니 하는 말들을 주워섬기며 수십만 원에서 수백만 원의 계약을 체결하는 수법으로 사기를 친다. 계약 내용은 홍보나 광고이지만, 계약서에는 홈페이지 제작이 주가 되는 것처럼 쓸 때도 있다. 계약 내용이 어찌 됐든, 그들은 거의 이행하지 않는다. 설령 이행이 된다 하더라도 극히 형식적인 홈페이지 등을 만들어놓는 것에 불과하여 광고 효과가 없거나 미미한 경우가 태반이다.

당연히 계약자가 항의를 하고 계약을 취소한다고 하는 경우가 많은데, 이런 경우 사기꾼들은 이미 계약이 됐고 자신들이 작업을 많이 진행했기 때문에 광고대금 대부분을 돌려주지 못한다고 말한다. 이러한 업체들은 직원들에게 과장광고 등을 하게 만들어 계약을 체결하게 하고, 항의를 하는 경우 극히 일부 비용만 돌려주겠다고 하거나 못 돌려준다고 하며 계속 버틴다. 그렇게 시간을 끌면서 결국 피해자들이 포기하게 하는 수법을 쓴다. 애초에 이런 식으로 돈을 돌려주지 않을 생각을 하고 계약을 체결한 것이다. 특히 홈페이지라는 것을 만들어주었다는 점을 내세워 계약이나 광고 등에 문외한인 자영업자들이 대금을 포기하게 하는 것이다.

　이런 사기수법으로 범죄를 저지르던 업체의 대표가 구속되는 일도 있었다. 그런데 수많은 피해자가 존재함에도 사기 행각이 구체적으로 알려지지 않아서 현재도 피해자가 계속 발생하고 있다. 사기꾼들 입장에서는 가히 사기 업계의 블루오션이라 할 정도다. 범행 대상은 중소 규모의 식당이나 미용실, 애견샵, 동물병원, 공인중개사 사무소, 어린이 미술학원 등이며 업태나 업종을 가리지 않는다.

　이는 소액 사기의 경우 고소·고발이 잘 이루어지지 않는다는 점을 이용하는 범죄다. 그렇지만 전체적인 피해액은 수백억 원을 넘는 규모로 추정되고 있다. 각 건이 소액이라는 점을 생각하면 사기 조직이 계속해서 사기를 치고 있음을 알 수 있다. 자영업자에게 접근하여 인터넷 광고를 권유하는 사람들 상당수가 사기꾼들이라는 점을 명심하기 바란다. 이들은 기획부동산업체나 다단계 방식의 투자 사기꾼들과 마찬가지로 회사 명칭을 바꾸어가며 계속 사기를 치기 때문에 더욱더 주의가 필요하다.

인터넷 광고업체의 직원 김○○ 씨는 식당 주인 박○○ 씨에게 전화를 해서, 인터넷으로 홍보를 하면 영업에 큰 도움이 된다며 광고계약을 권했다. 요즘 젊은 사람들은 인터넷에서 검색을 해보고 맛집을 찾기 때문에 인터넷 광고를 꼭 해야 한다는 것이었다. 박 씨는 컴맹이나 다름없는 사람이었다. 그렇지만 요즘 젊은 사람들이 인터넷이나 방송의 맛집 소개를 보고 찾아가기 때문에 그런 집들이 장사가 잘된다는 이야기는 많이 들었던 터라 관심이 갔다. 광고업체 직원은 키워드라는 것을 이야기하며 네이버, 네이트, 다음 등에서 검색할 경우 상위에 노출되게 해주고 스폰서 링크로 광고를 해주겠다고 했다. 홈페이지가 없는 상황이니 홈페이지도 만들어준다고 했다. 그러고는 "마음에 들지 않으면 취소할 수 있다"고 하면서 카드결제를 요청했다. 카드로 결제하면 취소하기도 편리할 거라며 할부로 결제하라는 얘기도 덧붙였다. 박 씨는 카드로 300만 원을 결제했다.

그런데 홍보회사에서 홈페이지를 만들기는 했지만 내용도 형편없었고, 포털에 '키워드'를 입력해도 상위에 노출되지도 않았다. 하기야 광고업체가 제공한 키워드라는 것을 일반인이 입력한다는 것은, 이미 그 이름을 알고 있음을 전제로 하기 때문에 광고라고 볼 수도 없는 것이었다. 박 씨가 운영하는 식당은 별다른 특성이 없었고, 박 씨 식당에서 파는 음식 이름을 입력한다 해서 박 씨 식당이 바로 검색되는 것도 아니었다. 애초에 광고 효과가 없을 수밖에 없는 상황이었다.

박 씨는 1개월 만에 계약 취소를 요구했는데, 직원은 "취소 결정은 상관에게 보고해야 한다"고 하며 시간을 끌더니, 나중에는 취소를 할 수 없다고 했다. 박 씨가 "마음에 들지 않으면 취소할 수 있다고 해서 계약을 한 것이고, 계약 내용도 안 지켰으니 돈을 돌려달라"며 사기로 고소하겠다고 했다. 하지만 직원은 "홈페이지를 만들었으니 초기비용이 많이 들었고, 단순변심에 따른 해지이므로 위약금을 제한 50만 원만 돌려주겠다"고 할 뿐이었다.

박 씨는 속았다는 사실에 억울해서 소송을 하려고 했지만 변호사비를 고려하면 배보다 배꼽이 더 큰 상황이고, 법에 대한 지식이 없어서 어려움을 겪었다. 그러던 차에 온라인광고분쟁조정위원회의 도움을 받아서 조정을 받았다. 그 협의회에서 내려지는 조정 내용은 소액재판에서도 그대로 인용되는 경우가 많다.

빼돌려지는
아파트관리비

최근에 경찰이나 검찰에 입건된 사건들을 보면, 관리소장이나 입주자대표들이 아파트관리비를 주민 몰래 빼돌리는 것이 정말 흔한 일임을 실감하게 된다. 아파트관리비 빼돌리기는 법적으로는 횡령으로 처벌되지만, 일반 주민들을 속여 관리비를 더 많이 내게 하는 범죄이므로 주민들 입장에서는 사기를 당하는 것과 다를 바 없다.

관리비 빼돌리는 수법

아파트 관리소장이나 입주자대표들이 관리비를 빼돌리는 수법은 매우 다양한데, 시설하자보수비를 빼돌리는 것이 대표적이다. 입주자대표회의 회장이나 부회장 등이 공모해서 보수비를 부풀리고 그 차액을 빼돌리는 수법이다. 실제 하자보수업체에 준 돈보다 많은 액수를 사용했다고 회계장부에 기재하고 돈을 빼돌리는 것이다.

이 경우에는 감사를 정확히 하면 주민 몰래 돈을 빼돌렸다는 것을 쉽게 확인할 수 있다. 그렇지만 입주자대표회의에서 하자보수업체와 수의계약을 하고 뒷돈을 받아먹는 경우라면 어떨까? 하자보수업체가 입주자대표회의 회장 등의 요구에 따라 보수비를 높이고 차액을 입주자대표들에게 돌려주는 경우로, 실제로 이런 수법이 흔히 쓰인다. 이런 상황에서는 감사가 제대로 될 리 없다.

아파트 입주자대표회의나 관리소장이 관리비를 제대로 관리하는 곳이 있다면, 그 아파트 단지 주민들은 운이 좋다고 해야 할 상황이다. 그만큼 하자보수업체들 입장에서는 뒷돈을 주어야 하는 것이 '상식'처럼 되어버렸다고 해도 과언이 아니다.

최근 성남의 모 아파트 관리소장과 관리소 과장, 입주자대표회의 회장, 총무 등이 입건된 사건이 있다. 이 건을 보면 업체로부터 뒷돈을 받은 횟수만 해도 50차례가 넘는다. 물론 발각된 것만 그렇다는 것이다. 단가가 높은 공사나 소모품 교체의 경우일수록 '뒷돈'을 나눠 먹고 싶어 하는 공모자가 늘어나므로 아파트관리비는 곳곳에서 새게 되어 있었다.

아파트의 하자보수나 수선을 할 때 누군가가 공사업체로부터 뒷돈을 받는다면, 보수업체나 건설업체는 당연히 그에 따른 반대급부를 추구하게 되어 있다. 즉, 제대로 된 보수를 하기보다 시간과 돈을 덜 쓰는 쪽으로 공사를 진행할 가능성이 높다는 뜻이다. 주민들이야 어차피 잘 모르니 대충 넘어가 달라는 것이다. 결국 피해는 이중으로 생긴다. 돈도 더 많이 나가고, 공사도 엉망이 되는 것이다.

　아파트 관리소장이나 입주자대표회의 관련자들이 뒷돈을 받아내는 수법은 참으로 교묘하다. 입찰을 하는 경우에도 자신이 뒷돈을 받기로 한 업체가 선정될 수 있도록 해당 업체만 통과될 수 있는 조건을 내거는 경우도 있다. 대단지처럼 공사가 큰 경우에는 뒷돈으로 받는 금액만 1억 원이 넘어가기도 한다. 아파트 내에 어린이집이나 운동시설도 뒷돈 요구의 대상이 되기 쉽다. 재계약 등과 관련하여 "불만이 있는 사람들이 많다"는 한마디는 뒷돈 요구라고 볼 수 있다. 이런 부당한 요구에 대항할 수 있는 어린이집이나 운동시설 운영자가 얼마나 되겠는가.

　이런 요구를 하는 이들은 대체로 관리소장이나 입주자대표회의 회장단이다. 인천의 한 어린이집 교사가 어린이를 심하게 폭행한 사건 이후, 경기도 등에서 기존의 어린이집들을 국공립 어린이집으로 전환하려는 안이 제시되었다. 그러자 아파트입주자대표회의 등에서 이를 반대한다는 언론보도가 있었다. 사립의 경우 임대료도 많이 받지만 이런저런 행사 때 '찬조'를 받을 수 있는데, 국공립은 그러기 어렵다는 점도 반대하는 이유 중 하나로 언급됐다. 찬조 명목으로 받은 돈일지라도 그 전부가 관리비 등 회계장부에 기입되고 입주민 전부를 위해 쓰이는 것이 아니라면, 명백히 범죄다.

공모자들과 방조자들

관리사무소에서 인건비를 과다하게 산정하거나 관리비를 다른 명목에 전용하는 경우도 많다. 모두 엄격히 따지면 횡령죄에 해당하는 일임에도 입주자대표회의에서 눈감아주기 때문에 가능한 일이다. 장기수선충당금으로 부담해야 할 공사를 세입자에게 부담시키도록 입주자대표회의가 로비를 하는 등 '짝짜꿍'이 되는 경우도 있고, 입주자대표회의 회장단이나 임원들이 횡령을 하는 경우 관리소장 등과 공모하는 경우도 적지 않다.

입주자대표회의가 떳떳하지 못한 경우에는 관리사무소의 횡령을 적발하더라도 문제 삼기 어려워진다. '너도 해먹고 나도 해먹었다'는 관계가 되기 때문이다. 결국 이런 카르텔을 모르고 내라는 관리비를 다 내는 입주민들만 손해를 본다. 관리비와 관련하여 회계사무소가 제대로 감사를 하는 것인지도 의심스러운 경우가 많다. 횡령 혐의는 영수증만 제대로 확인해보았어도 드러났을 텐데, 굳이 경찰이나 검찰에서 조사를 해야만 드러나는 이유는 무엇일까?

관리비 사기를 예방하려면

하자보수 또는 소모품 구입이 필요할 때는 실질적인 입찰을 해야 한다. 일정 규모를 갖추었고 공사 경험이 있는 업체들 중에서 가장 적은 비용과 유리한 조건을 제시하는 업체를 고르면 된다. 그리고 만에 하나 뒷돈을 준 사실이 발각되는 경우, 공사비의 몇 배에 해당하는 손해배상을 하도록 규정하는 것도 비리를 없애는 방법이다.

아파트 단지나 오피스텔의 회계와 영수증 보관 등과 관련하여 법률규정이 미비하다면 아파트나 오피스텔 내부규약으로라도 영수증을 장기 보관할 의무를 정하고, 그렇지 않은 경우 손해배상을 예정해둘 필요가 있다. 횡령의 간접 증거이기 때문이다. 금액을 미리 정해두는 것을 손해배상의 예정이라고 하는데, 손해배상의 예정을 해두면 손해액이 얼마인지 다툴 필요가 없어진다. 또 횡령 사실이 드러났을 때 드러난 금액보다 더 많은 금액을 손해배상 하도록 규정해둘 필요가 있다. '먹은 돈만 뱉어내면 된다'고 생각하면 '안 걸리면 좋고, 걸려도 돌려주면 그만'이라는 식이 되어버린다. 그래서는 범죄 예방 효과를 얻을 수 없다.

또한 그런 의무에 반대하는 사람은 대표로 나서지 못하게 해야 좀 더 투명한 관리비 사용을 기대할 수 있다. 회계사무소와 계약을 할 때도 부실회계 시 손해배상의무를 선명하게 규정해둘 필요가 있다. 그리고 관리비를 관리소장 등의 개인 명의 통장으로 입금하는 것은 금지해야 한다. 이는 처음부터 횡령하라고 방조하는 것이나 다름없는 일이다.

범죄는 법적 규제를 제대로 받지 않는 곳에서 벌어지기 마련이다. 현재는 아파트 단지의 규모에 따라 영수증 보관의무가 없는 경우조차 있다. 그래서 뒷돈을 받아먹고 공사를 진행한 경우 영수증도 보관하지 않고, 회계장부도 제대로 작성하지 않는 경우가 많다. 범죄의 유혹을 느낄 수밖에 없는 환경이라 할 수 있다. '법률의 사각지대'란 이런 때 쓰는 말이다.

법적 규제가 완벽하지 않은 곳에서 관리비를 빼돌릴 가능성이 높다는 것은 오피스텔 관리비를 보면 쉽게 알 수 있다. 대규모 아파트 단지에 비해서 법적 규제가 적은 오피스텔의 경우 관리비가 아파트에 비해 두 배 이상 나오는 경우가 많다. 이를 단순히 아파트보다 비용이 많이 들어가서 그렇다고 볼 수 있을까? 정부와 지방자치단체가 아파트나 오피스텔 관리비와 관련된 법적 규제를 현실화하고 강화할 필요가 있다.

방송 매체를 악용한
산삼 사기

우리는 방송에 나오는 것이면 무엇이든 믿을 수 있다고 생각한다. 방송에 나오는 사람이나 사실, 정보, 물건 등 모두에 대해서 말이다. 그런데 방송 등 매체 입장에서도 시청자의 관심과 흥미를 유발할 만한 콘텐츠나 기사를 내야 한다는 조바심이 늘 있다. 이는 시청률이나 구독률이 높아질 만한 소재라면 잘 살펴보지 않고 방송에 내보낼 가능성이 매우 높다는 뜻이다. 산삼이나 약재와 관련된 방송이 그 대표적인 예다. 최근에는 케이블방송이나 종편까지 가세하면서 그런 경향이 더 심해져서 더욱 세심한 주의가 필요하다.

천종삼, 방송에 나왔으니 믿을 수 있다?

2006년, 당시 충북에 사는 ○○○ 씨가 월악산에서 산삼을 100뿌리 넘게 캤다는 보도가 나갔다. "큰 무를 뽑아먹는 꿈을 꾼 뒤 무려 100뿌리 넘는 산삼을 캤다"며 뉴스에 나온 것이다. 언론에 보도될 만한 대단한 내용이었다. 10뿌리도 아니고 100뿌리가 넘는 산삼이었으니까.

이런 산삼 관련 뉴스를 본 기억이 다들 있을 것이다. 잊을 만하면 한 번씩 방송에 나오니 말이다. 산삼에 별 관심이 없는 나 같은 사람조차도 '천종삼'이라는 용어를 기억하는 걸 보면 TV나 신문에서 이런 내용을 꽤 자주 접했던 것 같다. 이런 기사나 방송 내용에는 흥미를 일으키는 요소가 분명 있다. 일단 산삼이라는 것 자체가 '신비의 영약'이라는 이미지가 아직까지 강하게 남아 있고, 그중에서도 특별한 산삼이어서 그 가격이 억 단위를 넘어간다고 하면 '우와!' 하는 생각이 절로 든다. 흥미본위의 방송을 만들기에 이보다 더 좋은 소재가 없다고도 하겠다.

방송을 타고 난 후 어떤 산삼협회 감정위원이라는 사람들이 그 산삼들을 감정했다. 감정 결과는? 4억 원에서 5억 원 정도라는 것이었다. 무려 100년 이상 된 최고 품질의 '천종삼'도 포함되어 있기 때문이라고 했다. 그러고 나서 그 산삼들이 경매시장에 나왔는데, 이후 그 협회 관련자들이 피의자로 수사를 받았다. 당시 이 산삼협회가 취급해온 산삼은 대부분 장뇌삼이거나 옮겨 심은 삼이었으며, 감정 평가도 엉터리였다는 것이다.

이런 일도 있었다. 문제의 산삼협회는 "가정주부가 150년 된 산삼을 캤다"며 감정 내용을 홍보했다. 그런데 '가정주부'라는 사람이 그 협회 감정위원장의 부인이었음이 나중에 밝혀졌다.

이 사건에서는 검찰이 나서서 다행이었지만, 수사가 되지 않았다면 TV나 신문에까지 나온 산삼으로 믿고 거액을 주고 사는 사람들이 분명 있었을 것이다. 그 산삼들은 다른 것도 아니고 '방송에 나온 산삼'이니 말이다. 아무런 확인도 없이 '천종삼'이라며 방송에 내보낸 결과, 억대의 피해자가 발생할 뻔한 사건이었다.

그런데 요즘도 산삼에 대한 뉴스가 간혹 나오지 않던가. 성우의 구수한 방송 멘트와 함께 산삼을 캤다는 사람과 그걸 감정했다는 사람들이 나온다. 방송에 나온 것이라면 무조건 믿을 수 있을까? 개그는 개그일 뿐이고 방송은 방송일 뿐이다. 방송에 나오는 것이라고 해서 다 진짜는 아니다. 믿고 안 믿고는 각자의 판단이지만, 조심해야 한다. 방송에 산삼 이야기가 나오더라도 맛집 정도로 생각하면 딱일 것이다.

산삼과 장뇌삼 구분은 불가능

산삼과 관련해서 속이는 가장 대표적인 방식은 싸구려 수입 장뇌삼 등을 산삼이라고 파는 것이다. 중국산 장뇌삼은 가격이 그리 비싸지 않기 때문에 몰래 들여오다 세관에 걸리면 그냥 버리는 일도 많다고 한다. 별다른 가치가 있는 물건이 아니기 때문이다. 그런데 문제는 일반인인 우리가 장뇌삼과 산삼을 구별할 수 없다는 것이다. 심지어 그것들의 원산지가 중국인지 한국인지도 정확히 알 수 없다.

일반인이 산삼과 장뇌삼을 구별하는 건 불가능에 가깝다. 가격이나 가치를 판단하는 건 더욱 그렇다. 특히 파는 사람이 작정하고 속이려고 들 때는 별다른 수가 있을 수 없다. 일반인이 책을 보거나 인터넷을 통해 알게 된 지식으로 산삼을 속지 않고 산다는 건 불가능에 대한 도전이라고 해야 할 것이다. 그런데도 나름대로 여기저기서 보고 들은 지식으로 평가를 하려는 사람들이 있는데, 그런 사람들이야말로 사기 당하기가 더 쉽다. 산삼에 대한 정보는 대부분 산삼을 비싸게 팔려는 사람들이 지어낸 이야기이기 때문이다.

예컨대 뇌두라는 부위가 여러 겹으로 되어 있으면 오래된 산삼이라고 아는 사람들이 많다. 이를 이용해 일부 사기꾼들은 뇌두 부분을 가짜로 만들어 현혹하기도 한다. 장뇌삼의 뇌두를 잘라서 모양이 그럴듯한 다른 장뇌삼에 식용본드로 이어 붙이는 것이다. 심지어는 이쑤시개로 뇌두를 끼워 다른 장뇌삼에 이어 붙여서 산삼주를 만들어 팔기도 한다. 못 믿겠는가? 실제 있었던 사기수법이다.

이런 가짜를 만드는 사람들은 자기들이 전문적으로 잘 고아준다며 눈앞에서 고아 그 엑기스와 찌꺼기를 주기도 한다. 그러고 나면 아무런 증거도 남지 않기 때문이다. 이런 사기꾼들 감당할 수 있겠는가?

얼마 전에는 산양삼이라며 한 뿌리에 수백만 원을 받고 홈쇼핑이나 마트를 통해 22억 원대의 가짜 산양삼을 판 사기꾼들이 검거된 적이 있다. 그중에는 농약이 기준치보다 훨씬 많이 나온 경우도 있어서 더 황당했다. 농약 범벅을 몸에 좋은 최고의 선물이라고 부모님께 드리도록 한 셈이니 이 얼마나 기가 찬 일인가.

산삼감정서가 있으면 믿을 수 있을까?

가짜 산삼만큼이나 가짜 감정인도 많다. 나는 케이블TV에서 산삼을 소개하는 심마니와 함께 나오는 감정인이라는 사람들을 보면 항상 궁금한 게 있다. 그들은 어떤 자격을 갖고 있는 사람이고, 그 자격은 누가 인정하는 걸까? 방송국 작가나 PD는 그런 걸 확인하지는 않는 것 같다. 그리고 그 사람들 이야기가 사실인지도 확인하는 것 같지 않다. 한 가지 확실한 것은 산삼을 소개하는 사람들은 자신들이 스스로를 심마니라 부르고, 감정도 그들이 한다는 것이다. 결국 파는 사람이 자기가 감정하고 자기가 가격을 결정하는 것이나 다름없다.

방송이나 뉴스에서 보듯, 100년 넘은 산삼이라고 하면서 황당한 가격을 매겨 파는 경우가 많다. 산삼 1뿌리에 5,000만 원, 1억 원이라는 감정서까지 붙어 있다. 그런 감정서는 모조리 엉터리다. 감정서를 만든 사람이 파는 사람과 한통속인 경우도 많다. 즉, 산삼 사기의 공범이다. 산삼감정협회라는 것도 산삼을 팔려는 사람들이 만든 단체에 불과한 경우가 많다. 이들은 장뇌삼을 1억 원짜리 천종삼이라고 엉터리 감정을 하기도 한다. 달리 말하자면 감정서가 있으면 좀 더 잘 믿고 잘 속는 사람들이 많기 때문에 그런 이름을 내세우는 것뿐이다.

실제 산삼이라고 하더라도 100년근이라는 감정은 역시 사기일 확률이 높다. 사기꾼 감정인들이 써 붙인 산삼의 나이도 엉터리인 것이다. 산삼의 나이, 즉 수령은 전문 심마니조차 속는 경우가 있을 정도로 객관적인 기준이 모호하다. 전문 심마니도 나이를 정확히 모를 수 있다는 뜻이다. 그러니 일반인은 어떻겠는가. 장뇌삼을 100년 된 산삼이라고 해도 알 길이 없다. 식물학자들 중에는 진짜 산삼조차 100년을 산다는 것은 거짓이라고 하는 사람들도 있다. 그런 지적을 받으면 사기꾼들은 산삼이 자라지 않고 잠을 자는 기간이 있어서 100년을 버틸 수 있다고 설명한다. 그런 말 자체도 과학적으로 검증된 것이 아니다. 어찌 됐든 사기꾼들은 100년 넘은 산삼이라고 우기는데, 그래야 대단한 산삼으로 생각하고 비싼 가격에 사려는 사람들이 있기 때문이다.

산삼은 정말 불치병도 낫게 할까?

가장 근본적인 문제는 산삼이 불치병도 낫게 한다는 식의 허황된 설명과 믿음이다. 물론 동양의학에서 산삼의 효능에 대해 과거부터 높이 평가해온 것은 사실이다. 하지만 산삼이 몸에 좋다는 것과 불치병을 낫게 한다는 것은 전혀 다른 이야기다.

우리나라에서 산삼을 가장 쉽게 접할 수 있었던 사람들은 아마 조선 시대의 왕들일 것이다. 그들은 필요하다면 얼마든지 산삼을 먹을 수 있었다. 어의들이 관여하므로 가짜 산삼 따위는 먹을 일도 없었을 테고 말이다. 그럼, 조선 시대 왕들이 무병장수했나? 그렇지 않다. 기껏해야 평균 40~50년 정도의 평균수명을 기록했을 뿐이다. 물론 종기조차 심각한 질병이던 시절의 수명이긴 하지만, 산삼을 구경도 하지 못한 일반인보다 더 오래 살지 않았다는 것은 분명하다. 어쨌든 산삼을 먹을 수 있다고 해서 강한 체력을 유지하거나 병을 이겨내고 장수하는 것은 아니라는 점을 잘 보여준다.

'죽은 사람도 살린다고 할 정도로 효능이 뛰어나다'고 하지만 그런 말에 걸맞은 객관적인 효능이 입증된 적이 없다는 것도 생각해볼 문제다. 한의학자들 중에서도 나름대로 객관적인 입장에 서 있는 사람들은 '동물 실험을 통한 약효 입증'이 필요하다고 말한다. 아직 객관적인 임상실험을 통해 그 '기적적인' 효능이 밝혀진 적이 없다는 의미다. 만약 산삼에 정말로 '기적적인' 효능이 있다면, 돈 되는 일에 누구보다 발빠른 의학 선진국들의 의학연구소나 세계 유수의 제약회사들이 그저 가만히 있었을까? 산삼을 이용한 의약품이 이미 오래전에 개발되지 않았을까? 상식선에서 받아들일 수 있는 내용이라면 '산삼은 인삼보다 더 좋다고 여겼다'라는 정도가 아닐까 싶다.

4장

대표적인 사기를
피하는 완벽한 원칙

보증 잘못 서서
가산을 탕진하지 않으려면

보증 사기를 당하거나 보증으로 인해 피해를 입지 않으려면 어떻게 해야 할까. 보증을 서지 않는 방법밖에 없다. 보증의 폐해가 그만큼 크기 때문이다. 보증을 요구하는 것이 더욱 어려운 일이 되어야 하고, 보증 요구를 거절하는 것이 당연하다고 받아들여져야 한다.

보증을 피하기 위한 네 가지 원칙

첫째, 보증이라는 것의 의미와 무서움을 알고 느껴야 한다.

보증은 남이 빌리고 남이 써서 없어진 돈을 내가 대신 갚아야 한다는 뜻이다. 극단적으로 말하면 "내가 내 가족의 삶을 담보로 모든 책임을 지겠다"는 뜻이다. 채무자 대신 빚을 다 갚아야 한다면 사기를 당한 것과 결과적으로 아무런 차이도 없다는 걸 명심 또 명심해야 한다.

둘째, 보증을 설 수밖에 없도록 하는 분위기에 넘어가서는 안 된다.

일단 사기꾼들이 주변에서 한 사람을 먹이로 삼는 분위기에서는 심리적으로 사기를 당하기 쉬운 상태가 된다. 별다른 사회 경험이나 해당 분야의 경험도 없는 당신에게 '이사' 등을 시켜준다며 '자리'를 만들어주는 사람들이 있다면, 우선 경계해야 한다. 꼬임에 넘어가서 일단 사무실에 출근하기 시작하면 빠져나오기가 어렵다. 사기꾼들이 촘촘히 짜놓은 사기 그물에 걸려든 것이기 때문이다.

셋째, 보증을 서기 전에 전문가와 상담하기 바란다.

만일 변호사에게 "제가 이런 일을 새로 시작하게 될 것 같은데요. 거기서 보증을 잠시만 서달라고 하는데 괜찮을까요?"라고 물어봤다고 해보자. 대부분 변호사는 그게 사기일 가능성이 있다고 경고해줄 것이다. 그렇지 않더라도, 보증이란 것이 어떤 의미인지를 설명해줄 것이다. 사전에 그 정도 단계만 거쳐도 사기를 당할 가능성은 많이 줄어든다. 그게 여의치 않다면 최소한 가족회의라도 한번 열어서, 가족들 대부분이 반대한다면 안 하는 것이 옳다.

넷째, 함부로 서명하거나 인감증명을 제공하거나 인감도장을 남에게 맡겨놓아서는 안 된다.

그건 말 그대로 자살행위다. 서류에 쓰여 있는 내용을 제대로 확인도 하지 않고 서명하는 것만큼 위험한 일은 없다. 만약 거기에 보증을 선다는 내용이 살짝 포함된 경우를 생각해보라. 또 이름만 좀 빌려달

246

라고 하면서 필요할 때마다 왔다 갔다 하기 귀찮으니 인감도장과 인감증명을 맡겨놓으라는 사람들이 있다. 위험한 사람들이다. 그런 말을 듣고 인감도장이나 인감증명을 맡기는 사람들도 있는데, 가족들 입장에서 볼 때 이들 역시 위험한 사람이다.

연대보증인란에 인감도장 찍고 인감증명 붙여놓으면 본인 뜻과 상관없이 보증을 선 것이 될 수밖에 없다. 그것이 사기라고 하더라도 사기라는 점을 밝혀내기가 쉽지 않다. 절대로 인감도장을 남에게 맡겨두면 안 된다. 특히 금액의 한정이 없는 채무관계를 보증하는 것은 온 가족을 파탄으로 몰아넣는 행위다. 보증을 섰다면, 특별한 사정이 없는 이상 채무자가 갚지 않은 돈을 모두 갚을 수밖에 없다.

보증은 혼자 결정할 일이 아니다

보증 잘못 섰다가 망했다는 집 정말 많다. 사업을 한다는 형제 한 명을 위해 다른 여러 형제가 보증을 서는 경우처럼 친인척들이나 주변 사람들까지 함께 파산하는 경우도 있다. 온 집안이 쑥대밭이 되는 것이다.

그런데도 "보증을 설 수밖에 없었다", "어쩔 수 없었다"고 말하는 사람들도 많다. 하지만 '어쩔 수 없었다'는 말처럼 가족을 좌절시키는 말도 없을 것이다. 어쩔 수 없었던 것이 아니라 보증을 부탁한 사람이 돈을 갚지 않을 경우 내 가족이 어떻게 될 것인지를 깊이 생각해보지 않은 것이다. 보증을 거절했다고 해서 의리 없다고 몰아붙이는 일이 비정상적인 것이 되어야 한다. "내가 망하는 한이 있어도, 내 가정이 파탄이 나더라도 저 사람을 믿은 것을 후회하지 않겠다"라고 할 만한 관계가 얼마나 있을까? 과연 내 가족의 삶보다 더 소중한 것이 있을까? 다른 사람의 삶이나 사업 욕심을 위해 보증을 섰다가 망하는 것은 '의리'의 표상이 아니다. 술자리에서나 어울리는 그런 의리는 삶을 망가뜨린다는 점에서 마약과 다를 바 없다.

보증 부탁을 거절하지 못하면 가족 모두가 힘들어진다. 보증을 서기 전에 가족과 상의하기 바란다. 돈을 빌린 사람이 갚지 않으면 당신의 집을 경매로 내놓게 하는 것이 보증이다. 당신의 월급에 압류가 들어오는 것이 보증이다. 가장이 별생각 없이 거액의 보증을 서는 순간, 가족들의 삶을 보증을 서달라고 부탁한 사람에게 맡기는 것이다. 가장은 가족을 지키는 사람이다. 다른 사람의 손에 내 가족의 삶을 맡기는 사람이 되어서는 안 된다.

금융기관이 대출과 관련하여 보증을 요구하는 것에 대해서는 상당 부분 제한하는 입법이 되어 있다. 개인의 보증을 요구하는 것을 금지하거나 제한하는 입법을 앞으로 더욱 확대할 필요가 있다. 또 보증을 허용하는 경우에도 그 기간을 단기간으로 한정하고 보증채무도 무제한적으로 인정하지 않는 쪽으로 바꿔야 한다. 그렇지만 현재로서는 보증이라는 제도 자체가 금지되지 않은 상황이므로 보증을 서는 데 신중에 신중을 기할 필요가 있다. 보증 부탁을 거절하기 어렵다고 느껴지는 경우에는 그 채무 원금 전부와 이자까지 갚게 될 것을 진정으로 각오하고, 가족의 동의를 얻은 후 결정하기 바란다.

피땀으로 모은 돈
컨설팅 사기로 잃지 않으려면

우리나라에는 '권리금'이라는 특이한 제도가 있다. 특정한 장사를 하던 기존의 점포 주인이 점포를 인수하는 사람으로부터 받는 돈이라고 생각하면 된다. 위치에 따라서 권리금이 2억 원에서 3억 원을 넘는 경우도 흔하다.

권리금에 대해 알고 사업을 시작하라

권리금은 시설비와 상권 형성, 즉 매출을 높여놓았다는 의미에서 받는 것인데, 지금은 같은 업종이 아니더라도 해당 점포에 들어간다는 사실만으로 권리금을 주는 경우도 많다. 즉, 상권 좋은 곳에 들어가기 위한 진입비용의 하나가 되어버린 것이다. 재일교포인 한 선배는 "한국에는 권리금제도가 있어서 보통 사람들이 다소 큰 규모의 자영업을 하는 걸 막는 것 같다"고 했는데, 맞는 말이다. 권리금이 진입장벽으로 작용하는 셈이다.

그런데 문제는 이 권리금이 보증금과 달리 충분히 보장되는 것이 아니라는 점이다. 과거에는 임대인인 건물주와 사이가 나빠져서 임대기간이 종료된 후 재계약을 하지 못하고 권리금을 회수하지 못하고 쫓겨나거나, 심지어 임대인이 장사가 잘되는 걸 눈여겨보다가 임대기간이 만료되면 재계약을 하지 않고 내쫓은 뒤 자기 자식에게 같은 사업을 하게 하는 경우도 있었다. 권리금은 주지 않고 말이다. 말도 안 되는 것 같지만, 법이 보호해주지 않는 것이기 때문에 이런 일이 실제로 발생했다. 최근 권리금을 확보할 수 있도록 어느 정도 입법이 이루어진 바 있고, 나름 큰 의미가 있다. 하지만 권리금은 임대인으로부터 받아내는 것이 아니라 기본적으로 자신의 뒤에 들어오는 임차인으로부터 받아내는 것이기 때문에 근본적으로 확실히 보장되는 성격의 것이 아니다.

장사가 안 되는 자리인데도 속아서 거액의 권리금을 주고 들어간 경우는 더욱 심각하다. 권리금을 주는 순간 사기를 당한 셈이다. 그런데 사기꾼 컨설팅업자들은 '권리금 무서워하면 장사 못 한다'며, 처음 사업을 시작하려는 사람들을 꼬드긴다. 황당한 이야기다. 적게는 수천만 원 많게는 수억 원이나 되는 권리금을 무서워하지 말라니, 이게 정상일까? 몇 년 내로 사업을 포기할 경우 몇억 원을 맥없이 날리고 만다는 뜻이다. 그래서 대형 프랜차이즈 커피점 등의 가맹점을 열고 나면 적자를 보더라도 폐점을 하기가 만만치가 않은 것이다. 컨설팅업자는 결코 권리금을 보장해주지 않는다.

권리금이 무엇인지도 모르고, 권리금을 무서워할 줄 모르는 사람은 사업을 시작해선 안 된다. 컨설팅업자로부터 '목 좋은 곳'이라고 사기를 당하고 장사를 시작한 사람들은 매달 쌓이는 적자에 놀란 나머지 권리금을 포기하더라도 임대차계약을 해지하고 보증금이라도 돌려받고 싶다고 한다. 그렇지만 또 다른 임차인을 찾는 것조차 쉽지 않다. 장사가 안 되는 곳이니까.

알지 못하는 영역의 일을 새로 시작할 때는 지나치다 싶을 정도로 신중해지기 바란다. 준비도 철저해야 한다. 그렇지 않으면 사기를 당하게 된다. 점포를 인수하려는 사람이 컨설팅업체에게만 맡겨놓은 채 스스로 정보를 수집하지 않을 때도 사기당하기 딱 좋다. '봉'이 되는 셈이다. 몇억 원을 들여 사업을 하겠다고 하면서 "나는 이런 일 잘 모르니 알아서 잘 해주세요"라며 한발 빠지는 사람들. 내가 보기에는 사업을 할 만한 사람들이 아니다.

장사가 안 되어 문을 닫으려는 점포를 인수하게 하고 권리금도 많이 내게 하는 것은 말 그대로 사기라고밖에 볼 수 없다. 권리금은 그 금액 자체가 사기 피해액이 될 가능성이 높다. 그런데도 권리금 몇억 원을 무서워하지 말라니, 말이 되는가? 권리금은 무서워해야 한다. 결코 법적으로 완전히 보호되지 않는 것이 권리금이다. 원칙적으로 건물주에게서도 프랜차이즈 본사로부터도, 컨설팅업체로부터도 돌려받을 수 없다. '권리금'이지만 '권리'가 없는 것이다. 또 뒤늦게 사기로 고소해봐도 권리금 문제는 쉽게 해결되지 않는다.

컨설팅업자와 본사, 건물주의 관계

신용이 있는 업자도 있겠지만 아무 경험도 없는 사람을 꾀어서 거액을 투자하게 하는 프랜차이즈업체나 브로커들은 그야말로 사기꾼들이나 다름없다. 그들은 그럴듯한 이야기를 떠벌리지만 결론적으로는 모순된 이야기를 하는 경우가 많다. 상권이 형성된 곳에서는 "장사가 잘되는 지역에 권리금을 많이 주고 들어가야 한다"고 이야기하고, 형성이 안 된 곳에서는 "장사해서 돈 버는 것이 아니다. 어느 정도 장사가 되게 만들고 나서 권리금 받고 빠져나갈 때 돈을 버는 것이다"라고 한다. 하지만 그게 그렇게 간단한 문제가 아니다. 권리금을 그렇게 많이 줄 정도로 장사가 잘되는 곳은 매물로 잘 나오지 않는다. 다른 한편으로, 애초에 장사가 안 되던 곳에 경험도 없는 사람이 들어가 거액의 권리금을 받을 정도로 영업을 활성화할 가능성은 무척 낮다.

컨설팅업자들은 제대로 된 정보를 알려주지도 않으면서 놓치기 아까운 자리라며 급하게 계약을 하도록 유도한다. 이렇게 급하게 몰아붙이는 것은 사기꾼들의 공통적인 수법 중 하나다. 그들은 계약이 체결되어야만 돈을 벌 수 있다. 유명 프랜차이즈 커피점 등의 계약을 체결한다고 할 때, 그들이 요구하는 컨설팅비는 수천만 원에 이른다.

모든 업체가 다 그런 것은 아니겠지만 프랜차이즈 본사가 이런 컨설팅업체의 행태를 묵인하고 이용하기도 한다. 컨설팅업체는 아무런 근거도 없이 한 달 매출이나 순이익을 제시하는데, 본사도 비슷한 말을 한다. 그렇지만 구체적으로 부가가치세와 소득세 등을 염두에 둔 순이익이 어떻게 되느냐고 확인하기 시작하면, 그제야 그런 매출은 대략적인 추정일 뿐 본사에서 확인할 수 있는 것이 아니라고 발을 뺀다. 컨설팅업체가 제공하는 자료는 물론, 프랜차이즈 본사가 투자에 참고하라고 제공하는 자료도 쉽게 믿어서는 안 된다는 뜻이다.

본사가 애초에 정상적인 업체라고 보기 어려운 경우도 있고, 사기꾼 같은 행태를 보이는 경우도 많다. 인테리어 공사를 하면서 열 배 이상의 폭리를 취하기도 한다. 직접 산다고 할 때 10만 원이면 충분할 싸구려 나무수납장을 100만 원씩 받기도 한다. 그런 악덕 업체를 연결하는 질 나쁜 창업컨설팅업자를 통해 사업을 시작하는 사람들은 망할 수밖에 없다. 얼마나 오래 버티느냐의 차이만 있을 뿐 결말은 뻔하다.

컨설팅업자는 많은 '물건'을 가지고 있어야 하기 때문에 건물주 또는 임대인들을 많이 확보해두어야 한다. 이 과정에서 컨설팅업자들이 임대료를 올려놓는 경우도 많다. 프랜차이즈업체들이 들어가는 건물의 경우 임대료를 확정적으로 정하지 않고, 최소 차임을 보장해주면서도 '매출의 몇 %'를 차임으로 지급하기로 하는 경우가 많다. 이런 방식은 처음에 건물주가 요구한 것이 아니라 컨설팅업자가 건물주에게 제안하여 일종의 관행이 된 것이다. 건물주 입장에서는 손해 볼 게 없는 장사이니 마다할 이유가 없다.

결론적으로, 악덕 컨설팅업자가 관심을 갖는 것은 자신이 소개한 점포의 장사가 잘되느냐 잘되지 않느냐가 아니다. 어떻게 해서든 가맹점을 늘리거나 점포를 새로운 '호구'에게 넘기는 것뿐이다. 그런 업자로부터 듣는 정보는 별 도움이 안 될 뿐 아니라 오히려 해로울 수도 있다. 스스로 사업성을 따져보고, 직접 확인하고, 발품을 팔고, 매장에서 일을 해보거나 하는 등의 경험이라도 쌓고 나서 자금을 투입할지 말지를 결정하기 바란다. 그저 언변 좋고 능력 좋아 보이는 컨설팅업체 직원의 말과 프랜차이즈 본사에서 '책임질 수 있는 내용은 아니'라는 단서를 달아 제시하는 예상 매출과 순이익만 믿고 투자하는 건 가산탕진의 지름길이다.

순간의 선택이 평생을, 특히 노년을 좌우한다

'취업은 안 되고, 달리 할 게 없어서'라고 생각하며 프랜차이즈 가맹점을 생각하는 사람들이 많다. 혹시 자영업 경험이 전혀 없는데도 가맹점을 내보라는 권유를 받고 있다면, 다시 한 번 생각하기 바란다. 제대로 된 경험이나 준비도 없이 컨설팅업체나 프랜차이즈업체의 말만 믿고 노후자금을 깨거나 아파트를 담보로 대출받아 투자하는 건 깡통차는 지름길이다.

컨설팅업자는 당신의 입장을 이해하고 인생상담을 해주는 사람들이 아니다. 그들도 엄연히 자신의 이익을 추구하는 사람들이며, 때로는 자신의 이익을 위해 당신이 피해를 입더라도 상관할 바 아니라고 생각하는 자들조차 있다. 그래서 자신들이 소개해준 점포에서 장사가 잘 안 되는 등 문제가 생겨도 자신들은 책임이 없다는 내용을 포함하여 컨설팅계약을 체결하기도 한다. 즉, '문제가 생겨도 소송을 제기하지 않는다'는 문구를 계약서에 포함시키는 것이다. 이런 사람들을 믿고 노후자금을 투자하는 이들을 보면 걱정이 앞설 수밖에 없다.

컨설팅업자는 경험 없는 사람들을 상대로 "컨설팅비는 원래 이 정도 한다"며 폭리를 취하고, 프랜차이즈업체를 상대로 해서도 "가맹점하나 물어왔으니 소개료를 내라"는 식으로 이중으로 돈을 받아내기도 한다. 그러면 프랜차이즈업체는 그 돈을 '인테리어비용'이라는 명목으로 가맹점주에게 전가한다. 자리도 좋지 않고 돈값도 하지 못하는 매장 인테리어를 했으니 장사가 될 리 있겠는가. 사기성이 농후한 컨설팅업자의 말만 믿고 높은 권리금을 내거나, 고액의 인테리어비를 내고 입점할 경우, 대부분 가맹점주는 투자금 대비 수익을 내기가 사실상 불가능하다. 따라서 나중에 점포를 정리할 때 자기가 낸 수준의 권리금을 받는 것도 불가능하다. 권리금만이 문제가 아니다. 초반에 무너지는 경우 보증금도 모두 까먹고 임대인으로부터 차임지급청구를 당할 수도 있다.

혹시라도 퇴직금 몇억 원을 투자해서 커피전문점이나 기타 프랜차이즈 가맹점을 차리려는 사람이 있다면 신중에 신중을 기하기 바란다. 실제 그 업종에 대해 잘 알지 못한다면 아예 생각을 접는 것이 좋을 것이다. 젊은 사람들의 기호에 대해 알지 못하고, 인테리어비나 권리금이 적절한지도 알 길이 없다. 그런데도 매일 한 번씩 들러 매출만 확인하면 된다고 생각하고 있지는 않은가? 그런 상태에서 거금을 투자한다는 것은 현명한 일이 아니다.

투자는 개인의 책임으로 본다

별 준비 없이 컨설팅업자만 믿고 계약하는 사람은 사기를 당하는 셈이다. 내가 '셈'이라고 하는 것은 실제 피해를 봤음에도 사기죄로 처벌받게 하기가 어려운 경우가 많기 때문이다. "잘될 거라고 해서 시작했는데 장사가 안 된다"는 것만 가지고는 컨설팅업자를 사기죄로 처벌받게 하기 어렵다. 검찰은 명시적이든 묵시적이든 '속였다'고 볼 수 있는 경우에만 사기죄로 기소할 수 있고, 법원 역시 그런 경우에만 처벌할 수 있다.

컨설팅업자는 당연히 "장사가 잘될 것으로 보고 권하기만 했을 뿐이다"라고 우길 것이다. 또 프랜차이즈업체는 "가맹점주가 우리를 찾아와 가맹점을 열겠다고 했고, 우리는 가맹계약을 맺었을 뿐이다"라고 주장할 것이다. 컨설팅업자와 프랜차이즈 본사는 "가맹점주도 직접 확인하고 자기도 알아볼 만큼 알아보고 계약했다. 영업이 잘되고 안 되고는 개인에 따른 차이도 크다"라고 우겨댈 것이다. 거기다 대고 "한 달에 순이익이 500만 원은 나온다고 했는데, 실제로는 100만 원도 벌기 어렵다"고 말해봐야 검찰이나 법원에서 사기로 판단하지 않는다.

우선 프랜차이즈계약서상 사기를 인정할 만한 내용이 거의 없다. 불공정한 계약일 수는 있어도 사기의 증거라고 볼 만한 내용은 없는 경우가 대부분이다. 매출이나 순이익을 확정이라고 써놓는 업체는 없다. 모두 '예상'일 뿐이다. 그마저도 계약서에는 포함되지 않는 경우가 많다.

권리금을 터무니없이 부풀린 경우에도 사기로 처벌하기가 쉬운 일이 아니다. 우선 권리금을 받은 사람은 점포를 팔고 나간 사람이지 컨설팅업자가 아니다. 망하기 일보 직전에 컨설팅업자가 데려온 '호구'에게 권리금을 받고 탈출한 전 점포 주인은 사실상 공범이나 다름없다. 그래서 사실관계가 제대로 드러나지 않는 경우가 태반이다.

법원이나 검찰은 '투자는 개인의 책임이다'라는 사고가 확고하다. 다소 과장하고 부추겼다고 해서 사기라고 보지는 않는다는 뜻이다. "누가 권했든 최종적으로 좋다고 판단하고 투자한 것은 당신 아니냐"

라는 입장이다. 실질에서는 사기나 다름없다고 해도, 검찰이 적극적으로 나서서 해결해주기 어려운 이유가 이 때문이다.

컨설팅업자를 통해 프랜차이즈 가맹계약을 한다면, 컨설팅계약서를 꼼꼼히 살피고 특약사항을 정확히 기재하기 바란다. 컨설팅비용도 명확히 표시하고 반드시 영수증을 받는다. 세금계산서를 요구하는 것도 좋다. 프랜차이즈업체와의 계약서도 특약사항까지 꼼꼼히 챙겨야 한다. 임대차계약도 마찬가지다. 이상의 계약에 따라 어떤 위험이 있을 수 있는지 미리 변호사를 통해 확인해볼 것을 권한다.

핵심은 이것이다. 신중하지 못한 창업이라면 아예 하지 않는 것이 좋다. 이미 당하고 난 다음에는 회복하기가 어렵기 때문이다.

프랜차이즈업체와 컨설팅업자들에 대한 규제의 필요성

일부 컨설팅업체나 프랜차이즈업체 사람들은 '은퇴한 회사원, 공무원의 퇴직금은 먼저 보는 사람이 임자'라는 사고방식을 가지고 있다. 그래서 가맹점을 늘리는 데만 급급하지 은퇴자들의 삶은 전혀 고려하지 않는다.

'컨설팅'이란 이름하에 공인중개사도 아닌 사람들이 사실상의 중개를 하는데, 이 역시 심각한 문제다. 수수료를 챙기기 위해 사기성 소개를 할 뿐만 아니라 수수료도 공인중개사처럼 제한되어 있지 않아 폭리를 취하기도 한다. 공인중개사의 경우 중개와 관련하여 문제가 생기면 공인중개사협회가 손해를 배상해주지만, 컨설팅업체들의 경우에는 그런 제도도 갖추고 있지 않다. 이들은 장사가 제대로 되지도 않는 곳에서 무리하게 사업을 시작하도록 유도하고, 망할 지경이 된 사람들에게 권리금을 많이 받아준다며 큰돈을 요구하기도 한다. 그때는 새로 들어가는 사람이 또 다른 피해자가 된다. 이런 컨설팅업체에 대한 규제가 강화되지 않으면 앞으로도 피해는 계속될 수밖에 없다.

프랜차이즈 본사에 대해서도 폐점률 등 실질적으로 도움이 될 정보를 사실대로 공개하도록 하고, 상권이 겹치는 곳에 같은 가맹점을 내지 못하도록 규제할 필요가 있다. 최근 커피전문점 몇몇 곳은 사실과 다른 공시를 했다는 이유로 공정거래위원회로부터 제재를 받기도 했다.

금지규정이 없었다는 이유로 기존 가맹점 주변에 가맹점을 새로 내는 것은 기존 가맹점주의 생계를 위협하는 문제가 되기도 한다. 예컨대 흔히 보이는 편의점들만 해도 그렇다. 당신이 보기에도 지나치지 않은가? '계약'을 떠나 규제해야 마땅하지 않겠는가?

계약서에 '동일상권 가맹점 금지'를 특약으로 넣지 않을 경우 가맹점 가입을 다시 한 번 검토할 필요가 있다. 이때는 상권도 구체적으로 표시하도록 요구해야 한다. 본사와 점주 간 계약은 형식상으로는 동등한 당사자 간의 계약이지만, 결코 동등한 입장도 아니고 정보도 편향되어 있는 거래라는 점을 잊어서는 안 된다.

정보의 편향이나 경험 부족, 계약의 불공정 등으로 가맹점주가 돈을 벌 수 없는 시스템이라면 애초부터 사기성 거래일 수밖에 없다. 만약 정확한 정보를 얻을 수 있었다면 투자하지 않았을 텐데 '믿고' 투자하게 된 것은 속았기 때문이라고밖에 할 수 없다. 다단계 판매와 프랜차이즈는 양자 모두 적절한 규제가 되지 않는 경우 판매업자나 가맹점주에게 큰 피해를 줄 수밖에 없다. 그런데 다단계에 대해서는 사기라고 생각하고 조심하는 사람들이 많지만, 프랜차이즈에 대해서는 그렇지 않은 경향이 있다. 이는 아무래도 광고를 통해 프랜차이즈업체들에 많이 익숙해졌기 때문인 것 같다. 그렇지만 악덕 업체들도 많으니, 프랜차이즈 가맹을 하기 전에는 극히 신중을 기하길 당부한다. 특히 아무런 경험도 없이 오로지 창업컨설팅업자의 말만 믿고 시작하려 하고 있다면, 당장 그만두라고 얘기하고 싶다.

다단계 사기에
속지 않으려면

다단계에 대해서도 관심을 갖고 미리 조심해야 한다. 다단계 사기 업체라고 해서 '불법'이라고 써놓진 않는다. 특히 다단계 자체는 불법이 아니기 때문에 많은 사기성 다단계업체가 "다단계업체가 모두 불법은 아니다"라고 강조하는 우스운 일도 있다.

이런 종류의 사기가 많다는 걸 알고 평소에 조심해야 한다. 대학생들이나 취업 준비생들 등 절박한 심정의 사람들은 수법을 미리 알고 있지 못하면 쉽게 넘어갈 수 있다. 사회 경험이 많지 않다는 것은 사기꾼에 대해 내성이 없다는 뜻이기도 하다. 따라서 어린 자녀들에게도 평소에 이런 사기에 대해 철저히 교육해야 한다. 사기 사건 건수나 심각성에 비해 학교에서의 교육은 너무나 부족하다. 부모가 나서야 한다. 나는 아이들이 말귀를 알아먹기 시작할 때부터 그런 교육을 하려고 노력해 왔다.

"요즘 애들 똑똑하다"고 감탄하는 사람들이 많다. 그렇지만 그 똑똑한 아이들이 사회에 나가면 한없이 작고 약해지기 일쑤다. 취업이 안 되는 현실에서는 더더욱 유혹에 저항하지 못한다. 살림에 도움이 될까 싶어 나서는 가정주부들도 피해를 당하는 경우가 많은데, 역시 사회 경험이 부족해서 사기꾼들의 말에 쉽게 넘어가기 때문이다.

이런 사람, 이런 말들을 조심하라

다단계 사기를 막기 위해서는 '좋은 사업', '좋은 자리'가 있다는 말을 조심해야 한다. "내 밑에 다른 판매자들을 모집하면 내가 직접 벌지 않아도 돈이 쌓인다"는 식의 과장된 설명이 조금이라도 나오면 당장 자리를 떠야 한다. 또 물건을 회사나 상급자로부터 직접 사서 그 물건을 다른 사람에게 파는 형식의 사업이라고 하면 애초에 시작하지 않는 것이 좋다. 신규로 가입하는 사람들은 초창기에 상위 등급으로 올라간 극히 일부 사람들과 회사 자체의 수입원이 될 뿐이다. 사실 이점은 통계적으로 보아 불법이라고 말할 수 없는 업체들조차 마찬가지다. 다단계는 기본적으로 사업을 먼저 시작한 사람들은 돈을 벌 수 있어도 나중에 하부 조직으로 들어가는 사람들은 돈을 벌기가 어려운 구조다. 어렵다기보다는 '불가능'이라고 하는 것이 평균적으로 보아 진실에 더 가까울 것이다.

불법 다단계업체는 포섭한 피해자를 대부업체에 연결해주기도 한다. 높은 이자를 물면서 대출을 받아 물건을 사게 하는 것이다. '이게 아니다' 싶어 탈퇴하더라도 구입한 제품을 환불하기는 쉽지 않다. 상품성이 떨어지는 제품이면서 가격은 시중가의 열 배, 심지어 백 배인 경우가 태반이다. 어디 가서도 처분하기가 쉽지 않다.

쉽게 돈을 벌 수 있다는 설명은 "너는 내 밥이다"라는 말과 다르지 않다. "일단 네가 내 밥이 된 다음에, 네 밥을 다시 찾아봐"라는 뜻이다. 쉽게 돈 번다는 말에 현혹되어서는 안 된다. 별로 친하지도 않던 사이인데 어떻게 연락처를 알았는지 오랜만에 연락해서 사업이나 취업 이야기를 한다면 조심해야 한다. 상대가 "좋은 사업체에 투자하면 고율의 이자나 수익을 준다"는 말을 하면 더욱 조심해야 한다. 투자라는 것은 전문가들조차 손해를 각오하고 시작하는 일이다.

또 다단계업체에서 실시하는 교육을 '한번 들어나 보자'라는 생각으로 가볍게 치부하고 참여하면 안 된다. 일단 교육을 받기 시작하고, 더 나아가 합숙이나 며칠간의 강의를 듣게 되면 빠져나오기 힘들어진다. 예전에 다단계업체들은 포섭한 사람들을 감금하다시피 하고 교육을 했다. 똑같은 내용인데 조금씩 변화를 주면서 지칠 때까지 며칠씩 듣게 하여 사람들의 사고를 마비시키는 수법을 쓴 것이다. 당시 당한 사람들은 한목소리로 이렇게 말했다.

"처음에는 말이 안 된다고 생각하다가도 같은 말을 계속 반복해서 듣는 것에 지치면 나중에는 저항감이 없어지고, 나도 모르게 그 말들이 받아들여지더라."

성공 사례를 들려주고, 누구라도 금방 성공할 수 있다는 식으로 환상을 심어주고, 나도 할 수 있다는 자신감을 불러일으키는, 교육이라기보다는 이른바 최면에 가까운 일이라 하겠다. "나도 할 수 있다", "하면 된다"라는 말도 무엇을 하느냐에 따라 다른 것이다. 아무거나 막 하면 졸지에 사기 피해자가 되고 만다.

무속인들에게
큰돈 뜯기지 않으려면

알게 모르게 잘 당하는 무속인 사기 사건은 다음의 세 가지를 명심하라.

첫째, 사기꾼과는 만나지 않는 것이 최선이다.

몇억 원, 앞서의 사례에서 봤듯이 심지어는 177억 원. 이런 큰돈을 어떻게 아직 벌어지지도 않은 나쁜 일을 피하기 위해, 그것도 '기도비'라는 명목으로 남에게 줄 수 있을까? 그 사례를 접하고 많은 사람이 이렇게 생각했을 것이다. '어떻게 그렇게까지 속을 수가 있을까?'

물론 가짜 무속인을 만난다고 해서 모든 사람이 그렇게 속지는 않고, 속는다고 해도 다 그렇게 큰돈을 사기당하지는 않는다. 그렇지만 마음이 유난히 약한 사람도 있고, 처한 상황이 무척 힘든 사람도 있다.

그럴수록 사기 무속인의 현혹하는 말에 마음이 흔들리기 쉽다. 안 그래도 가족이 쓰러져 있고 그게 다 자신의 탓이라고 자책하며 살고 있는데, 설상가상으로 자식이 곧 죽는다는 말을 들었다고 생각해보라. 더구나 "너 때문이다!"라고 몰아붙인다면 사람 마음이 어떨까?

사기를 당하는 사람도 과실이 있다고 하지만, 이런 무속인 사기의 경우는 어려운 처지와 심리를 교묘하게 이용한다는 점에서 피해자만을 과도하게 비난할 일은 아니다.

무속인 사기를 피하기 위해서는 그런 사기꾼을 만나지 않는 것이 최선이다. 그런데 지금은 가짜 무속인이 넘치고 넘치는 세상이다. 어떤 사람인지도 모르면서 '용하다'는 말에 일단 만나나 보자고 하는 생각은 안 하는 것이 좋다. 아프거나 힘든 처지에 있는 사람에게 "용한 점쟁이를 만나보라"거나 "굿을 해야 한다"고 말하는 사람이 주변에 있다면 항상 조심하기 바란다. 어쩌면 사기꾼에게 데려가는 사람이 사기꾼보다 더 나쁜 사람일 수도 있다.

둘째, 큰돈을 요구한다면 모두 사기라고 생각해야 한다.

사기 무속인뿐만 아니라 모든 사기꾼의 본성일지도 모르겠지만, '밥이다!'라고 생각하면 골수까지 뽑아먹으려고 덤벼든다. 이는 무속인임을 내세운 사기꾼들에게만 해당하는 것이 아니라 종교를 내세운 사기에서도 마찬가지다. 큰돈을 내놓아야 복을 주거나 화를 피하게 한다는 것은 다 사기다.

사기 무속인들이 요구하는 굿값이나 기도값 말 그대로 '부르는 게 값'이다. 사이비 무속인들은 여러 사람이 있는 곳에서는 "무조건 큰 금액을 부르는 건 사기"라고 하면서도 자신에게 찾아온 사람에게는

"정성이 중요하다"고 압력을 넣는다. 그 사람들이 말하는 정성은 돈이다. 이런 사기꾼들의 말에 쉽게 넘어가서는 안 되겠다. 방송에 나오는 무속인조차 "모든 사람에게 큰 굿, 돈이 많이 드는 굿이 필요한 것은 아니다"라고 하던데, 이 말을 뒤집어보면 누군가에게는 큰돈이 드는 큰 굿을 권유하기도 한다는 뜻이다. 그러니 가족 중에 비정상적일 정도로 점을 맹신하고 무속인의 말을 지나치게 신뢰하는 사람이 있다면 특별히 주의를 기울여야 한다. 기도값을 마련하겠다고 여기저기 차용증까지 써주어 가며 돈을 빌리는 단계에까지 이르면 이미 그 가정은 파탄나고 있다고 볼 수 있다.

사기 무속인들은 큰 것 한방을 기다리는 사람들이다. 겁을 먹으면 몇억 원도 갖다 바치는 사람이 있고, 전 재산을 가져오기도 하며, 심지어 사채를 빌려오거나 회사 돈을 횡령해서라도 돈을 가져오는 사람이 있다는 걸 잘 안다. 언젠가 자기에게도 그런 사람이 걸리길 기다리는 것이다. 피해자가 돈을 어떻게 마련해 오는 것인지는 그들의 관심사가 아니다. "못 가져오면 집안에 큰 화가 미친다", "네 아이들이 죽는다"는 말을 서슴없이 하는 사람들에게 뭘 기대하겠는가. 사기꾼들은 다소 무리한 금액을 마련해오는 사람은 그 후로도 전 재산이 털릴 때까지 자기 손에서 벗어나지 못한다는 것을 잘 안다. 그래서 적절한 시기에 이르면 다시 겁을 주는 방법을 계속해서 사용한다. 무속인에게 큰돈을 가져다주고 있는 사람이 있다면, '이번이 마지막이겠지'라는 기대는 하지 말아야 한다.

셋째, 신속한 고소가 필요하다.

가족 중 누군가가 거액의 돈을 굿이나 기도의 대가로 무속인에게 주고 있다면 하루라도 빨리 형사고소를 해야 한다. 피해를 줄이는 직접적인 방법이며, 피해금액을 회수할 유일한 수단이라고 해도 과언이 아니다. 다만 가족들이 고소를 한다고 해도 정작 무속인에게 속은 직접 피해자는 그때까지도 그를 믿으면서 편을 들 가능성이 많다는 점은 기억해두기 바란다. 사이비 종교 피해자와 매우 유사한 점이다.

참고로, 사기 무속인 사건의 경우 거짓된 점괘로 겁을 주어서 돈을 갈취했다며 공갈 혐의로 고소되는 경우가 있는데, 실제 수사과정에서는 사기 혐의로 입건되어 사기죄로 처벌받는 경우가 많다.

민사소송을 통한 배상

김○○ 씨는 남편과 작은 식당을 운영하던 중 남편이 사망하고 나서 아이 넷을 열심히 키웠다. 어느 날 '용한 점쟁이'라고 소문난 무속인 박○○ 씨를 소개받았다. 박 씨는 김 씨에게 "남편이 죽은 것도 당신이 돈을 들고 있었기 때문인데 이제 당신과 자녀들까지 죽게 생겼다"며 "자식들 죽는 꼴 보고 싶지 않으면 돈을 나한테 보내라"고 했다. 김 씨는 박 씨의 말을 믿고 돈이 생기면 바로 그에게 보냈다. 수십 차례에 걸쳐 보낸 돈은 모두 2억 원이 넘었다. 2009년 무속인 박 씨가 질환으로 사망했고, 박 씨의 재산은 그의 남편과 아들에게 상속됐다. 박 씨가 사망한 후에야 사기를 당했음을 알게 된 김 씨는 박 씨의 유족들을 상대로 소송을 제기했다. 그 소송에서 법원은 "김 씨에게 죽을 운명 등을 이야기하며 거액을 받은 박 씨의 행위는 종교행위로 허용될 수 있는 한계를 벗어난 것으로 무속행위를 구실로 돈을 가로챈 것이라 볼 수 있다.

박 씨의 재산을 상속받은 유족들은 1억 9,000여만 원을 김 씨에게 돌려주라"고 판결했다.

이처럼 무속인 사기의 경우에도 다른 사기와 마찬가지로 손해배상 등 민사소송을 통해 회수할 방법이 있다. 다만 무속인이 실제로 재산을 갖고 있지 않고 낭비해버렸거나 숨기고 있다면 되찾을 길이 요원하다. 가능한 한 빨리 법적 조치를 취해야 하는 이유다.

중심을 잡는 것은 나 자신이다

사기를 잘 당하는 사람들의 특징 중 하나는 남의 말을 덮어놓고 믿는다는 것이다. 무속인들은 카리스마를 발휘하며 그럴듯한 말을 해야 사람을 모을 수 있다. 그것이 그 사람의 직업(?)상 요구되는 능력이다. 그런 카리스마에 잘 빠져드는 사람이 있는데, 이런 사람은 집안의 우환일 수밖에 없다.

미래에 대한 궁금함이나 현재 상황의 원인을 알고 싶어서 재미삼아 점을 보는 사람들도 물론 있다. 그렇지만 무속인이 신이라도 되는 양, 그가 하는 모든 저주가 사실인 양, 그가 모든 것을 해결해줄 수 있는 양 믿는다면 결국 사이비 무속인에게 전 재산을 갖다 바칠 수밖에 없을 것이다. 특정한 무속인이 대단하다며 끌고 가려는 사람의 말에 이미 반쯤 넘어가는 사람들도 있다. 사실 무속인 사기 사건에서 무속인에게 데려간 지인은 그 무속인과 공범이나 마찬가지다. 다만, 그런 사람들 말만 믿고 어떤 무속인이나 점쟁이가 용하다고 생각하는 것은 피해자의 과실이다. 어쩌면 이미 속을 준비가 되어 있는 것이나 다름없다.

특히 어린 자녀를 둔 사람들은 사이비 종교만큼이나 사기꾼 무속인들을 조심해야 한다. 사기꾼 무속인들이 흔히 사용하는 불길한 점괘에 자녀가 많이 등장하기 때문이다. 자식 문제라면 어떤 부모도 이성적으로 나오지 못한다는 것을 잘 알고 있는 것이다. 어느 순간 재미삼아 점을 보는 정도를 넘어서면 인생 자체가 망가질 수 있다. 재미삼아 찾던 무속인을 힘든 일이 생겨서 찾기 시작하면 말이다.

길을 가다 보면 요새도 "조상님이 지켜보아주고 계시다. 조상님께 제사를 지내자"며 현혹하는 사람들이 있다. 대부분 사람은 무시하지만, 이들에 대한 사전정보가 없는 사람들은 여전히 피해를 입고 있다. 특히 이런 사람들을 처음 접하기 십상인 자녀들에게는 미리 충분한 교육을 해두어야 한다.

신종 보이스피싱에
낚이지 않으려면

악성코드로 피해자의 컴퓨터를 감염시킨 후 개인정보를 빼내는 파밍 (Pharming) 수법이 널리 퍼지고 있다. 은행이나 카드사에서 보내는 이 메일인 것처럼 보내거나 관심을 가질 만한 제목의 메일을 보내 메일을 여는 순간 악성코드가 깔리게 하는 수법이다.

　피해자가 자기 컴퓨터에 악성코드가 깔려 있다는 사실을 모르고 은행 사이트에 접속하는 순간, 악성코드가 사용자 시스템의 호스트 파일을 변조시켜 가짜 사이트로 연결한다. 범죄 조직이 만든 가짜 사이트는 진짜 은행 사이트와 겉보기에 거의 똑같다. 가짜 사이트에서는 보안카드 번호 등을 요구하는데, 피해자들은 은행 사이트라는 점에서 별

다른 의심 없이 요구하는 대로 정보를 입력한다. 이런 식으로 보안카드번호 등 개인 금융정보를 빼돌린 후 범인들은 공인인증서를 새로 발급받는 등의 방법으로 피해자 계좌의 돈을 인출해 간다.

파밍은 특정 은행을 대상으로 한 것이 아니다. 이런 악성코드를 이용한 정보 빼내기와 공인인증서 재발급, 인출은 이론상 어떤 은행을 대상으로도 가능하다. 당신의 은행 계좌가 입출금이 자유로운 계좌라면, 모든 정보를 확보한 사기꾼들은 거기 들어 있는 돈을 언제든 손쉽게 빼내 갈 수 있다는 의미다.

우리가 사용하는 컴퓨터는 파밍과 관련된 것이 아니라도 이미 악성코드에 여러 차례 감염되었고, 또 새로운 악성코드에 쉽게 감염될 수 있다. 언제 어떤 식으로 파밍을 위한 악성코드가 컴퓨터에 옮겨질지 알 수 없다는 뜻이다. 백신 프로그램을 쓴다고 해도 안심할 수 없다. 어차피 백신은 새로운 유형의 바이러스나 악성코드에 대해서는 사후적으로 대응하는 것이므로 원천적으로 막아낼 수는 없기 때문이다.

인터넷뱅킹을 꼭 사용해야 하는 사람들은 입출금이 자유로운 계좌에 많은 돈을 넣어두지 말기 바란다. 마이너스 통장을 개설한 경우라면 한도를 가능한 한 낮춰두기 바란다. 피해가 발생하더라도 피해를 최소화할 수 있도록 말이다. 만일 파밍수법 등으로 계좌이체가 된 사실을 알게 됐다면, 즉시 '국번 없이 112' 경찰청 112센터로 신고하여 지급정지를 요청하기 바란다.

보이스피싱, 스미싱, 파밍 예방과 사후대처

다음과 같은 점만 주의해도 피해를 볼 위험이 현저히 줄어들 것이다.

첫째, 개인정보를 이야기해도 놀라거나 믿지 말라.

중국 등의 보이스피싱 조직이 이미 당신의 개인정보를 알고 있다고 생각해야 한다. 휴대전화 소유자의 이름과 거래은행 계좌번호는 물론 내 가족의 이름과 전화번호까지 알고 있을 가능성이 있다고 봐야 한다. 본인과 가족의 정보를 제시하더라도 결국 돈을 요구한다면 보이스 피싱을 의심하라.

둘째, 개인정보를 변경하라.

이미 해외로 노출된 개인정보를 변경하는 것이 좋다. 예를 들어 가능하다면 전화번호를 바꾸고 자동으로 연결되지 않도록 한다. 이렇게 하면 보이스피싱 등의 피해자가 될 가능성이 줄어든다. 계좌번호도 마찬가지다. 은행이나 경찰이라고 하면서 구 계좌번호를 언급한다면 속지 마라. OTP카드를 쓰는 것이 좋지만, 그렇지 않다면 보안카드도 정기적으로 변경할 필요가 있다.

셋째, 신용카드 연체나 통신요금 연체가 됐다는 메시지를 쉽게 믿지 마라.

스미싱일 가능성이 높다. 연체가 되지 않았는데, 연체가 됐다는 연락을 받으면 대부분이 항의를 하기 위해 전화를 한다. 사기꾼들은 이렇게 전화가 걸려오길 기다리고 있다가 속여서 이체를 받는다. 미납금을 확인하라거나 인증등록을 하라거나 보안절차를 강화한다는 등의 문자메시지도 모두 사기꾼들의 미끼로 쓰였던 예이다.

넷째, 스팸메일일 가능성을 늘 생각하라.

의심스러운 메일은 즉시 삭제하거나 스팸메일로 처리하기 바란다. 스마트폰으로 친한 사람 이름으로 된 문자메시지가 오더라도 링크된 파일을 열어보지 말라. 나도 친구가 아이 돌잔치를 한다며 보낸 메시지에 돌잔치 장소를 알려주는 파일이 포함된 것을 보았는데, 친구는 그런 메시지를 보낸 적이 없었다. 악성코드였다. 뜬금없이 '감사해요', '지난번에는 죄송했습니다', '다음에도 잘 부탁드리겠습니다'라는 식으로 오는 메일도 열어보지 말아야 한다. 호기심을 유발해서 열어보도록 하는 수법이다.

다섯째, 개인정보를 제공하지 말라.

개인정보나 보안카드 번호를 일부라도 입력하라는 요구를 듣게 되면 전화를 끊어라. 은행, 금감원, 경찰, 검찰은 이런 정보를 요구하지 않는다.

여섯째, 당했다고 생각되면 즉시 112로 신고하라.

만일 보이스피싱에 속아서 피해를 봤다면 당황하지 말고 즉시 112로 신고하여 계좌의 지급정지를 요청하라. 지급정지 후 절차를 밟아 환급받을 수 있다. 당황하지 않고 빨리 대처하면 사기 피해를 효과적으로 막을 수 있다.

일곱째, 악성코드를 차단하는 바이러스 차단 프로그램을 최신 상태로 유지한다. Microsoft Security Essentials, 안철수연구소의 V3, 알약 등 프로그램을 최신으로 유지하면 악성코드를 차단하는 데 도움이 된다. 해당 프로그램은 개인의 경우 무료로 사용할 수 있다.

여덟째, 스미싱 문자 차단 앱을 깔아놓는 것도 좋다.

더불어 스마트폰 환경설정에서 출처를 알 수 없는 앱은 설치되지 않도록 해놓기 바란다. 통신사를 통해 부모님이나 아이들의 휴대전화에서 소액결제 기능을 제거하는 것도 스미싱 피해를 예방하는 좋은 방법이다.

112에 신고해야 하는 이유

보이스피싱 등의 사기를 당한 경우에는 1초라도 빨리 112로 전화하기 바란다. 직접 은행에 전화하거나 금감원에서 보이스피싱에 대비하기 위해 만들어둔 전화번호를 찾거나 하는 등으로 시간을 지체하지 않는 것이 좋다. 사기범들이 인출하는 데 걸리는 시간은 5~15분이다. 이런 점을 고려하여 이전에는 300만 원 이상을 이체하는 경우 10분 후부터 인출이 가능하도록 지연인출제도가 시행되었으나, 2015년 9월 2일부터는 100만원 이상의 금액의 경우 이체된 후 30분이 지나야 인출할 수 있도록 되었다. 개선이 된 것이지만, 보이스피싱을 당한 후라면, 피해방지 여부는 여전히 시간과의 싸움이라 하겠다. 당황한 상태에서 평소 기억해두지 않은 전화번호를 찾느라 허둥대는 것은 사기꾼들에게 시간을 벌어주는 일이다.

'전기통신금융사기 피해 방지 및 피해금 환급에 관한 특별법'에 따라, 보이스피싱 피해자가 복잡한 소송절차 없이 피해금을 환급받을 수 있다. 그렇지만 피해구제를 받기 위해서는 전화를 통해 신속한 지급정지 요청을 하는 것이 절대적으로 중요하다. 사기범들이 대포통장 등으로 옮긴 돈을 빼내 가는 것을 막아야 하는데, 사기를 당했다는 것을 깨닫고 나서 피해를 방지할 수 있는 마지막 기회다. 그 짧은 시간 내에 당신이 할 수 있는 조치란 112에 신고해서 당신이 사기를 당한 사실과 계좌번호를 알려주는 것뿐이다.

막상 자신이 범죄를 당했다고 느끼면 당황하고 흥분해서 112에 전화하는 것도 쉽지 않을 수 있다. 그런데 거래은행 전화번호를 찾고, 거기에 전화해서 안내에 따라 정보를 입력하고, 다시 숫자 누르고, 상담원이 연결될 때까지 기다리고…, 그러노라면 돈은 이미 빠져나가 버린 후다. 반드시 112로 전화하기 바란다. 경찰은 피해자의 피해 계좌와 이체된 계좌를 확인해서 각각의 은행에 직통으로 지급정지를 요청해준다. 만약 이체된 범인들의 계좌를 기억하지 못할 경우 당신의 거래은행에 연락해서 절차를 즉시 밟아준다. 이 역시 은행 콜센터 등과 다이렉트로 연결되기 때문에 가능한 일이다. 112로 전화해서 경찰이 은행에 조치를 요구한 경우, 전화한 시간이나 조치에 걸린 시간들이 모두 기록된다.

보이스피싱 피해, 누구의 책임인가

보이스피싱으로 인해 발생한 피해는 금융권과 정부가 책임져야 할까, 개인 고객이 책임져야 할까? 보이스피싱 사기는 개인들이 감당하기에는 너무나 조직적이고 치밀하다. 이러한 피해를 입게 되는 주요한 원인 중의 하나가 개인정보 유출이다. 그런데 해킹이나 내부자가 연루되어 개인정보가 유출되어도 해당 기업은 피해자에 비하면 현실적으로 거의 책임을 지지 않는다고 볼 수 있다. 기업이 책임을 다하지 않는다면 국가가 나서서 기업에 책임을 묻거나 국가라도 책임을 져야 하는데, 우리 현실은 그렇지가 못하다. 현재로써는 어디까지나 개인들만 이미 당한 피해로 고통을 겪을 뿐이다.

일례로, ATM기 구역에서 휴대전화가 되지 않도록만 했더라면 초창기 수법은 거의 다 막을 수 있었다. 일본은 실제로 그렇게 했지만 우리나라는 그러지 않았다. 자기 가족이나 경찰청, 검찰청, 금융감독원의 전화번호가 발신자로 표시되는 것을 막는 것이 기술적으로 불가능하지 않았음에도 즉각적으로 조치가 이루어지지 않았다. 나름의 이유가 있겠지만 그런 이유가 하나둘 쌓이다 보면 보이스피싱은 끝이 보이지 않을 것이다. 더구나 그 책임을 개인에게 미루는 것처럼 '주의하기 바란다'라는 말만 되풀이되는 경우에는 말이다.

최근 은행이나 카드사를 사칭하는 문자메시지를 통해 스마트폰으로 직접 가짜 은행 사이트를 접속시키거나 금융사를 사칭하는 이메일을 통해 PC 자체를 악성코드에 감염시켜 정상 사이트로 접속해도 가짜 사이트로 강제 접속하게 하는 경우마저 발생했다. 심지어 '카드 대금 결제 예정'이라는 문자메시지를 휴대전화로 보내는 수법도 등장했다. 그 메시지의 발신번호로 전화하면 결제 취소를 위해 휴대전화용 애플리케이션을 설치하도록 하여, 해당 앱을 통해 결제 취소 절차를 진행하는 것처럼 속여서 승인번호 등을 가로채 결제시키는 수법이다. 이러한 경우 신용카드나 은행고객을 통해 돈을 버는 금융기관에서 고객들의 피해를 방지하기 위해 노력하고, 피해가 발생했을 경우 보상을 하는 것이 당연한 것 아닐까?

금융사기를 치는 범죄 조직은 정부기관이나 은행들보다 언제나 앞서서 새로운 수법을 개발한다. 그리고 더 큰 문제는 이런 사건들이 발생할 경우 은행이나 정부기관에서 적극적으로 책임을 지는 태도를 보이지 않는다는 것이다. 정부와 은행은 인터넷뱅킹과 ATM을 주로 사용하도록 유도했고, 그 시스템 사용을 권장했다. 은행들은 인터넷뱅킹에 대해서는 비용을 받지 않으면서 ATM을 통한 거래는 거래금액도 한정해두고 거래 때마다 수수료를 받는다. 창구에 직접 이체를 부탁하는 경우에는 수수료가 더 많이 붙는다. 심지어 인터넷뱅킹을 일정 기간 사용하지 않으면 ATM기를 사용하는 거래를 제한하기도 한다. 그럼에도 은행과 정부기관은 거기에서 발생한 문제의 책임을 일차적으로 개인고객이 지도록 하고 있다.

또 텔레뱅킹이나 인터넷뱅킹에서는 앞으로 어떤 수준의 해킹이 일어날지 가늠할 수조차 없다. 따라서 입출금이 자유로운 일반 예금의 경우 하나의 은행, 하나의 통장에 거액을 입금해두고 있으면서 텔레뱅킹을 하거나 인터넷뱅킹을 하는 것은 그 돈을 스미싱이나 파밍수법을 쓰는 범죄 조직의 손에 맡겨두는 격이 될 수 있다. 이는 절대 과장이 아니다. 그리고 그 경우에도 은행은 자신들의 책임이라고 먼저 인정하지 않을 것이다. 컴퓨터, 스마트폰, 인터넷을 통한 거래는 매우 편리하지만, 과연 얼마나 안전한 것인가에 대해서는 의문이다. 그리고 앞으로도 위험이 발생한 경우 은행이나 정부는 범죄를 당한 개인의 문제로 취급할 가능성이 높다. 마치 집에 도둑이 들어서 재산을 훔쳐갔을 때 개인의 문제로 치부하듯이 말이다. 이런 상황이라면 시스템이나 책임 소재가 법적, 제도적으로 명확해질 때까지 인터넷뱅킹이나 텔레뱅킹을 이용하는 데 극히 신중하고 조심할 필요가 있다.

원자력 발전소의 컴퓨터들조차 해킹되는 세상인 것을 보면 확실한 대책은 은행과 카드회사가 위험을 부담하는 것이다. 그 부담을 덜려면 은행과 카드사가 노력과 돈을 들여 쉽게 뚫리지 않는 체계를 만들어 나가야 한다. 그리고 문제가 생기면 고객이 아니라 금융사들이 책임을 져야 완벽한 대책이 될 것이다.

5장

사기당하지 않고
잘 사는 법

이런 사람
조심하라

우리는 다른 사람들이 하는 말을 의심하는 것은 나쁜 것이라고 배워
왔다. 그렇지만 이토록 사기 사건이 많은 사회에서 무작정 금과옥조로
삼을 말은 아니다.

'너니까 특별히'라는 사람

가까운 사이를 내세우며 "너니까 특별히"라는 말을 하는 사람은 조
심해야 한다. '특별한 관계' 또는 '특별한 배려'로 큰돈을 벌게 해주는
사람은 없다. "너니까 이런 기회를 준다"는 말은 사기의 시작인 경우가

많다. 특별한 기회라는 것은 없다고 생각하면 된다.

우리는 너무도 쉽게 '저 사람이 나를 특별히 신경 써준다'고 생각한다. 하지만 돈이 오가는 거래에서 그런 일은 있을 수 없다. 특별히 쉽게 큰돈을 벌 기회가 있다면 그 말을 하는 사람이 조용히 그 기회를 이용했을 것이다. 사업을 제대로 하는 사람들은 '거래는 거래'라고 생각한다. 그들이 상대방과의 관계 때문에 거래조건을 파격적으로 유리하게 해주는 경우는 거의 없다. '사업'이기 때문이다. 사업은 이익을 많이 내기 위해서 하는 것이다. 요컨대 회사는 '영리'를 목적으로 하는 조직이다. 만약 회사를 운영하는 사람이 누군가와 특별한 관계라고 해서 특별히 좋은 조건으로 거래를 한다면 어떤 일이 일어나겠는가. 회사에는 상대적으로 손해가 될 수밖에 없지 않겠는가? 그런 경우를 '업무상 배임'이라고 한다. 내가, 또는 우리 회사가 이익을 덜 보거나 손해를 보는 거래라는 것은 법적으로도 허용되기 어려운 행동이다.

"너랑 나 사이에"를 내세우며 투자기회를 준다는 사람은 나에게 사기를 칠 가능성이 높은 사람이다. 그리고 그 말을 쉽게 믿거나 심지어 나에게도 좋은 기회를 달라고 요구하는 사람은 사기를 당하려고 작정한 사람이다.

재력을 과시하는 사람

흔히 사람들은 없는 사람에게 야박하고 있는 사람에게 후하다고 한다. '부자'라고 알려진 사람에게 더 쉽게 돈을 빌려주는 것 같기도 하다. 돈이 없는 사람이 빌려달라고 하면 제대로 갚을 수 있을까 의심하지만, 돈이 많다고 하는 사람이 "괜찮은 곳에 투자했는데, 얼른 팔리지가 않네. 팔리면 바로 해결해줄게"라는 식의 말은 잘도 믿고 담보도 없이 큰돈을 선뜻 빌려준다. '돈이 많다=재산이 많다=빌린 돈을 갚을 수 있다'라고 생각하는 것이다.

그런데 실제로는 큰돈을 벌어보았고 큰 사업을 했다는 사람들이 돈을 갚지 못하고 사기로 고소를 당하고 재판을 받는 경우가 많다. 부자들만 모였다는 동네에 살면서, 벤틀리나 벤츠 S600을 타고 다니며, 돈도 잘 쓰고 사업도 크게 한다는 사람들이 돈을 못 갚아서 고소까지 당하는 일이 빈번하다. 과연 돈이 많고 큰 사업을 한다는 사람들은 돈을 더 잘 갚을 수 있는 걸까?

사업을 한다는 사람들, 잘살고 돈이 많다고 소문난 사람들이라고 해서 언제나 돈을 잘 갚는 것은 아니다. 그 사람 개인 명의로 갖고 있는 재산, 즉 담보로 삼을 만한 재산이 있는지가 중요하다. 그런데 당신에게 돈을 빌려달라거나 투자를 해달라는 것은 은행권에서 돈을 빌릴 수 없다는 뜻이다. 사업을 하는 과정에서 부동산을 모두 담보로 대출받고 현금까지 모두 투입해서 더는 누구에게도 돈을 빌릴 수 없다는 뜻이다. 명동의 사채업자도 이런 사람에게는 돈을 잘 빌려주지 않는다. 그런 상황에서 당신이 돈을 빌려주었다면 원금과 이자를 회수하기가 쉽지는 않을 것이다. 처음 몇 달간은 이자를 잘 받았지만 결국 그 후로 몇 년 동안 원금도 이자도 받지 못하고 끌려다니다가 뒤늦게 형사고소를 하는 사람들도 많다.

잘사는 사람, 부자, 사업 크게 하는 사람이라고 해서 돈을 잘 갚을 것이라는 생각에는 아무런 근거가 없다. 잘사는 사람이 담보로 삼을 재산이 있다면 은행에서 저리로 돈을 빌렸을 것이다. 담보도 없고, 돈을 더 빌릴 곳도 없기 때문에 당신에게 와서 '사채이자'를 주겠다며 돈 얘기를 하는 것이다. 운 좋게 그런 상황을 벗어날 수도 있지만 평균적으로 보아 그런 상황이라면 '망해도 이상할 것이 없는' 상태다.

그리고 사업을 하다가 한두 번 망해본 사람들은 자기 돈은 빼돌려놓고 어떻게든 남의 돈을 빌려서 사업을 하려는 경우가 많다. 빌린 돈은 갚지 못하면서 자기 자식들은 해외에 유학 보내고, 최고급 아파트에서 외제차 굴리며 산다. '능력 있는 사람이라서 돈을 잘 갚을 것'이라는 믿음에 대해 다시 한 번 생각해보기 바란다. 사채이자를 준다는 말에 현혹됐다가는 평생 번 돈을 한 번에 날릴 수도 있다. 당신이 담보 없이 빌려준 돈을 돌려받는 일은 자칫 '운수'소관이 될 수도 있다. 운에 자신과 가족의 인생을 맡겨서야 되겠는가? 정말 돈 많은 사람은 당신에게 돈을 빌려달라고 하지 않는다.

다른 사람의 이름을 팔아먹는 사람

다른 사람의 이름을 내세우는 사람을 조심하기 바란다. 자기가 아는 사람이 높은 자리에 있다거나 몇몇 사람에게만 투자기회를 준다며 돈을 투자하라고 권하는 사람들 말이다. 다른 사람의 이름이나 자격을 내세우는 것은, 그 말을 하는 사람 자체는 믿을 만하지 못하다는 뜻이다.

예컨대 이런 경우를 흔히 볼 수 있다. 간혹 신문 하단 부동산 관련 광고에 '법무사책임분할등기' 같은 문구가 등장하는 경우다. 법무사 또는 변호사가 관여하기 때문에 믿을 만하다는 식으로 광고하는 사례다.

기획부동산업자 중에는 법무사나 변호사 이름을 팔아먹는 사람들도 많다. 하지만 법무사나 변호사의 이름이 들어 있다고 해서 무조건 믿어서는 안 된다. 당신이 그 변호사하고 계약하는 건 아니니 말이다.

사기꾼들은 원래 믿을 만한 사람들을 내세우는 법이다. 청와대나 국정원, 전직 고위 관료, 대통령의 친인척 등 다양하기도 하다. 그 화려하다는 인맥에 혹하지 말기 바란다. 이제 잘 알겠지만 청와대, 국정원, 고위직을 잘 안다고 거들먹거리는 사람들 중에 제대로 된 사람 없다.

이런 말은
믿지 마라

2014년 이래 은행이자가 연 2%대, 심지어 1%대에 머물러 있다. 이자라는 것이 무의미하게 느껴지기까지 한다. 그래서인지 높은 이자나 배당을 준다는 사기꾼들에게 속는 사람이 많아지고 있다.

높은 이자, 이익, 배당을 준다는 말

월 2~4% 이자를 받는 사람들도 있다고 해서 혹하지 말기 바란다. 그런 거래가 정상적으로 마무리되기는 힘들다. 높은 이율을 조건으로 돈을 빌려주고 이자 받는 재미를 몇 달 즐기다 보면, 어느 순간 전 재산을 날릴 수도 있다.

고율의 이자나 배당은 나하고는 상관없는 일이라고 생각하고 무시하기 바란다. 욕심이 눈꺼풀을 덮는 순간 아무것도 안 보이게 된다. 욕심이 귀를 막는 순간 주변 사람들이 말리는 소리가 들리지 않게 된다. 몇 달 정도 잘 지급해주는 이자도 결국 내가 사기꾼에게 빌려준 돈의 일부일 따름이다. 돌려주는 이자라고 해봐야 피해 원금 중 극히 일부일 뿐인데, "이자가 잘 지급된다"며 더 많은 돈을 투입하는 사람들은 심각한 상태에 빠지게 된다.

다음과 같은 말이 들리면 긴장하는 습관을 들이는 것이야말로 내 돈을 지키는 현명한 방법이다.

- ✖ 금방 갚는다.
- ✖ 높은 이자를 주겠다.
- ✖ 원금은 보장한다.
- ✖ 열 배는 오른다.
- ✖ 정권 실세가 하는 일이다.
- ✖ 고급정보를 가지고 있다.

좋은 물건이나 투자 대상이 있다는 말

사기를 당하지 않기 위한 훈련 중 첫 번째가 남들에게 쉽게 오지 않는 행운은 나에게도 쉽게 오지 않는다는 것을 인정하는 것이다. '너무 좋은 기회'임을 강조하는 사람들 중 태반은 사기꾼들이다. 사람을 쉽게 믿지 말고 그 사람이 하는 말이 정상적인가를 먼저 생각해보기 바란다.

주식시장 좋을 때 증권회사 직원 말만 듣고, 펀드 판매 광풍일 때 은행 펀드 판매 직원 말만 듣던 사람들이 있다. 당시 가진 돈 다 밀어넣어 주식 사고 펀드 가입했을 터인데, 지금쯤 만족하실지? 그런데 사기꾼들의 말은 그것보다 더 달콤하다. 그러나 그 끝맛까지 달콤하진 않다. '좋은 기회'라는 말을 함부로 믿어선 안 된다.

빨리 결정하지 않으면 기회를 놓친다는 말

부동산 사기꾼들은 당장 계약하지 않으면 다음에는 기회가 없다는 식으로 마음을 급하게 만든다. 예컨대 주변에 동계올림픽 관련 시설물이 들어선다거나 곧 도로가 개설될 예정이라서 해당 물건이 인기 급상승 중이라고 말한다. 그러면서 충동적으로 계약을 하도록 유도한다.

거기에 휩쓸려 깊이 생각해보지도 않고 수천만 원짜리 계약을 체결하는 피해자들이 실제로 있다. 마치 "마감 임박!"을 외치는 쇼핑호스트의 말에 자신도 모르게 전화를 드는 사람들처럼 말이다.

급하다고 몰아대는 느낌이 들면 우선 멈추기 바란다. 큰돈을 투자할 때는 '심사숙고'가 필요한 것이지 '순발력'이 필요한 게 아니다.

조심,
또 조심하라

누구든지 예기치 않게 사기를 당할 수가 있다. 그런 경우 최악의 상황을 피하기 위한 철칙이 있다. "만에 하나 사기를 당하더라도 나만 당하고, 당하더라도 여유자금만 당해야 한다"는 것이다.

첫째, 피해자는 나 하나로 끝내야 한다.

나 외에 가까운 사람들을 끌어들이면 안 된다. 남의 돈 빌려 사기당하거나 다른 사람까지 투자하게 하여 사기당하게 하면 훨씬 더 큰 고통이 따른다.

둘째, 가용자금 이상을 빌려주거나 투자하면 안 된다. 집을 담보로 대출받아 빌려주거나 투자를 해서는 안 된다는 뜻이다.

이것은 사기를 당해도 죽지는 않는 방법이다. 사기를 당하더라도 죽을 정도로 크게 당하면 안 된다. 사기가 아닌 경우조차 자신의 재산 규모와 비교하여 '날려도 타격이 없는 정도' 이상을 투자하는 것은 위험한 일이다. 적금을 해약하여 돈을 빌려주거나 아파트를 담보로 대출을 받아 투자하거나, 주변 사람에게 돈을 빌려 투자하는 것은 자살행위다. 사기를 당하더라도 그런 식으로 당하고 나면 다시 일어서기가 힘들다. 가족들을 생각하기 바란다.

다른 사람만 믿고 투자하지 말라

프랜차이즈업체의 가맹점을 차리고 싶어 하는 사람들의 예를 들어보겠다. 많은 이들이 프랜차이즈업체와 직접 협상을 하거나 자신이 직접 적당한 자리를 알아보고 건물주와 계약을 체결하기란 쉬운 일이 아니라고 생각한다. 일단 그런 경험이 전무한 경우가 대부분이기 때문이다. 예를 들어 자기가 사는 동네에 좋은 가게가 비었다고 할 때 그곳에 어떤 프랜차이즈의 커피전문점을 하겠다고 결정할 수 있는 사람이 몇이나 되겠는가?

그런데 사람들은 자기가 잘 모르는 지역에 가서, 처음 해보는 사업을 시작해보겠다고 덤빈다. 그것도 스스로 준비해서 하려는 것이 아니라 '전문가'의 도움으로 모든 것을 해결하려고 한다. 그래서 창업 시장이 소위 '컨설팅'을 해준다는 '브로커'들이 끼기 좋은 시장인 것이다. 하지만 당신이 의지하는 그 전문가는 프랜차이즈 가맹점에 가입시키고 사업을 성사시켜 수수료를 받는 데만 관심이 있다. 당신의 믿음을 그런 식으로 배신하는 것이다. 남에게 모든 것을 맡기겠다는 생각을 하는 사람이라면, 아예 사업이라는 것을 시작하지 않는 것이 정답이다.

담보 없이 쉽게 돈을 움직이지 말라

자신이 잘 모르는 분야에 투자를 권유받거나 돈을 빌려달라는 요청을 받았다면 담보를 취득하고 안전책을 마련해야 한다. 투자에 무슨 담보냐고 하겠지만, 사업에 따라서는 담보를 취득할 수 있는 부분이 있다. 사업을 위해 돈을 마련하는 것은 결국 사업에 필요한 '재산권'을 취득하려는 것이니까 말이다. 다만 보증서의 경우, 아무런 재산이 없는 사람의 보증서는 100장을 받아도 휴지쪼가리에 불과하다. 보증을 선 사람이 나중에 재산을 몰래 처분해도 마찬가지다. 결론적으로, 안전자산을 담보로 제공받지 못한 상태에서 자신이 모르는 사업에 돈을 투자하거나 빌려주는 것은 "그 돈을 날려도 좋다"고 선언하는 것과 다르지 않다.

'High risk, High return' 또는 '고위험 고배당'이라는 표현이 있다. 사기꾼들이 하는 말 중 "담보는 없지만 원금을 보장한다"거나 "고배당, 고이율"이라는 말은 "일단 돈을 받는 것이 목적이고 원금도 못 돌려준다"는 말과 동의어라고 보면 된다. 재산의 극히 일부분인 여유자금이고 특별히 다른 사정이 없다면 돈을 빌려줄 순 있겠지만, 반드시 담보를 취득하기 바란다.

담보가 있다면 왜 나에게 돈을 빌리겠느냐고? 그건 빌리는 사람의 입장일 뿐이다. 돈을 빌려주는 금융기관도 돈을 떼이고, 사채업자도 떼이는 판이다. 사채업자들이 왜 그렇게 악랄하게 돈을 받아내는지 아는가? 그렇게 해도 떼이기 때문이다. 그러니 하물며 개인인 나에게 착실히 돈을 갚을 거라고 어떻게 확신할 수 있겠는가.

담보가 없다면 돈을 움직이지 말아야 한다. 정말 친한 사이라면 말 그대로 '준다'는 생각으로 가능한 금액만 빌려주기 바란다. '친구 간에 금전거래를 하다 보면 돈도 잃고 친구도 잃는다'는 말은 진리에 가깝다.

이름을 빌려주지 않는다

이름을 빌려주어서 당신이 계약명의자가 되거나 사업자가 되는 경우가 있다. 이름을 빌려준다는 것은 대개 '문제가 생기면 법적인 책임을 지는 사람이 된다'는 뜻이다. 이름을 빌려달라는 사람은 "문제가 생기지 않게 해줄 것이고, 문제가 생겨도 내가 다 책임진다"고 말한다. 그러나, 그가 책임지지 않으면 당신이 모든 책임을 다 져야 한다.

이름을 빌려주고 나면, 당신이 회사의 대표이사가 되기도 하고 주주가 되기도 한다. 이름을 빌려준 경우에는 대개 도장도 맡겨야 한다. 도장을 맡겨놓으면 회사 돈을 횡령하는 이사회 결정에 참여한 공범이 되기도 하고, 회사가 망했을 때 직원들 임금과 퇴직금을 주지 않아 근로기준법 위반 혐의로 처벌을 받기도 한다. 주주로 이름을 빌려준 경우 회사가 세금을 체납하는 경우 체납세금을 대신 물어주게 되는 경우도 있다. 세금은 수천만 원일 수도, 수억 원일 수도 있다.

통장을 빌려주는 것도 결국 이름을 빌려주는 것이다. 현금카드와 통장을 제공한 사람들은 보이스피싱 조직과 공범으로 몰릴 가능성마저 있다. 보이스피싱 공범으로 처벌받지 않는 경우에도 타인에게 자기 명의의 통장이나 현금카드를 쓰게 하는 것은 '금융실명거래 및 비밀보장에 관한 법률' 위반으로 형사처벌의 대상이 될 수 있으므로 주의해야한다. 그 경우 보이스피싱 피해자로부터 민사소송을 당할 수도 있다.

직접 확인하고 또 확인하라

"일단 가계약금으로 200만 원만 내세요. 나중에라도 생각 바뀌시면 언제든지 돌려드려요."

기획부동산업자들이 늘 하는 말이다. 간략한 브리핑만 듣고도 가계약금을 내는 사람들이 있는데, 그런 사람들은 매매대금 전부를 지급하는 최종 피해자가 될 가능성이 높다. 일단 가계약금을 낸 사람들은 앞으로 매매대금 전부를 줄 마음의 준비가 된 사람들이라고 할 수 있기 때문이다. 부동산의 소재지나 실제 모습, 법적 상태(현황)도 모르는 상황에서 가계약금이나 신청금을 내는 것은 현명한 행동이 아니다. 알맹이 있는 이야기를 하지 않는다면 의심해야 한다. 제대로 된 부동산이라면 숨길 이유가 없는 법이다.

돈을 지불하기 전에 반드시 대상 부동산을 찾아가 직접 보고 꼼꼼히 확인해야 한다. 100km 떨어진 곳에 있는 부동산을 사면서 서울의 테헤란로 사무실에서 기획부동산업자 말만 듣고 계약서에 서명한다는 게 말이나 되는가? 대부분 피해자가 당하고 나서야 말도 안 되는 짓을 했다고 자책하곤 한다. 대상 부동산이 있는 지역에 가서 근처의 공인중개사무소 두세 군데만 가보아도 어지간한 것은 다 알 수 있다. 거래가 있는 물건인지, 실제 매매가는 어느 정도인지, 맹지는 아닌지, 개발 제한구역은 아닌지, 건축은 가능한지 정도는 살펴보는 것이 당연하고 도 당연한 일이다.

부동산이 있는 현장에도 가보지 않은 상태에서 계약을 하는 사람들 이 있기에 기획부동산업체로 인한 피해금액이 해마다 수조 원에 이르 는 것이다. 직접 현장을 찾지 않는 사람들에게 기획부동산 직원들은 있지도 않은 도로가 있다고 하거나 도로가 개발될 예정이라고 하면서 가격이 몇 배나 오를 것이라는 말로 사람들을 꾄다. 현장을 가자고 해 놓고 실제 매매 대상과 다른 부동산을 보여주는 경우도 있다. 그러니 매수인이 직접 발품 팔고 지번 확인하여 토지 상태를 확인하지 않으면 속을 수밖에 없는 것이다. 확인할 수 없다면, 돌아서기 바란다.

기본적인 지식을 쌓고 전문가의 조언을 구하라

등기부등본도 직접 확인할 줄 모르는 사람들이 부동산투자를 한다 면 되겠는가? 가까운 사람이 권한다고 해서 쉽게 부동산투자를 하는 것은 금물이다. 전문가도 함부로 못 하는 것이 부동산투자인데, "언니 도 샀어? 그럼 나도 살까?" 이런 식은 곤란하다. 확인 또 확인이 필요한 것이 부동산 거래다.

그런데 안타깝게도 사기를 당하는 이들은 등기부등본 등 기본적인 확인도 하지 않는 경우가 많다. 심지어 파는 사람이 등기부상 그 부동 산의 소유권자인지도 확인하지 않고 매매대금을 보내는 사람들도 있 다. 기본적인 확인을 할 수 있는 방법에 대해 공부하기 바란다. 요즘은 집에서 인터넷으로도 등기부등본을 발급받을 수 있다.

부동산 매매계약 등 특별한 계약을 하는 경우 변호사의 도움을 받는데 익숙해질 필요가 있다. 계약 내용을 검토하고 유리하게 이끌어가거나 나중에 문제가 될 부분을 예상할 수 있으므로 크게 도움이 된다. 그리고 변호사와 함께 계약 내용도 검토한다면 사기를 당할 가능성이 극히 줄어든다. 관련된 등기만 살펴보아도 사기란 걸 알 수 있는 경우도 있다.

누차 강조하지만, 사기는 당하지 않는 것이 중요하다. 일단 당하고 나서는 민사소송이나 형사고소를 하더라도 피해금액을 찾기가 어렵다.

자신을 과신하지 말라

"척 보면 안다"는 사람들이나 "다른 사람은 다 속여도 나는 못 속인다"는 사람들이 오히려 큰 사기를 당하는 경우가 많다. 사기꾼의 이야기를 조금씩 확인해보던 중 그가 한 말의 '일부'가 사실이라는 점을 확인한 후에는 자기확신이 강해져서 남이 말려도 투자에 나서는 사람들이다. 이런 사람들은 사기꾼들이 일부러 자존심을 조금 긁으며 "못 믿겠으면 하지 말라"는 식으로 나올 때 그 심리를 나름대로 분석하기 시작하기도 한다. '저렇게 이야기하는 걸로 봐서는…' 하는 식이다.

사기꾼들이 하는 말은 거짓이다. 끝까지 확인하면 거짓말임이 들통날 수밖에 없겠지만 베테랑 사기꾼이 속이려고 마음먹고 덤벼들면 전모를 파악하기가 어렵다. 더구나 팀플레이를 하는 경우에는 더더욱 그렇다.

나와 같은 변호사는 사건이 다 끝나고 검찰에서 이미 수사를 한 결과물을 보게 된다. 고소장이나 피의자신문조서, 각종 계약서, 확약서, 각서, 돈이 오간 통장 사본 등을 한꺼번에 볼 수 있다. 그런 기록들을 보면서 이야기를 하면 사기꾼들이 했던 말이 거짓이라는 것을 쉽게 알 수 있다. 그러나 피해자들이 사기를 당하는 와중에는 사기꾼들의 말이 거짓이라는 것을 웬만해선 파악하지 못한다. 피해자도 나중에는 사기꾼이 했던 말이 거짓이었다는 것을 알게 되지만, 이미 사기를 당한 후에는 소용이 없다.

사기꾼의 한두 가지 말이 사실이라고 해서 '확실한 투자 건'이라는 섣부른 확신을 갖지 말기 바란다. '너무 좋은 기회'라는 생각이 들기 시작한다면, 그때부터 긴장해야 한다.

법과 공권력의
힘을 빌려라

사기 사건에서 피해 원금을 모두 회수한 경우는 0.35%밖에 되지 않는 다는 점은 앞서도 이야기했다. 일부라도 회수된 것은 훨씬 더 많을 것 같지만 실제로는 0.15%에 지나지 않는다. 다시 말해 전부든 일부든 사 기 피해액을 회수한 것은 0.5%에 불과하다는 뜻이다. 물론 여기에는 다수 피해자가 발생하는 소액 사기도 포함되어 있기 때문에 일반화할 수는 없겠지만, 그만큼 사기를 당하면 피해를 회복하기 어렵다는 얘기 다. 그러므로 사기를 당하지 않도록 조심하는 것이 최우선이다.

그러나 이미 사기를 당했다면 넋 놓고 있어야 할까? 그렇지 않다. 할 수 있는 모든 방법으로 대응해야 한다. 피해변제를 받기 위해서, 아니

피해변제를 받을 확률을 높이기 위해서 어떻게 해야 할까?

민사상 대응과 형사상 대응

사기는 금전적인 손해를 유발하는 범죄이기 때문에 민사 문제와 형사 문제를 동시에 일으킨다. 사기는 사기꾼이 피해자를 속여서 돈이나 재물, 재산상 이익을 얻는 것이다. 지키지 못할 거짓 약속을 요소로 하기 때문에 민사상으로도 여러 가지 문제를 동반한다.

처음부터 속아서 계약을 하고 부동산이나 돈을 넘겨주었다면, 그 계약을 취소할 수 있다. 취소를 한다는 것은 그 계약을 없었던 것으로 한다는 뜻이다. 그러니 원래 상태로 되돌리라는 요구를 할 수 있는 것이다. 약속을 지키지 않는 것을 이유로 계약을 해지·해제할 수도 있다. 소송 이름은 다르지만, 결과적으로 사기 쳐서 빼앗아 간 재산을 되돌려놓으라는 소송을 할 수 있다. 원상복구가 불가능하거나 애초에 돈을 사기당한 것이거나 원상복구로 해결될 수 없는 추가적인 손해가 발생한 경우에는 손해배상청구소송도 가능하다.

가장 중요한 것은 사기꾼의 재산에 대해 가처분이나 가압류를 해두는 것이다. 사기꾼이 재산을 숨기거나 다 써버리지 못하도록 막기 위해서다. 그래야만 나중에 소송을 해서 피해를 회복할 수 있다. 만약 보전 처분을 하지 않은 경우에는 원상복구나 손해배상을 하라는 판결을 받더라도 피해 회복이 어렵다. 가압류는 채무자(사기꾼)의 재산을 동결시켜두는 것이다. 가압류한 금액 상당은 사기꾼이 빼돌리지 못하게 하는 효과가 있다. 가처분은 금전(돈) 이외의 물건이나 권리를 대상으로 하는 권리를 갖고 있을 때 채무자(사기꾼)가 그 물건이나 권리에 대한 처분을 할 수 없도록 하는 것이다. 예컨대 부동산 소유자가 사기를 당해 등기를 넘겨주었을 때 사기꾼이 그 부동산을 팔아먹거나 담보로 하여 대출을 받지 못하도록 하는 효과가 있다. 사기꾼이 이미 재산을 빼돌렸더라도, 그 사실을 알 수 있으면 사해행위취소소송을 통해 재산을 우선 사기꾼 명의로 되돌려놓고 그 재산을 되찾아올 수도 있다. 이 경우에도 빼돌린 재산을 팔거나, 이를 담보로 대출을 받지 못하도록 처분금지가처분 등 보전 처분을 할 필요가 있다.

형사상으로는 형사고소를 하여 수사와 재판을 받고 처벌을 받게 하는 것이 기본이다. 만약 기소가 되어 사기꾼이 재판을 받게 된다면 배상명령신청을 통해 민사소송에서 해결할 문제를 형사소송절차에서 한꺼번에 해결할 수도 있다. 배상명령이라는 것은 쉽게 말하자면 사기꾼에게 '피해자에게 얼마를 주라'는 결정을 내리는 것이다. 사기 범죄사실과 피해금액이 분명해서 크게 다툴 여지가 적을 때 매우 효과적인 제도다. 다만, 이 경우에도 민사소송에서와 마찬가지로 사기꾼이 가져간 재산에 대해 가압류나 가처분을 해두지 않으면 당장 피해를 회복할 방법이 없다. 형사고소를 통해 기대할 수 있는 것은 고소취하를 해주는 대신, 사기 피해를 갚아주는 등의 합의다. 사기꾼이 사기 친 돈을 돌려주는 대신 고소를 취하하고 처벌을 원하지 않는다는 서류 등을 제출해주기로 하는 내용의 합의가 일반적이다. 민사상 가압류 · 가처분을 할 수 없는 상황이라면, 형사고소 이후 합의를 통해 피해변제를 받는 것이 가장 현실적인 방법이다.

고소의 중요성

사기를 당했다고 어렴풋이라도 느꼈다면 더는 상대의 거짓말에 휘둘리지 말고 법적 조치를 취해야 한다. 가압류 · 가처분 등 민사상 조치를 취하거나 고소 등 형사상 조치를 하라는 얘기다. 그런데 간혹 "그렇게 고소를 하면 사기를 친 사람이 화가 나서 돈을 더 갚지 않을 것 같다"고 하는 사람들도 있다. 실제로 사기꾼들 중에는 그런 식으로 위협을 하며 시간을 끄는 이들도 많다. 적반하장이다. 그런 위협을 액면 그대로 받아들일 필요는 없으며 겁먹을 이유도 없다. 사기꾼들은 돈을 받아내기 위해서도 거짓말을 하지만, 돈을 돌려주지 않고 시간을 끌기 위해서도 거짓말을 한다. 지나고 나면 모두가 거짓말이었다는 것을 알게 된다.

범죄자들이 가장 싫어하는 것이 재판과 형벌이다. 조폭들을 보면, '별'을 달고 나오는 경우 그 조직 내에서 위상이 올라가기도 한다. 범죄자들에게는 교도소라는 곳을 다녀오는 것이 '큰일'이기 때문이다. 그만큼 교도소 생활이 싫은 것이다. 사기의 경우에도 마찬가지다. 극히 예외적으로 크게 한탕 하고 자신은 몇 년 교도소 다녀오겠다는 사람도 있지만, 대부분은 어떻게든 "사기가 아니었다"는 쪽으로 빠져나가려고 한다. 그게 여의치 않으면 피해자를 달래려고 한다. 수사를 받고 기소의견으로 검찰에 송치될지, 검찰에서 기소를 할지, 구속영장을 청구할지 등 여러 가지 변수가 있지만 일단 빠져나가기 어려울 정도로 잘 준비된 고소장이 제출되면 합의에 대한 필요성을 느끼는 것이다. 합의가 되지 않으면, 당장 또는 1심 판결 후 구속될 가능성이 높다고 여겨질수록 합의에 적극적이 될 수밖에 없다. 사기꾼 입에서 "정말 독하다"

는 말이 나올 정도로 최대한 노력을 해야 일부라도 돌려받을 수 있다. 상대방, 즉 사기꾼의 '선처'를 기다려봐야 돈은 나오지 않는다. 기다려 주는 피해자는 후순위로 밀려날 뿐이다.

책임질 사람을 최대한 찾아라

사기 사건이라고 말할 때, 직접 피해자를 현혹하고 거짓 설명으로 돈을 빌리거나 투자하게 한 사람만 사기꾼이 아니다. 그 사람을 소개한 사람은 물론이고, 그 사람과 함께 있으면서 그 사람을 신뢰하게 한 사람들, 피해자로부터 빼앗은 돈을 나누어 쓴 사람들은 모두 그 사건의 공범으로 볼 수 있다. 언제나 그런 것은 아니지만, 공범으로 처벌받을 가능성이 있다는 뜻이다.

앞서 기획부동산 사건을 설명할 때 주변 사람들이 다단계 방식으로 기획부동산업자에게 피해자를 연결하는 경우가 많다고 했다. 물론 그 소개자 역시 기획부동산을 매수한 피해자인 경우도 있다. 그런데 기획부동산에서 받는 수수료 또는 소개료에만 관심을 갖고 소개한 경우 그리고 거의 '직원' 수준이라고 할 때는 공범으로 볼 여지가 있다.

부실채권투자를 권유하는 사람들도 마찬가지다. 이들은 '자신들도 투자했다'는 명목을 만들어두고 검찰의 수사망을 피해 나가는 경우도 있는 것으로 보인다. 왜냐하면 이런 사람들은 업체만 바꾸어가면서 동일하거나 유사한 투자를 계속 유치하기 때문이다. 실제 피해자들은 원금을 돌려받지 못하지만 이들은 자신들이나 친인척 명의로 투자한 돈을 회수한다고 봐야 한다.

속아서 계약을 한 경우 그 계약서상의 상대방 당사자(회사 또는 사업자)만이 민사상 책임의 주체가 되는 것은 아니다. 실제로 피해자에게 설명을 하고 계약을 유도한 직원도 사기에 가담한 것이기 때문에 책임을 물을 수 있다. 그들이 한 약속 내용을 계약서에 '특약'으로 명백히 기재하는 것이 정상이다. 말로 한 설명이나 약속이 계약서에 없는 경우 사기라고 생각해도 무방하다. 상대방 회사나 개인사업자와 계약을 하는 경우에도 직접 계약을 유도하는 사람들의 인적사항을 파악해두어야 나중에 책임을 묻고자 할 때 지장이 없다. 사기를 당했는데 정작 사기를 친 사람이 누군지, 이름이 무엇인지, 그 이름이 본명인지조차 모르는 사람들도 있다.

필요하다면 변호사의 도움을 받아라

"억울해요"라는 말만으로는 사건이 해결되지 않는다. 어째서 사기라는 것인지 조리 있게 설명하지 않으면 수사기관도 법원도 도와줄 수 없다. '사기를 당했고, 혼자 힘으로 받아낼 수 없다'는 판단이 서면 즉시 변호사를 찾아가기 바란다. 속았다는 사실을 알았다면, 냉정하게 '왜 사기인지' 확인할 수 있는 증거들을 모으고 정리해야 한다. 사건이 어떻게 시작됐고, 어떻게 사기를 당했는지, 언제 당했는지, 사기꾼과의 관계는 어떻게 되는지, 현재 어떤 상태인지를 알아야 필요하고 적절한 조치를 취할 수 있다.

사기를 입증할 증거가 부족한 경우 같아 보이지만 전후 사실관계를 정확히 기재하는 것만으로도 수사기관에서 사기의 심증을 갖게 되는 경우도 있다. 그처럼 사기꾼이 부인하기 어려운 사실관계 자체도 증거와 다름없이 작용하기도 한다. 또 변호사의 조력을 받을 경우 경찰이나 검찰의 수사 과정에서 요구하는 부분에 대해서 능동적으로 대응할 가능성도 높아진다.

혼자 해결하기 어렵다고 생각되거나, 차일피일 미루다가 시간만 가는 상황이라면 변호사를 찾아가기 바란다. 변호사와 직접 이야기해보면 어떤 식으로 대응할 것인지 확인할 수 있을 것이다. 누구를 상대로 어떤 민·형사상 조치를 취할 것인지 확인하는 것만으로도 큰 도움이 되는 경우가 적지 않다.

피해상황을 적극적으로 호소하라

경찰·검찰의 수사관들과 검사는 국가를 대신해서 범죄자를 척결하고 피해자를 구조함을 사명으로 한다. 기본적으로 범죄와 범죄자에 대해서 누구보다 잘 알고 있다. 더구나 국가공권력을 바탕으로 수사를 할 수 있기에 범죄자로서도 가장 두려운 존재라 할 수 있다.

그렇지만 고소되는 모든 사건이 이들의 수사를 통해 기소가 되는 것은 아니다. 다만, 불기소가 되는 경우에도 피해자와의 합의 여부를 기소유예 또는 불기소 처분의 한 요소로 삼는다. 이러한 점을 고려하면, 최종적으로 불기소가 되더라도 수사기관에서 사건에 대해 관심을 가져주느냐 아니냐 하는 것은 피해자나 고소대리인 입장에서 초미의 관심사가 아닐 수 없다.

경찰이나 검찰에 고소장을 제출했다고 해서 해결이 되는 것은 아니다. '이제 경찰이 알아서 하겠지'라고 생각해서는 곤란하다. 수사기관에는 사건이 수없이 쌓여 있기 마련이다. 사건을 종결지어도 또다시 배당이 되기 때문에 끝이 없다. 그리고 처리기간이 정해져 있기 때문에 매우 바쁠 수밖에 없다. 당신의 사건 하나만 맡고 있는 것이 아니라는 뜻이다. 당신 사건의 고소장을 읽고 증거를 보고 나서 어떤 식으로 처리해야 할 것인지 선명하게 드러나지 않는다면 수사관 입장에서 적극성을 보이기 어려울 것이다.

그러므로 우선은 고소장을 정확하게 써야 한다. 피의자와의 관계와 사실관계를 정확하고 간결하게 정리해야 한다. 사실관계를 살펴볼 때 그것이 범죄가 되는 것인지 의문이 생길 정도가 되어서는 곤란하다. 물론 사건이 매우 복잡하여 아무리 열심히 정리해도 쉽게 이해하기 어려운 사건도 있다. 그런 사건일지라도 가능한 한 사건 내용을 선명하게 정리하고 수사관이 의문을 가질 만한 부분을 풀어줄 필요가 있다. 수사관 스스로 의문이 있는 사건인데 피의자 수사에 적극적으로 나설 것을 기대하기는 어렵지 않겠는가.

나 역시 고소대리인으로서 형사 사건의 초동수사 단계에서 고소인 조사 내지 대질신문을 하는 경우 경찰이나 검찰을 찾아가는 경우가 적지 않다. 고소장만으로 전달되지 않는 구체적인 내용을 전하고, 수사관이 궁금해하는 부분을 확인하여 피해자를 통해 정리된 내용을 다시 전달할 수 있기 때문이다. 그런 과정을 통해서 수사가 원활하게 진행되는 경우도 있다.

수사는 수사관이 하지만, 그 수사에 협조하는 것은 고소인과 고소대리인인 변호사의 몫이다. 사기 피해자들 중에는 자기 사건에 대해 한 번 설명하고 변호사에게 자료를 가져다준 것을 끝으로 더는 신경 쓰길 귀찮아하는 사람들도 있다. 피해자 스스로 신경 쓰지 않는 사건에 대해 경찰이나 검찰이 특별한 관심을 둘 수 있을까? 수사에 방해가 되지 않는 선에서 최대한 호소를 하는 경우와 그렇지 않은 경우는 분명히 차이가 있다. 피해자의 상황과 심정이 전달되지 않는다면 심각하게 받아들이지 않을 수 있다. 상대방이 얼마나 힘들고 고통스러운지 느끼지 못할 때 무심해지는 것은 모든 사람이 마찬가지일 테니 말이다.

한 번은 배당이의사건의 의뢰인이 모 검찰 수사관의 성함을 언급한 적이 있다. 정말 예리하고 뛰어난 분이라는 것이다. 흔한 일은 아니어서 의뢰인이 가져온 형사기록을 보았더니 피의자신문이 정말 인상적이었다. 단순히 피해자인 고소인이 주장하는 내용이나 증거만을 제시하는 것이 아니라, 사건 당시의 상황을 세세히 확인하고 그 상황에서 고소인과 피의자의 행위, 진행경과, 결과를 꼼꼼히 짚어가며 신문을 하니 피의자가 아무리 변명을 해도 빠져나갈 구멍이 없어 보였다. 정말 경험도 많고 실력도 뛰어난 사람 같았다. 의뢰인이 뛰어나다고 칭송할 만했다.

그런데 그 의뢰인도 인상적인 사람이었다. 자신의 상황을 담담하게 이야기했지만, 정말 힘든 상황임에도 꿋꿋하게 버티고 있다는 느낌을 주는 사람이었다. 사기를 당한 것에 자책을 하기도 했지만, 이미 사기를 당한 사실은 바뀔 수 없으니 피해를 회복하기 위해 현실적으로 할 수 있는 일을 다하기 위해 노력한다는 태도였다. 막무가내로 힘들다는 것이 아니었고, 분노만 표시하는 것도 아니었다. '쉽지 않은 소송이지만 하는 데까지 최선을 다해달라. 필요한 것이 있으면 언제든 연락 달라'는 태도였고, 필요한 서류를 꼼꼼히 정리해서 전달해주었다. 그리고 상담할 때마다 자신의 속마음도 털어놓았는데, 진솔한 태도 속에 그간 겪었을 고통이 느껴져 마음이 아프기도 했다. 어떻게든 도와드리고 싶다는 생각이 간절했다. 아마도 이 의뢰인의 사건을 맡았던 수사관도 고소인에 대한 조사를 하며 같은 마음이지 않았을까 하는 생각이 든다.

변호사든 수사관이든 자신에게 맡겨진 사건에 최선을 다하는 것은 당연한 일이다. 하지만 의뢰인이나 고소인의 준비와 태도에 영향을 받을 수밖에 없다.

사기를 당했다면,
현실을 빨리 인정하라

사기당했다는 사실을 빨리 인정하라. 피해자가 자신이 사기당한 사실을 쉽게 인정하지 못하는 경우가 있다. 사기를 당했다고 믿고 싶지 않은 것이다. 그런 심정도 이해가 가지 않는 건 아니지만, 문제를 해결해야 하는 시점에 그러고 있으니 답답한 일이다. 상담을 하고 조언을 받고 나서도, 상대방이 어떻게든 해결해준다고 하니까 좀 더 기다려보겠다고 하는 사람들도 많다. 사기당한 사실을 인정하지 못하는 사람들은 당면한 문제를 해결하기 어렵다. 신속함이 생명인 법적 조치를 취하지 못하고 혹시나 하며 상대방의 반응만 기다리기 때문이다. 사기를 당할 때 속은 것과 마찬가지로 다시 또 속는 길을 가는 것이다.

기획부동산업체에 사기를 당한 사람이 업체에 "해결해 달라"고 요구하면 업체에서는 "조금만 기다려주시면 저희가 되사드리거나, 아니면 다른 사람한테 전매해드릴게요. 손님이 나중에 후회하셔도 소용없어요"라는 헛소리를 한다. 속아 산 쓰레기 같은 땅을 누구에게 얼마에 판단 말인가. 사기꾼들은 사기를 친 이후에도 이처럼 계속 헛소리를 한다. 어이없게도, 그런 헛소리에 '조금만 더 기다려볼까?' 하는 사람들도 있다. 그런 사람들은 그때까지도 자신이 사기를 당했다는 것을 인정하지 못하는 것이다. 그렇지만 기다려도 소용없다. 100년을 묻어둬도 안 되는 땅은 안 된다. 기획부동산업체에 속아 산 땅은 손해를 보고서도 팔기 어렵다. 사서 써먹을 수가 없는 땅이 대부분이기 때문이다. 속아서가 아닌 이상 누구도 사지 않을 땅이다.

사기를 당했다는 사실을 인정하지 못하는 사람들은 사실상 아무런 대응도 하지 못한다. 대응을 하지 않으면 피해 원금 일부조차 받아낼 가능성이 없다.

시간을 벌려는 거짓말에 또 속지 마라

사기꾼들은 기다려달라는 말을 입에 달고 산다. 하지만 기다리면 해결된다는 그들의 말은 시간을 벌기 위한 거짓말일 뿐이다.

- ✖ 곧 허가가 난다고 들었다.
- ✖ 곧 공사 들어간다.
- ✖ 작자가 나섰다.

✖ 금방 해결된다.

✖ 이야기가 거의 다 됐다.

✖ 지금 이야기가 진행 중이다.

✖ 바로 갚겠다.

✖ 모레까지는 해결해주겠다.

✖ 다음 주까지는 해결해주겠다.

✖ 돈 나올 데가 있는데, 그것만 받으면 해결해주겠다.

✖ 약속한 대로 되지 않으면, 내가 책임져주겠다.

✖ 인건비를 먼저 해결해야 해서 조금 늦어지고 있다.

만약 당신이 이런 말들을 듣고 있다면, 골든타임을 놓치고 있는 것이다. 약속이 지켜지지 않으면 신속하게 법적 조치를 취해야 한다. 내용증명을 보내고, 그 내용증명에 대해 터무니없는 답변을 하거나 답변이 없을 때는 최대한 신속하게 고소를 하고, 가압류나 가처분할 사기꾼 측의 재산이 있다면 최대한 빨리 보전 처분을 해두어야 한다. 가능한 한 빨리 조치를 취해야 하는 이유는 단순하다. 사기 친 돈을 아직 다 쓰기 전에, 완전히 숨기기 전에 법적 조치를 취해야 하기 때문이다. 빨리 고소하고 가압류나 가처분을 해두면 합의금 명목으로 돈을 돌려받거나, 담보를 제공받을 가능성이 높다. 사기꾼이 돈을 아직 들고 있을 때 수사를 받게 되는 경우, 특히 검찰의 수사 의지가 엿보이는 상황이면 사기꾼들도 꼬리를 내린다. "사기가 아니었다"고 강변하면서도 돈을 돌려주거나 다른 부동산 등에 저당권 등을 설정해주는 경우도 많다.

다수인을 상대로 한 부동산투자 사기나 채권투자 사기 등의 경우를 보면, 신속한 대응이 얼마나 중요한지를 알게 된다. 사기꾼들이 신속하게 고소하고 대응하는 사람에게는 마지못해서일지라도 변제를 하는 경우가 많다. 물론 다른 사람들에게는 계속 사기를 치더라도 말이다. 그러나 사기를 칠 만큼 친 상태에 이르고, 여러 피해자가 한꺼번에 피해변제를 요구하고 나설 때쯤이 되면 때를 놓친 것이다. 이미 변제를 할 돈도 없어지고(어딘가에 숨겨둔 돈은 있겠지만), 돈을 갚을 생각도 하지 않게 된다. 그 많은 피해자에게 모두 피해변제를 한다는 것은 불가능한 일이기 때문이다. 뒤늦게 많은 사람이 대책위원회를 만들기도 하지만, 바로 그런 까닭에 별 도움이 안 되는 것이다. 그때는 정말 많이 늦은 때다.

법적인 조치를 취하는 게 아니라 사기꾼을 찾아가 욕하고 화를 내는 것은, 결과적으로 볼 때 사기꾼 말을 믿고 기다리는 것과 다르지 않다. 욕을 퍼붓고 가만히 있지 않겠다고 말은 하지만, 그러면서도 기다리는 사람은 계속 기다리기 마련이다. 사기꾼들은 그런 사람을 가장 좋아한다. 화를 내고 달래보다가 제 풀에 지쳐 포기하는 사람은 사기꾼들에게 '복권'이나 다름없다. 사기를 쳤지만 아무런 책임추궁도 당하지 않기 때문이다.

이런 경우에는 사기수법이 뛰어나다는 점이 아니라 피해자의 특성이 완전범죄를 만들어준다. 또, 다수의 피해자가 발생한 사기의 경우 이런 사람들은 사기꾼이나 사기 조직에 규모의 경제(?)를 구현해준다. 사기를 당하고도 고소 등을 포기하는 사람들이 생기면 그만큼 사기꾼에게 이익으로 남기 때문이다. 사기꾼 입장에서는 사기를 당하고도 그냥 넘어가는 사람들이 수익창출원이 되는 셈이다.

악으로 악을 제압하려 하지 마라

앞서 소개한 사례에서 사기도박으로 40억 원을 잃은 여의사는 폭력을 통해 문제를 해결하려고 했기에 법적 처벌을 받았다. 그런데 당시 변호사를 찾아가 상의를 했다면 자신이 구속되지도 않고 사기도박빚은 해결하는, 최선의 결과를 가져올 수 있었을 것이다.

여의사도 처음에는 조직폭력배들의 도움을 받아 난관을 해결했다고 생각했을 것이다. 맡겨놓았던 각서(차용증)도 되찾았으니 말이다. 흔히들 건달 문제는 더 큰 건달로 해결한다고 하는데, 이는 착각일 뿐이다. 해결에 나선 사람들이 사기도박단보다 더 무서운 사람들일 수도 있기 때문이다. 피해자가 돈이 있다는 것을 확인한 이상 그들이 순순히 물러가진 않으리라는 걸 예상할 수 있다. 여우 피하려다가 호랑이 만나는 격이라고도 할 수 있다.

더구나 사기꾼들이 폭력을 그다지 겁내지 않아서 폭력배들이 '오버'라도 했다면 일이 정말 커질 수도 있는 것이다. 돈을 찾기 위해 폭력배를 동원했다는 것은 그 자체로 폭행교사로 볼 수 있다. 만일 주먹 쓰는 사람들에게 "혼내주라"고 했는데, 사람이 죽거나 다치는 경우 상해치사 또는 살인범으로 함께 처벌받을 가능성이 매우 높다. 사기 피해자에서 사람을 죽인 범죄자가 될 수 있다는 말이다. 더구나 그런 경우 조폭들은 "후배들 사식이라도 넣어야 하는 것 아니냐"며 사기당한 돈보다 더 많은 돈을 요구하고 나오기 딱 좋다. 주먹으로 해결하려는 생각은 애초부터 하지 않는 것이 좋다.

자녀에게 사기당하지 않는 법을 가르쳐라

어떤 일에서든 모르면 당하는 법이다. 사기 역시 사기꾼들의 성향, 태도, 수법을 모르는 사람이 당하기 마련이다. 사기가 무엇인지, 사기꾼들이 어떤 식으로 속이는지를 알아야 피할 수 있다. 사기수법도 날로 진화하므로 세상의 모든 사기수법을 알 수는 없다. 하지만 사기꾼들의 흔한 수법이나 당하는 사람의 심리를 어느 정도 알고 나면 어떤 상황에서도 침착하게 대응할 수 있는 가능성이 생긴다. 사기에 대해서 공부해야 하는 이유다.

사기 예방 교육을 하지 않은 대가

어려서 사기에 대한 교육을 받지 못한 자녀가 사기꾼들의 표적이 된다면 어떤 일이 벌어질까? "대학 졸업할 때까지는 열심히 공부만 해라. 사회는 졸업하고 나서 알아도 늦지 않다"고 하는 사람들도 있다. 그러나 국영수보다 사기를 당하지 않기 위한 교육이 인생에서는 더 중요할 수도 있다. 열심히 공부하고 좋은 직장을 구하거나 사업을 하여 돈을 벌더라도 사기 한 번에 모든 것을 잃을 수도 있기 때문이다. 공부는 뒤늦게라도 따라갈 수 있지만 한 번 사기를 당하고 나면, 그 이전 수준의 삶을 다시 회복하지 못하게 될 수도 있다.

예를 들어 사채업자들은 말도 안 되는 이율을 적용해 눈덩이처럼 불어난 빚을 갚으라고 채무자를 윽박지르는데, 그렇게 겁을 주다 보면 간혹 크게 한탕 할 기회가 온다는 것을 알고 있다. 이를 전적으로 보여주는 사건이 하나 있다.

60대의 자산가 김○○ 씨는 몇 달간 집을 비운 사이 강남의 10억대 아파트가 다른 사람한테 넘어간 것을 알고 기절초풍했다. 등기부등본을 확인해본 결과 가족들 소유로 되어 있던 시가 50억 원짜리 땅도 모두 남에게 넘어가 있었다.

경찰의 수사 결과는 충격적이었다. 김 씨의 20대 초반 딸은 연예인 지망생이었는데 카드대금을 갚기 위해 사채업자에게 2,000만 원을 빌렸다고 한다. 그런데 이자가 눈덩이처럼 불어나 갚을 돈이 무려 10억 원에 이르게 되었다. 그러자 그녀는 60억 원이 넘는 부동산 관련 서류들을 가족 몰래 사채업자에게 몽땅 넘겼던 것이다.

어떻게 2,000만 원으로 시작한 빚이 10억 원이 되고, 결국엔 60억 원이 넘는 부동산을 넘기게 됐을까? 네티즌이 댓글 달듯 김 씨의 딸이 어리석었다고 욕하고 비난하면 끝나는 일일까? 이런 상상하기도 힘든 피해를 막기 위해서는 어떻게 해야 할까?

가르쳐야 한다. 사기 피해를 당하지 않도록, 그 피해가 커지지 않도록 어려서부터 교육을 해야 한다. 영어 공부시키고 수학 공부시키고 논술 공부를 시키는 것도 물론 중요하다. 하지만 그런 교육을 통해 누릴 수 있는 삶을 한순간에 망가뜨릴 수 있는 것이 사기 피해다. 그러므로 사기 피해를 당하지 않도록 가르치는 것은 다른 어떤 교육보다 중요하다.

배워야 안 당한다

우리는 잘 속이는 사람들이 많은 곳에서 살고 있다. 사기를 당하지 않기 위한 교육을 받지 않은 사람은 안전장비도 없이 멋으로 오토바이를 타거나 생각 없이 보증 서는 사람처럼 자신과 가족을 위험에 처하게 한다. 자기 자신과 가족의 생명과 재산을 위험에 빠뜨리지 않으려면 사기를 당하지 않기 위한 교육과 훈련이 필요하다. 그러려면 어떤 사기가 있는지 간접적인 경험이라도 해야 하고, 당하지 않는 법을 '배워야 한다'는 얘기다. 사기가 뭔지 사기꾼이 어떤 말과 행동의 특징을 보이는지 어떤 사기수법들이 있는지 배워야 집안이 망하지 않고 오래 갈 수 있다.

구체적인 사기수법을 알지 못하더라도 상대방의 말을 쉽게 믿지 말라는 것만 명심하도록 해도 사기를 당할 위험은 많이 줄어들 것이다.

금전 대여나 투자를 부탁하는 상대방의 말을 쉽게 믿지 말라는 것, 고율의 이자나 배당에 대한 약속을 쉽게 믿지 말라는 것만 가르쳐도 줄어들 것이다. 혹시나 투자권유를 받더라도 자신이 감당할 수 있는 돈 이상을 투자하거나 빌려주는 일이 없도록, 결코 주변 사람에게 빌린 돈으로, 혹은 자신의 재산을 담보로 대출을 받은 돈으로 투자하는 일은 없도록 하는 것만으로도 자녀의 삶을 안전하게 지킬 수 있다.

믿음과 의리의 굴레

교우이신(交友以信)은 친구의 말을 별다른 근거도 없이 무조건 믿고, 전 재산을 빌려주라는 뜻이 아니다. 그럼에도 우리 학교 교육에서는 '믿음'을 먼저 가르친다. 세상에 온갖 사기 사건이 존재한다는 것은 가르치지 않으면서 말이다.

우리는 상대방을 믿는 것이 선이고, 의심하는 것은 악이라고 배웠다. 내 목숨을 걸고서라도 상대방을 믿는 것이 아름다운 일이라고 배웠다. 그런데 사기라는 범죄는 사기꾼의 말을 사실로 믿고, 바로 그 때문에 피해자가 스스로 재산을 갖다 바치게 하는 범죄다. 사기는 상대의 말을 믿는 데서 시작된다. 사기당하지 않으려면 상대방을 의심해야 한다. 상대방의 말을 쉽게 믿어서는 안 된다는 말은 우리가 아름답다고 생각하는 가치와 충돌한다고 여겨질 것이다. 그러나 "믿어야 한다. 믿는 것이 선한 것이며, 믿지 않고 의심하는 것은 나쁜 것이다"라는 점만 주입하는 것은 아이들이 사기꾼의 말에 의심을 하지도 못하게 하고, 의심을 하면서도, 빌려주기 싫은데도 사기꾼의 부탁을 들어주게 하는 일이다.

또, '남자다움'을 강조하는 사람들 중에는 '의리'를 내세우기도 하는데 부모 입장에서도 친구 간의 의리만 막연히 강조하는 것은 위험한 행동이다. 신뢰할 수 있는 친구를 사귀라고 가르치고 돈거래를 쉽게 생각하지 말라고 가르쳐야 한다. 의리를 내세우는 사람과 그 주변 사람들은 사기를 당하거나 사기를 치기 쉽다. 사기를 당했지만 의리 때문이었으므로 후회하지 않는다고 말하는 사람도 있다. 그거야 그 사람의 선택이니 비난할 생각은 없지만, 가족들은 한 번쯤 생각해봐야 하지 않을까.

거절할 수 있도록 가르쳐라

2014년 12월 28일 중국 심천 등에서 거주하는 한국인 야구동호회 회원 14명이 중국에서 구속된 사건을 앞에서 소개했다. 이들은 짐을 나누어 옮겨달라는 부탁을 거절하지 못했다가 졸지에 마약 운반책이 되어 인생의 갈림길에 서게 된 것이다. 이 사건으로 중국 공안에 입건된 사람은 21명이었는데, 14명이 구속되고 나머지 7명은 풀려났다. 무엇이 이런 차이를 가져왔을까? 나머지 7명은 짐을 운반해달라는 부탁을 거절한 이들이었다. 마약 운반을 부탁한 호주의 지인이라는 범죄자는 호의를 베푸는 사람의 부탁을 잘 거절하지 못하는 한국인들의 심리를 이용했다. 그러나 '거절'을 할 줄 알았던 사람들은 사지에서 벗어났고, 그러지 못했던 사람들은 중국에서 재판을 받아야 할 처지에 빠졌다. 중국은 마약 범죄를 지구상에서 가장 강력하게 처벌하는 국가다.

거절을 어렵게 생각하는 아이로 키운다는 것은 사기당하기 쉬운 사람으로 키운다는 뜻이기도 하다.

아이를 사기로부터 지키는 8가지 지침

갚지도 않을 돈 빌리면서 '치사하다'는 말 자주 쓰는 친구들이 생각나는가? 분명히 떠오르는 얼굴이 몇 정도는 있을 것이다. 몇 번을 떼이고 나서도 '치사하다' 소리 듣는 게 싫어서 못 받을 게 뻔한 돈을 빌려줬던 사람도 있을 것이다. 그러고는 속으로만 돈을 갚지 않는 친구를 원망하고 말이다.

나이 들어도 다른 사람의 말을 거절하지 못하게 되면 많든 적든 금전적인 피해자가 될 가능성이 높다. 다만 이제는 당하는 금액이 500원 정도가 아니라는 차이가 있다. 나이 들어서도 당하고 살지 않으려면 어릴 때부터 신용 없는 사람은 상대하지 않거나 거절하는 법을 배워야 한다.

상대방의 말을 100% 믿지 않으면서도, 돈 빌려달라는 부탁이나 투자해달라는 부탁을 거절하지 못하는 사람들도 있다. 믿든 안 믿든 결과적으로 사기 피해를 본다는 점에서는 아무런 차이가 없다. 다만 믿지 않았으니 속았다고 할 순 없지만, 속지 않았음에도 피해를 본다는 점에서 더 안타까운 일이라고 할 수도 있다. 다른 사람의 무리한 부탁에 약한 사람은 언젠가 사기 피해자가 될 가능성이 높은 사람이다.

"꼭 갚아야 해"라는 말을 자주 하는 사람을 본 적이 있는가? 그 말을 하는 건 빌려주기 싫고 믿지 못하지만, 어쩔 수 없이 빌려준다는 뜻이다. 당신도, 당신 자녀도 '피해'에 익숙한 사람이 되지 않아야 한다. 초등학교 고학년이나 중학생 정도 되면 '돈'을 아무에게나 함부로 빌려주어서는 안 된다는 것과 빌린 돈을 갚지 않는 친구는 신용이 없는 친구라는 점을 분명히 알아둘 필요가 있다. 부모는 이 점을 분명히 가르쳐야 한다.

앞서도 계속 얘기했듯이 사기 범죄는 해마다 증가하고 있다. 그렇지만 사람에 대해, 돈에 대해, 사기에 대해 어느 정도 알고 있는 부모와 달리, 아이들은 여전히 사기를 당하기 쉬운 현실에 놓여 있다. 우리 현실은 동화 속 나라가 아닌데, 아이들에게는 그렇게 가르치고 있는 듯하다. 아이들에게 아름다운 세상만 이야기해서는 돈을 노리고 접근하는 사람들에게 대응할 능력을 키워줄 수 없다. 블랙박스나 CCTV를 달아 나의 재산에 손상이 오거나 절도를 방지하고자 하는 것과 똑같은 마음으로, 아이들에게도 사기를 당하지 않기 위한 가르침을 주어야 한다.

첫째, 아이가 자신의 돈이나 물건을 남에게 쉽게 빌려주지는 않는지 살펴보자.

이런저런 이유로 친구들에게 돈이나 물건을 빌려주고 받지 못하는 경우가 있는지 가끔 확인해보기 바란다. 일진의 "빌려달라"는 말은 사기라기보다 공갈에 가깝기에 저항하지 못하고 돈을 줄 수도 있다. 그렇지만 그런 일을 당하면서도 '언젠가 갚을 거야'라는 식으로 자기최면을 거는 것은 분명 문제가 있다. 잘 속는 사람은 자기 자신을 잘 속이기도 한다. 빌려주기 싫은데도 욕을 먹거나 왕따를 당할까 두려워 빌려주는 것은 사기 피해를 합리화하는 것과 같다.

둘째, 타인에게 돈을 함부로 빌릴 수 없다고 가르치자.

자신이 타인에게 함부로 돈을 빌릴 수 없다고 생각하는 사람은 타인의 그러한 요구도 정상이 아니라고 생각하게 된다. 안 지 얼마 되지 않은 사람은 물론이고 아는 사람이더라도 돈을 빌려달라거나 투자하라는 권유를 뿌리칠 수 있게 하는 효과적인 방법은 개인에게 돈을 빌리는 것이 당연한 일이 아니라는 것을 알려주는 것이다. 돈을 빌리려면 친구가 아니라 은행에 가는 게 정상이라는 뜻이다.

셋째, 거짓말을 하는 사람들이 있다는 사실을 알려주자.

아이들은 누군가 자신에게 거짓말을 한다는 것을 쉽게 알아채지 못한다. 거짓말하면 안 된다는 교육은 다른 사람도 자신에게 거짓말을 하면 안 된다는 생각에는 이르게 하지만, 다른 사람이 자신에게 거짓말을 할 수 있다는 생각은 잘 하지 못하게 만들기도 한다. 세상에는 신뢰할 수 없는 사람도 많고 처음부터 거짓말로 타인의 재산을 빼앗는 사기꾼이라는 존재가 있다는 것도 알려주어야 한다.

넷째, 과시하지 않도록 가르치자.

돈이나 재산을 갖고 있는 사람에게 거짓말을 해서 돈을 빼내는 것이 사기꾼이다. 사기꾼은 돈을 빌려주거나 투자할 사람, 아니면 자기를 믿고 부동산 등의 거래를 하려는 사람을 노린다. 재산이 얼마라는 식으로 과시하거나 노출하는 사람은 본의 아니게 사기를 당할 가능성이 높아진다. 돈 자랑은 하는 게 아니라는 것을 어려서부터 가르치기 바란다.

다섯째, 세상에 나에게만 주거나 알려주는 것은 없다고 가르치자.

나에게만 무언가 특별히 제공하겠다는 사람을 조심하도록 가르쳐야 한다. 사기꾼일 가능성이 높기 때문이다. 세상에 눈먼 돈은 없으며 자신의 노력과 재능, 경험으로 많든 적든 정당한 대가를 벌어야 한다고 생각하게 하자. 남이 제공하는, 내가 모르는 기회나 정보는 위험하다는 것을 가르쳐주어야 한다.

여섯째, 거절할 수 있는 아이로 키우자.

끈질기게 부탁하는 사람에게 약한 것이 평범한 한국 사람이다. '이렇게까지 부탁하는데 거절하다니…'라는 분위기가 얼마나 견디기 힘든지 다들 잘 알 것이다. 남의 돈 먹기 힘든 것은 사기꾼들도 마찬가지다. 안면 몰수하고 집요하게 부탁하고 권해야 하니 말이다. 하지만 아무리 그렇게 한다고 해도 명백히 거절하도록 가르쳐야 한다. 아이의 성격이 착하고 순할수록 잘 거절하지 못하는데, 그때는 특별히 신경 써야 한다. 쉽게 거절하지 못하는 사람이라는 사실을 주변 사람들이 알게 될 테고, 그러면 그 사람들이 가장 무서운 사람들이 될 수도 있다. 자잘한 피해가 반복되는 것도 문제지만, 집요한 요구에 마지못해 큰돈을 빌려주고 돌려받지 못해 끙끙대는 경우가 생기게 된다.

일곱째, 과음하지 않도록 가르치자.

특히 남자들의 경우 술자리에서 큰소리를 치고 부탁을 호기롭게 들어주겠다고 하는 경우가 많다. 술기운 때문이다. 과음을 하면 여러 범죄에 노출되기 쉬운데, 그중 하나가 사기다. 꼭 술자리를 빌려서 부탁을 하는 사람들이 있다. 술기운에 "알았다"고 답하고 후회하지 않도록 미리 가르치기 바란다. 실제 사기꾼들 중에서 술자리를 효과적으로(?) 이용하는 사람들이 많다. 짧은 시간에 분위기를 이완시켜 친한 사람인 것처럼, 믿을 만한 사람인 것처럼 보이는 데 술자리만큼 좋은 것이 없어서다. 또 비싼 술집에서 몇 차례 술을 얻어 마시고 나면 상대방의 부탁을 거절하기가 어려워진다. 자신이 쪼잔한 사람처럼 보일까봐 마지 못해 상대방의 요구를 받아들이는 경우도 있다. 중요한 결정은 술자리에서 하는 것이 아니라는 것을 분명히 가르쳐야 한다.

마지막으로, 중요한 결정을 할 때 가까운 사람과 의논하도록 가르치자.

사기꾼이 그럴듯한 이야기로 꾀는 경우에도 진짜 친구나 전문가와 이야기하면 넘어가지 않을 수 있다. 돈이 움직이는 일과 관련해서 즉흥적으로 결정하지 않도록 평소 대화를 자주 하기 바란다. 특히 큰 투자나 대여, 보증과 같은 일은 절대로 혼자 결정해선 안 된다고 가르치자. 배우자나 가족 몰래 또는 반대했음에도 덜컥 돈을 건넸다가 떼이면 평생 가족들의 원망 속에 살게 된다. 사실 그런 원망보다 가족들이 힘들게 산다는 사실 자체가 더 고통스럽겠지만.

• 에필로그 •

사기를 피하는 일이 곧
가족을 지키는 일이다

2,200여억 원의 곗돈을 운영했던 강남의 다복회 계 사건에서 계주 윤 ○○ 씨는 2010년 113명에게 53억 원의 피해를 준 혐의로 유죄 판결을 받았다. 대법원에서 확정된 형은 징역 1년 6월이었다. 윤 씨는 추가로 67억 원을 가로챈 혐의에 대해서도 유죄 판결을 받았다. 그 형은 2년이 었다.

사기라고 보기 어려운 사건을 억지로 사기라고 고소하는 경우도 물론 있으며, 그런 때에는 무죄 판결이 내려지기도 한다. 그러나 명백히 사기 사건으로 밝혀진 경우에는 사기꾼들에 대한 더욱 엄정한 처벌이 필요하다. 수십, 수백 명을 상대로 100억 원이 넘는 사기를 친 사기꾼이 징역 2년 내외의 형을 받는 상황이다. 부실채권투자를 명목으로 다단계 방식으로 사기를 치고, 사기 친 원금을 재원으로 해서 피해자들에게 수익금 명목으로 매달 몇 %의 이자라고 돈을 주며 피해자를 늘

려간 장본인임에도 그 정도의 처벌을 받는 게 현실이다. 이런 현실에서 사기 사건이 줄어들 수 있을까? 피해자 중에는 수억 원의 피해를 보고 피해금액을 전혀 돌려받지 못한 사람들도 있는데, 과연 1년에서 2년의 징역형만으로 정의가 회복됐다고 할 수 있을까?

거액을 사기 치는 경우의 형벌만 문제인 것은 아니다. 불특정 다수를 상대로 지속적으로 사기를 치는 사람들에 대한 형벌도 마찬가지다. 예컨대 인터넷 중고거래 사이트에는 사기 피해를 당한 사람들의 이야기가 하루가 멀다고 올라온다. 중고물품을 보내주겠다거나 콘서트 티켓을 판다며 인터넷 카페에 글을 올린 후 돈만 이체받고 물건을 보내주지 않는다는 등의 내용이다. 여러 피해자가 고소를 했지만 사기꾼들은 소액 사기라는 이유로 벌금형을 받았을 뿐이다. 이런 상황이 반복되다 보니 사기꾼들은 형벌을 두려워하지 않을뿐더러 심지어 "중고물품 사기에 중독됐다"고 고백하는 지경에까지 이르렀다.

사기라는 범죄에 대해서는 더욱 엄정한 대응이 있어야 한다. 그럼에도 우리 사회가 그간 신뢰를 위배하는 행위나 사기를 지나치게 가볍게 대해온 건 아닌가 한다. 먹는 것을 가지고 장난치는 사람들이 이토록 많은 것도, 기획부동산업체가 여전히 활개를 치는 것도, 수많은 사람을 상대로 수백억 원대의 사기를 친 사기꾼과 그 동료가 업체 이름만 바꾸어가며 계속 사기를 치는 것도 그들이 지금까지 가벼운 제재만 받아왔기 때문 아닐까.

그렇지만, 엄한 처벌이 근본적인 해결책이 될 수는 없다. 내가 이 책에서 계속 강조한 점을 여러분들이 잊지 않았으면 좋겠다. 사기를 당하고 나면 아무리 잘 대응해도 이미 늦다는 것이다. 앞에서 나는 '가까운 사람이 사기 치는 경우가 많다. 돈을 쉽게 빌려주지 말라. 보증 서지 말라. 거절할 줄 알라' 등의 말을 반복해서 강조했다. 어쩌면 그 말에 거부감을 느끼는 사람들도 있으리라 생각한다. 우리의 기본적인 정서에 비추어 "나쁜 사람이 되자"는 말처럼 들릴 수도 있을 것이다. 친구나 친척이 어렵게 꺼내는 부탁을 거절하라는 말이나 다름없기도 하니 말이다. 사실, 그 메시지도 내가 강조하는 바 중 하나다.

그렇지만 우리 주변에서 벌어지는 사기 사건에 어떤 것들이 있는지 자세히 알고 사기꾼들만이 아니라 사기를 당하는 사람들의 특징이나 공통점에 대해서 잘 이해하게 된다면, 나아가 사기를 당하거나 보증채무 때문에 전 재산을 날리고 가족들을 고생시킨 사람들의 이야기를 간접적으로라도 경험하게 된다면 '착한 사람 콤플렉스'가 오히려 더 문제라고 여기게 되지 않을까.

또 주변의 누군가가 시작하는 사업의 밑천이 그 사업과 크게 관계도 없는 친구나 친척들에게서 나오는 관행은 이제 사라질 때도 되지 않았나 싶다. 은행조차도 대출을 할 때 개인에게 보증을 서라고 함부로 요구할 수 없는 세상이 온 것처럼 말이다.

살면서 우리는 늘 같은 길을 평탄하게 걸어가는 것 같지만, 지인들로부터 이런저런 부탁이나 제안을 받게 된다. 그중에는 동정심에 호소하고 의리를 내세우거나, 큰돈을 벌 수 있다는 욕심을 부추기거나, 불안에 사로잡혀 판단력을 잃게 함으로써 결국엔 우리의 재산과 자유와 안전한 삶을 빼앗으려는 사람도 많다. 자칫 그런 부탁이나 제안에 흔들리면 평탄하던 길이 자갈길이 되고 가시밭길이 될 수 있다.

좋은 기회라는 말에 쉽게 흥분하지 말고, 돈과 관련된 것이라면 누가 하는 말이든 쉽게 믿지 말기를 다시 한 번 당부드린다. 사기라는 범죄에 관심을 갖고 늘 조심하고 주의를 기울여야 소중한 재산, 더 나아가 안전한 삶을 지킬 수 있다. 그래야 당신과 가족이 누리고 있는 삶을 지속할 수 있다.

본인이 알고 할 수 있는 일을 통해, 본인의 배움을 통해 우직하게 생활의 기반을 닦아나가는 것이 안전한 길이다. 마지막으로 자신이 알지 못하던 분야에서, 자신이 모르던 방법으로 돈을 벌 수 있다는 말에 현혹되지 말고, 금전과 관련된 거래를 쉽게 생각하지 말기를 바란다.

국립중앙도서관 출판시도서목록(CIP)

우리는 왜 친절한 사람들에게 당하는가 / 지은이: 황규경. ―
― 고양 : 위즈덤하우스, 2015 p. ;   cm

ISBN 978-89-6086-856-4 03360 : ₩14000

사기(범죄)[詐欺]

334.24-KDC6
364.163-DDC23   CIP2015024611

우리는 왜 친절한 사람들에게 당하는가

초판 1쇄 발행 2015년 9월 24일   초판 2쇄 발행 2015년 10월 30일

지은이 황규경
펴낸이 연준혁

출판 2분사 분사장 이부연
편집 박경순 디자인 함지현

펴낸곳 (주)위즈덤하우스 출판등록 2000년 5월 23일 제13-1071호
주소 경기도 고양시 일산동구 정발산로 43-20 센트럴프라자 6층
전화 (031)936-4000   팩스 (031)903-3895 홈페이지 www.wisdomhouse.co.kr

값 14,000원 ISBN 978-89-6086-856-4 03360